생명을 살리는 왕진버스

《사랑의 왕진가방》두 번째 이야기

생명을 살리는 왕진버스

《사랑의 왕진가방》 두 번째 이야기

지은이 | 박세록
4쇄발행 | 2010. 4. 9.

등록번호 | 제3-203호
등록된 곳 | 서울특별시 용산구 서빙고동 95번지
발행처 | 사단법인 두란노서원
영업부 | 2078-3333 ᶠᴬˣ 080-749-3705
출판부 | 2078-3477

책 값은 뒤표지에 있습니다.
ISBN 978-89-531-1289-6   03230

편집부에서 독자의 의견을 기다립니다.
tpress@duranno.com   http://www.Duranno.com

생명을 살리는 왕진버스

《사랑의 왕진가방》 두 번째 이야기

| 박세록 지음 |

두란노

세상에는 보이지 않는 진리가 있다. 우리의 지식, 계산, 경험으로는 도저히 알 수 없는 일들이 더 자주, 더 강력하게 일어나고 있다. 이는 우리가 알지 못하고 눈으로 보지 못하는 강한 힘이 있기 때문이다. 이것은 성령님의 역사 또는 하나님의 섭리로 이루어지는 것임을 나는 믿는다.

골리앗과 다윗의 싸움을 보면 잘 이해가 된다. 다윗은 누가 보아도 모든 면에서 골리앗의 상대가 되지 못했다. 골리앗이 입김만 훅 불어도 날아갈 것 같은 상대였다. 그러나 다윗이 던진 돌멩이 하나에 골리앗은 여지없이 무너지고 말았다. 전쟁은 여호와께 속한 것이라는 믿음과 여호와의 이름으로 여호와를 모욕하는 자를 물리친 것이다.

나 역시 20년이 넘도록 이 사역을 하면서 감당할 수 없는 고비를 수없이 겪었다. 하지만 순간순간 강한 팔로 인도하신 하나님의 기적과 섭리가 있었다. 나는 내가 아닌 그분이 하셨음을 간증하기 위해 이 글을 썼다. 그리고 더욱 겸손하고 온전히 순종하기 위해 새벽마다 고민하고 몸부림치며 다짐하는 나의 고백을 진솔하게 담으려 애썼다.

평생을 말씀으로 살려고 노력했지만, 아직도 갈 길이 멀다는 것을 잘 알고 있다. 나는 서울대학교 의과대학을 졸업하고 미국으로 건너가 두 개의 전문의 자격과 학회 회원 학위(미국 임상의학에서는 한국에서 말하는 박사 제도가 없다. 8년에 걸친 의과대학을 마치면 medical doctor라 부른다)를 받았다. 그리고 유수한 주립대학교 의과대학에서 30년이 넘도록 교수로 학생들을 가르치고 환자들을 치료하다가 사역을 위하여 조기 은퇴했다. 즉, 세상적으로 말하면 나름대로 성공한 의사였다. 그러나 이것이 전부였다면, 나는 지금쯤 나의 한계를 절감하고 실패한 인생이라 후회하며 나의 교만과 어리석음을 한탄한 채 절망에 빠져 있을 것이다.

이런 나에게 하나님께서는 그분이 이루시는 기적을 볼 수 있도록 영의 눈을 뜨게 해주셨다. 그럴 때마다 감격하고 감사함은 물론 용기를 얻고 새 힘을 얻는다. '나는 할 수 있다'는 뜨거운 마음과 자신감을 얻는다. 그래서 고난이 오면 그 가운데서 하나님의 은혜를 보게 되고 오히려 더 큰 복을 누릴 수 있게 된다.

나에게는 목숨보다도 귀중한 가족이 있다. 어렸을 때에는 사랑으로 길러주신 부모님이 계셨고, 장성해서는 44년 동안 곁에서 한결같이 나를 위해 기도하는 사랑하는 아내와 네 자녀와 그들의 가족이 있다. 그리고 미국, 한국, 중국, 호주, 유럽 등 세계 여러 곳에서 헌신하고 봉사하는 많은 동역자가 나의 믿음의 가족이다. 이 부족한 사람을 위하여 쉬지 않고 기도하는 많은 믿음의 형제, 친구, 후원자, 스태프들에게 감사의 마음을 전한다. 지금도 나를 위하여 기도하는 분들이 있음을 안다. 그 기도로 오늘의 내가 될 수 있었다. 기도는 지금도 활발하게 사역을 할 수 있는 동력이 된다.

전작 《사랑의 왕진가방》을 많이 사랑해 주신 독자들에게 진심으로 감사를 드린다. 부족한 글을 좋게 보시고 같이 울고 같이 기뻐했다며 격려를 보내 주신 덕에 용기를 더 내어 사역에 전념할 수 있었다. 이 두 번째 책도 신앙생활과 선교를 위하여 기도하기를 원하는 분들에게 조금이라도 도움이 되기를 바란다.

2010년 2월

박세록

CONTENTS

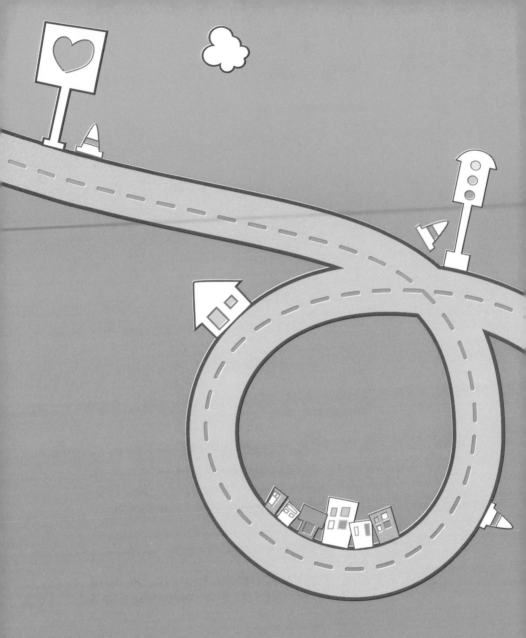

죄인으로 영영 죽을 수밖에 없었던 나를 불러 주시고 큰 은혜를 베푸사 아름다운 사역을 하게 하신 은혜를
무엇으로 다 표현할 수 있을까. 어디를 가든지 잘 먹게 하시고 잘 자게 하시니 그분의 보살핌에 감격할 뿐이다.
때에 따라 필요한 양식을 공급해 주시고 많은 동역자와 함께 아름답게 사역하게 하시니 더 이상 부족한 것도 필
요한 것도 없다. 이제 모든 것을 그만두게 하셔도 억울하거나 슬퍼하지 않을 자신이 있다. 지금껏 내가 한 것이
아니라 하나님이 하셨기 때문이다. 그동안 받은 은혜를 헤아리니 밤하늘의 별만큼이나 많다는 생각이 든다.

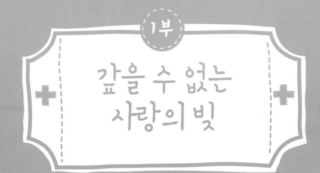

1부

갚을 수 없는
사랑의 빚

쌓여가는 사랑의 빚
갚기 위해 오늘도
'사랑의 왕진버스'는
달립니다.

다시 북한에서

하나님은 약한 자를 들어 강하게 하시고, 죽도록 충성하면 오히려 새로운 힘으로 채워 주시는 분이다. 그래서 사도행전 17장에 나오는 "아레오바고"는 하나님께서 함께하시는 증거요, 확신이며, 내가 사역하는 힘과 살아가는 이유이다.

"총재 선생, 잠시 나와 같이 갑세다."

"이른 아침부터 어디를 가려는 겁니까?"

북한측 관리의 말에 나는 잔뜩 긴장된 얼굴로 물었다. 그는 아무 말도 않고 그저 나에게 따라오라는 눈짓만 했다.

'아, 큰일이군. 이번엔 살아서 북한을 나가지 못하는 건가…'

나는 콩닥거리는 가슴을 부여잡고 일행과 떨어져 그가 시키는 대로 차에 탔다. 그는 아무 말도 없이 나를 깊은 숲 속으로 데리고 갔다. 한참을 걸어 가니 저 멀리 한 외딴집이 보였다. 말로만 듣던 그들의 안가(安家)라는 곳이었다.

"자, 여기서 기다리시라요."

북한 관리가 퉁명스러운 말투로 한마디 내뱉고는 나를 널찍한 방 한가운데 앉혀 놓고 어디론가 사라졌다.

'그래, 이제 올 것이 왔구나. 하나님, 어떤 상황에서든지 믿음을 놓지 않고 의연히 감당할 수 있도록 도와주시옵소서.'

나는 마음속으로 기도하고 또 기도했다. 떨리고 긴장되는 내 마음을 안정시켜 줄 수 있는 것은 기도뿐이었다. 눈을 감고 기도하다 보니, 이번 북한 방문을 두고 열심히 기도해 준 기도 회원들의 얼굴이 하나둘 머릿속에 떠올랐다.

냉랭한 그들과의 저녁 식사

2006년 10월, 북한의 핵 실험으로 전 세계가 벌집 쑤셔 놓은 것처럼 시끄럽고 어수선한 때 나는 북한 방문을 감행했다. 주변에서는 펄쩍 뛰며 나를 말렸지만, 북한을 위해 밤낮없이 기도하고 있는 우리 기도 회원들을 생각하니, 고작 나의 안위 때문에 계획했던 북한 방문을 취소할 수는 없었다. 처음부터 이런 부담을 안고 북한을 들어가게 된 나는 성경책도 몰래 숨겨 들고 갔다. 긴 세월 동안 억류된다 하더라도 그 안에서 성경책을 읽어야 견딜 수 있겠다는 생각에서였다.

북한 관리들은 내가 입국수속을 받을 때 여권을 빼앗았고, 모든 사람들이 다 들어갈 때까지 나를 세워둔 채 분주히 움직였다.

'이럴 거였으면 초청 비자는 왜 내준 건가….'

한두 번도 아니고, 매번 나를 예의주시하면서 오랫동안 붙들고 있는 그들이 야속해지기까지 했다. 시작부터 삐걱거리는 느낌이 들자 이젠 한치 앞도 내다볼 수 없는 처지가 되었구나 싶었다.

"하나님, 저를 이곳에 보낸 분도 하나님이시오, 저를 인도하시는 분도 하나님이시니 저의 갈 길을 잘 갈 수 있도록 은혜를 베풀어 주십시오."

약 한 시간 후 다행히 아무 일 없이 입국이 허락되었다.

그날 저녁 고위 관리 한 사람과 식사를 하게 되었는데, 그가 뜬금없이 이런 말을 했다.

"요즘 이곳저곳 다니면서 우리가 굶어 죽고 병들어 죽는다고 좋지 않게 말하는 사람들이 있다고 들었습네다. 당신도 그런 사람 중 하나가 아닙네까?"

그는 내가 동족의 생명을 살리기 위해 여러 교회를 다니며 집회를 한 것에 대한 불만을 이런 식으로 표출했다. 나는 순간 가슴이 뜨끔했지만 못 들은 척했다. 일부러 그들의 생활상을 들추어내려는 의도는 없었고, 많은 사람들이 북한을 돕게 만들려면 내가 직접 보고 겪은 북한 동족들의 실상을 있는 그대로 전할 수밖에 없었다. 그것이 잘못이라고 우긴다면 나는 기꺼이 그 수모도 감당할 각오를 하고 있었다.

아무렇지 않게 계속 저녁 식사를 하는 나에게 그는 다시 말을 건넸다.

"이런 말을 들으면서 밥이 목으로 넘어가시오?"

나는 더 이상 잠자코 있어서는 안 되겠다는 생각을 했다.

"이보십시오. 그런 말에 스트레스를 받아 식사를 못 할 것 같으면 아예 처음부터 이곳에 들어오지도 않았습니다."

단호한 나의 대답에 모두들 조용히 침묵을 지키며 저녁 식사에만 집중했다. 식사를 마치고 더 이상 아무 말도 하지 않은 채 그들과 헤어졌다. 그날 밤 나는 잠을 꼬박 설치며 동이 틀 때까지 뜬눈으로 누워 있었다. 바람 소리에 덜커덩 문이 흔들리거나 창밖으로 자동차 소리만 나도 혹시 나를 잡으러 온 건가 하는 생각에 가슴이 두근거렸다.

그런데 그들의 감시 때문에 하루라도 편할 날이 없었던 나를 이번에는 이른 아침부터 외딴집으로 끌고 온 것이다. 격리된 방에서 기도로 마음의 평안을 찾고 있는 사이 딱 보기에도 높은 관리임에 틀림없는 세 사람이 방으로 들어왔다. 그들은 내 앞에 자리를 잡고 앉아서는 누런 봉투 하나를 책상 위에 올려놓았다.

그 안에는 내가 쓴 책인 《사랑의 왕진가방》과 C일보에 대문짝만하게 실렸던 나의 사진과 기사, 그리고 테이프 여러 개가 들어 있었다. 테이프는 내가 여러 교회를 다니면서 집회한 것을 녹음한 것이었다. 내가 교회마다 다니면서 간증한 이야기들이 고스란히 테이프에 녹음되어 그들 손에 빠짐없이 전달되었던 것이다. 그 안에는 북한의 형편을 솔직하게 말한 것들도 들어 있을 것이 분명했다.

'아, 이 사람들이 내가 북한 실정을 이야기한 것을 꼬투리 삼아 걸고넘어지겠구나.'

갑자기 눈앞이 아찔했다. 더군다나 C일보에 실린 기사는 나의 진솔된 이야기는 하나도 없고, 북한 사람들을 자극하는 글들로 꽉 채워져 있었다. 드디어 올 것이 왔구나 싶으면서 가슴이 쿵 내려앉았다.

아레오바고 성지 순례

절체절명의 순간에 나는 문득 사도 바울이 연설했던 '아레오바고' 언덕이 떠올랐다. 사도 바울은 그 언덕에 서서 아덴 사람들에게 만물을 지으시고 인류의 모든 족속을 한 혈통으로 만드신 하나님을 믿고 회개하라고 외쳤다. 하나님께서 예수님을 죽은 자 가운데서 다시 살리신 것으로 믿을 만한 증거를 주셨다고 외치며 열변을 토하던 사도 바울의 모습이 눈앞에 그려졌다.

> "하나님의 나라를 전파하며 주 예수 그리스도에 관한 모든 것을 담대하게 거침없이 가르치더라" (행 28:31).

사도행전의 마지막 구절을 되뇌며 속으로 다짐했다.

'그래, 나도 사도 바울처럼 담대하고 거침없이 복음을 전하자. 내가 잘못한 것은 하나도 없다. 하나님이 다 알아서 해주실 거야.'

아레오바고는 북한에 들어오기 2주 전에 방문했었다. 한국의 후원이사회가 주최한 터키와 그리스 성지순례를 다녀온 덕분에 그 지역도 가볼 수 있었다. 그곳에서 깊은 감동을 받은 것은 말할 것도 없다. 믿음의 선조들이 핍박을 피하여 컴컴한 땅굴 속에서 대를 이어 가며 믿음을 지킨 일이 눈앞에 그려졌다. 특히 사도 바울이 이방인 전도를 위해 그곳을 헤매며 숱한 매를 맞고 감옥에 갇혔다가 지진이 일어나 옥문이 열리고 간수가 구원을 받았던 그 역사의 현장에서는 온몸에 전율이 느껴지면서 눈물까지 글썽거렸다.

사실 이 성지순례는 우리의 사역을 생각하면 도무지 짬을 낼 수 없는 일정이었다. 하지만 후원회 이사들의 끈질긴 부탁에 피곤함을 무릅쓰고 성지

순례에 나섰던 것이다. 그런데 그곳에서 생각지도 않았던 감동과 은혜를 받고, 목숨을 걸고 하나님만 섬겼던 사람들의 삶을 유적지 곳곳에서 생생히 느낄 수 있었다.

그때 느꼈던 감동을 바로 이곳 북한에서 떠오르게 하신 이유는 무엇일까? 목숨을 걸고 믿음을 지킨 아레오바고 언덕의 신앙인들처럼, 신앙의 불모지인 이곳에서 목숨마저 바칠 담대함으로 임하라는 말씀일까? 어쩌면 하나님께서는 내가 이런 상황에 처할 줄 아시고 준비시키기 위해 나를 아레오바고로 인도하신 것인지도 몰랐다.

"아레오바고!"

나는 신음하듯이 나지막하게 외쳤다. 아테네의 그 언덕, 모든 핍박과 반대를 무릅쓰고 "예수님은 하나님의 아들이십니다. 그러나 우리를 구원하시기 위하여 육신의 몸을 입고 우리를 찾아오셨습니다. 그를 믿는 자는 구원을 얻고 죽어도 죽지 않고 영원히 살 수 있는 특권을 가지게 됩니다!"라고 외치는 사도 바울의 모습이 나의 모습과 오버랩 되는 순간 마음이 뜨거워지고 힘이 불끈 솟아났다.

겁쟁이를 강하게 만드시는 하나님

하나님께서 주시는 지혜와 용기로 나는 먼저 입을 열었다. 언젠가 이런 기회가 오면 놓치지 않으리라 마음먹었던 터였다.

"당신들이 무슨 말을 할지 잘 알겠습니다. 하지만 이번에는 나부터 말하겠습니다."

지금 생각하면 어디서 그런 용기가 났는지 모르겠다. 나 자신도 놀랄 정도로 나의 목소리는 담담하고 확고했다.

"나는 1988년 말에 당신들 정부의 공식 초청을 받고 이곳을 처음 방문했습니다. 그때 북한은 지금은 상상조차 할 수 없을 정도로 어려운 형편이었습니다. 이곳을 방문한다는 것 자체가 목숨을 거는 일이었고, 철저한 반공 시대에 '빨갱이'와 '반역자'로 몰려 우리 가족 전체가 자유세계에서는 더 이상 살 수 없는 상황이 될 수도 있었습니다. 그 당시 내가 북한을 도와 병원을 세우자고 말하면 어떤 이들은 나를 간첩으로 몰기도 했습니다.

미국에서는 '북미기독의료선교회'를, 한국에서는 '민족통일준비회'(후에 한민족복지재단으로 변경)를 만들어 죽을 각오로 열심히 다니면서 150만 달러를 모금했습니다. 그리고 그 무거운 의료기자재들을 이고지고 하면서 날라 드디어 1995년 11월 22일 당신들을 도와 500병상의 병원을 개원했습니다.

그때도 나는 웨인주립대학교 의과대학에서 교수로 봉직하면서 환자를 시술하고 매일 강의를 했을 때라 바쁘기로 치면 둘째가라면 서러울 정도로 바쁜 시절이었습니다.

이렇게 병원을 개원했지만, 그때부터 당신들의 태도는 점점 달라졌습니다. 내가 기독교인이라는 것과 당신들의 요구대로 따라 주지 않는 것에 대한 부담을 갖기 시작한 것이지요. 내가 자유롭게 환자를 치료하고 생명을 살리자고 주장하면서 마찰이 생긴 것을 기억하실 겁니다.

1997년 9월 27일 내 손으로 직접 개복 수술을 한 것을 마지막으로 나는 병원도 빼앗기고, 졸지에 북한 출입금지자가 되었습니다. 그 후 평양 제3병원을 도와 개원한 사람이 내가 아닌 친북계의 재미동포 A박사라고 보도

한 사실을 알고는 배신감마저 들기도 했지요.

물론 보상을 바라고 한 일은 아니었지만, 그 엄청난 수고의 결과가 결국 배신으로 돌아오고, 그동안 내가 가족도 찾아주고 북한도 방문하게 해주었던 가까운 동역자들의 질투로 인한 모함이었음을 알았을 때는 그 실망이 너무나 커서 숨이 멎는 것만 같았습니다.

불쌍한 내 이웃, 병들어 신음하는 동족을 돕겠다는 것은 하나의 희망사항에 불과하다는 것을 절감했지만, 그래도 생명을 살리는 일을 계속하고자 하는 나의 열망은 꺼지지 않았습니다. 계속하여 당신들의 실상을 내가 본 그대로 말하면서 집회도 하고 강연도 했습니다.

그러나 나는 당신들의 체제를 비판하거나 사상적인 발언을 한 적은 한 번도 없습니다. 나는 평생을 환자들을 치료하고, 학교에서 학생들을 가르치며 살아 왔기 때문에 세상에 대해 제대로 아는 것이 없는 평범한 의사요, 교수일 뿐입니다. 나는 정치, 외교에 대해서는 알지도 못하고 설령 안다고 해도 관심조차 없습니다.

나는 기독교인으로서 항상 나의 목숨보다 더 귀하게 여기는 복음전파와 하나님의 사랑을 전하는 일에 대해 말했습니다. 오늘도 팔을 벌리고 자신의 품으로 들어오기를 기다리고 계시는 예수님을 생각하며 복음으로 우리 민족이 하나가 되기를 바랐고, 당신들의 영혼을 구하는 일을 위해 사랑을 나누자고 외쳤습니다.

당신들은 내가 '탈북자'들을 도왔다고 하지만, 병원을 찾아오는 불쌍한 환자들을 치료해 주고 다시 고향으로 돌아가도록 도와준 것뿐입니다.

당신들은 나의 책과 신문 기사들을 증거로 확보했고, 내가 집회할 때마다 나의 설교와 간증 테이프를 누군가에게서 전달받고 있지요. 단호히 말하지만 나는 철저한 반공주의자요 민족주의자로서 당신들의 사상과 체제를 찬성하지 않습니다. 다만 동족을 사랑하고 그들의 생명을 살리고 복음으로써만 우리 민족이 진정한 의미의 통일을 이룰 수 있다는 나의 입장을 진솔하게 표현한 것뿐입니다.

당신들은 내가 계속 탈북자들을 돕고 그들에게 성경을 주었다는 것, 이곳에 있는 '혁명박물관'이 앞으로 교회가 될 것이라는 것, 그리고 왕진가방의 적십자가 언젠가 십자가로 바뀔 거라는 나의 말을 놓고 심문하고 있습니다. 하지만 이것은 나의 기도제목이지, 하나님께서 언제, 어떤 방법으로 하실지는 아무도 모릅니다. 그러나 그날은 반드시 올 것입니다. 이것만이 우리 민족이 살 수 있는 길이기 때문입니다.

여러분이 나를 쫓아 낸 이후 나는 강변을 따라가며 그곳에 있는 우리 민족들을 치료하고 돌보아 주었습니다. 그리고 그곳에 병원을 세웠습니다. 지금은 3개의 병원과 3개의 진료실을 마련해 70-80여 명의 사역자들과 의료 봉사를 하고 있습니다.

2000년 4월에 단동병원을 개원한 후 열심히 봉사를 하는 동안 평양에서 여러 관리들이 나를 찾아와 단동병원을 직접 보기도 했지요. 점점 단동병원이 많은 사람들에게 알려지자 다시 조국으로 돌아와 도와달라는 요청을 받기도 했습니다. 여러 기관에서 다시 초청하고 과거를 사죄한다며 '노력훈장'을 주겠다고 했지요. 그때 나는 그런 건 필요 없다고 말했고, 당신들은 직접 나를 찾아와 훈장을 전해 주며, 공화국 역사상 훈장을 외국으로 직접 가지고 나와 전달하는 것은 처음 있는 일이라 했습니다.

그래서 다시 마음을 고쳐먹고 이제 다시 들어온 것입니다. 내가 스스로 결정하여 들어오기는 했지만, 솔직히 들어오고 싶어서 온 것은 아닙니다. 오직 하나님의 명령이니 목숨을 다하기까지 순종하는 마음으로 들어온 것입니다. 또한 미국, 한국, 호주 그리고 유럽에 퍼져 있는 1만여 명이 넘는 기도 회원들에 대한 책임감으로 들어왔습니다.

지금 북한의 핵실험으로 세계의 여론이 극도로 악화되어 있습니다. 이때 우리 회원들은 '지금이 바로 기도할 때'라 생각하고 한마음이 되어 기도하고 있습니다. 동족의 임산부와 어린아이들의 생명을 살리기 위해 영양제 보급과 제약공장 설립을 추진하려고 이곳에 들어온 것입니다.

나의 안전만을 생각했다면 결코 오지 않았을 것입니다. 그리고 이 자리에서 여러분의 심문을 받을 이유도 없습니다. 나는 하나님께서 이 시대에 나에게 맡겨 주신 민족적, 종교적 사명을 수행하고 있는 것입니다. 이 일을 하지 않으면 내 가슴이 아프고, 내 마음이 불편하여 무슨 일이 있어도 할 수밖에 없는 심정으로 북한에 들어온 것입니다. 내가 비록 죽는다 해도, 나를 위해 기도하는 1만 명의 동역자들의 신뢰를 배반하고 그들을 실망시킬 수는 없습니다."

긴 열변을 토한 나는 어느새 뜨거운 눈물을 흘리고 있었다. 하나님의 임재하심이 느껴졌고, 가슴 또한 어느 때보다 불타올랐다.

'차라리 죽자. 겁날 것도 없고 억울할 것도 없다. 모든 것이 하나님의 뜻이니 하나님께서 가장 선한 길로 인도하시겠지.'

이렇게 마음을 먹으니 아무것도 두렵지 않고 어떤 상황도 맞닥뜨릴 용기가 생겼다.

"내가 한 일은 강변에서 떠돌아다니는 불쌍한 우리 동족들에게 먹을 것, 입을 것을 주고 병든 자들을 치료해 준 것입니다. 그리고 그들의 살길, 즉 복음을 전한 것뿐입니다. 만약에 이것이 죄라면 나는 이제 당신들을 조국 또는 동포라고 생각하지 않을 것입니다. 당신들이 원하는 대로 하십시오."

이 말이 끝나자 가운데 있는 최고위 관리의 눈에 눈물이 맺혔다.

"우리, 과거의 일은 없던 것으로 합시다."

그들은 일어나 손을 내밀어 악수를 청했고, 계속해서 잘 도와달라는 부탁을 하며 이렇게 말했다.

"어쨌든 우리는 상부에 보고할 의무가 있습니다. 그러니 앞으로는 잘 협조하겠다는 반성문을 써주면 좋겠습니다."

하지만 나는 그럴 수 없다고 단호하게 거절했다.

"그래도 내일 아침까지 생각해 봐 주십시오"라는 부탁을 하고 그들은 일어났다.

선한 싸움

반성문을 써 달라는 요구를 받은 그날 밤, 나는 잠을 자는 둥 마는 둥 하다가 다음날 아침 일찍 눈을 떴다. 어제의 상황을 눈앞에 그려보니 용기백배했던 나의 모습은 온데간데없이 사라지고 다시 온몸이 얼어붙는 것처럼 두려운 마음이 생겼다. 그때 정적을 깨고 전화벨이 울렸다. 그날 오후 2시 비행기를 타고 심양으로 나와 바로 한국으로 연결되는 비행기를 타도록 스케줄이 되어 있었는데, 그 비행기가 만석이 되어 아침 8시에 북경으로 나갈 사람들을 찾는다는 것이었다.

순간적으로 한시라도 빨리 이곳을 빠져 나가야 되겠다는 생각에 앞뒤 생각할 겨를도 없이 짐을 들고 공항으로 나와 북경 가는 비행기를 탔다. 아침이 되면 북한 관리들이 집요하게 반성문을 요구할 것이 뻔했기 때문이다. 비행기가 공중에 떴을 때 비로소 살았구나 하는 안도의 숨을 쉬었다.

그런데 사람으로 북적대어 복잡한 북경 공항에서 예약도 없이 한국행 비행기 표를 산다는 것이 얼마나 어렵고 고통스러운 것인지 미처 몰랐다. 사람이 워낙 많아 마치 시장 바닥을 헤매는 것 같았고, 한국어는 물론 영어를 알아듣는 사람도 없었다. 심지어는 우리가 하는 중국말도 알아듣지 못하니 난감할 노릇이었다. 이쪽 가서 물어 보면 저쪽으로 가라 하고, 저쪽에 가서 물어 보면 또 다른 곳으로 가라고 퉁명스럽게 말하는 중국 사람들이 원망스러웠다. 그러다가 결국 아침부터 점심까지 내리 두 끼를 굶고 지친 나와 일행은 아무 데나 주저앉았다.

마침 같이 동행했던 이민희 집사님이 나에게 뜬금없이 물었다.

"장로님, 왜 이런 일을 그렇게도 오랫동안 하세요?"

이 말을 듣는 순간 마치 방망이가 내 머리를 '탕' 하고 내리치는 것 같았다.

'그래, 내가 왜 이 일을 하고 있지? 이 정도 했으면 그만 할 때도 되지 않았나?'

처음 북한 정부의 초청을 받고 들어갔던 때가 1988년이었으니 만 20년이 넘도록 한 우물만 파면서 달려온 것이다. 그 사실에 나 스스로도 놀랐다. 생명의 위협을 받을 때도 있었고, 우리 가족 전체의 삶이 송두리째 날아갈 수도 있는 상황에도 처했었다. 하지만 멈추지 않고 우직하게 여기까지 달려왔다.

"왜 하느냐고요?" 하고 반문하는데 문득 디모데후서의 말씀이 생각났다.

"나는 선한 싸움을 싸우고 나의 달려 갈 길을 마치고 믿음을 지켰
으니 이제 후로는 나를 위하여 의의 면류관이 예비되었으므로"
(딤후 4:7-8).

나는 이렇게 대답했다.

"집사님, 이것은 이 시대에 하나님께서 나에게 맡겨 주신 선한 싸움입니
다. 그래서 이 사역을 해도 되고 안 해도 되는 것이 아니라, 죽음을 무릅쓰
고 반드시 해야 하는 것입니다. 이 시대에 하나님께서 우리 민족을 위하여
나에게 맡겨 주신 사명입니다."

이런 말을 하고 나니 갑자기 가슴이 벅차올랐다. 내 말을 듣고 다른 일행
들도 눈시울을 적시며 서로를 위로하고 감싸 안았다.

"어, 박 원장님 아니십니까?"

그때 어디선가 나를 반가워하며 다가오는 사람이 있었다. 자세히 보니 은
퇴 후 선교를 결심하고 중국으로 들어가신 한 목사님이었다. 손님을 마중하
기 위해 공항에 왔다가 용케 나를 발견하고 달려오신 것이다. 우리의 자초지
종을 들으신 목사님은 우리를 대한항공 매표소로 데리고 가서 티켓팅을 할
수 있도록 도와주셨다. 우리는 모두 무사히 서울행 비행기에 올랐다.

비행기 안에서 나는 하나님의 선하심을 맛본 지난 일들을 돌이켜보았다.
나는 할 수 없지만, 늘 동행하시며 보호해 주시고 인도하시는 하나님은 하

실 수 있음을 다시금 깨닫게 되었다.

별로 내키지 않았지만 주위의 성화에 못 이겨 떠밀려 갔던 성지 순례. 그곳에서 믿음의 선조들에게서 큰 감동을 받게 하시고, 북한에서 겪은 위기를 잘 견뎌내게 하신 하나님. 이 모든 것이 그분의 섭리였다.

내가 겁쟁이인 것을 아시고 미리 준비시키신 하나님, 어떤 상황에서도 나와 동행하시는 하나님, 나의 목숨을 지켜 주시고 보살펴 주시는 하나님…. 그분의 은혜에 저절로 머리가 숙여진다.

하나님은 역시 약한 자를 들어 강하게 하시고, 죽도록 충성하면 새로운 힘으로 채워 주시는 분이다. 그래서 사도행전 17장에 나오는 "아레오바고"는 하나님께서 함께하시는 증거요, 확신이며, 내가 사역하는 힘과 살아가는 이유다.

이러한 엄청난 사실을 모르고 사는 사람들이 이 세상에 얼마나 많은가. 하지만 나는 하나님의 은혜로 이 사실을 깨닫고 지금껏 축복 속에 살아가고 있다. 내가 받는 복을 나눠주지 않는다면 분명 하나님께서 슬퍼하실 것이다. 그래서 나는 더더욱 북한 땅을 밟고 그곳에 복음의 뿌리를 내리는 일을 멈출 수가 없다.

세상 사람들은 더 가지고, 더 크고, 더 강하고, 더 유명해지기 위해 거짓말을 일삼고, 생명까지 바친다. 하지만 우리 그리스도인들은 다른 사람들의 생명을 살리기 위해 목숨까지 바쳐야 한다. 하나님과 함께라면 그런 일을 감당할 수 있는 용기와 담대함이 생길 것이라 믿는다.

영적인 삶을 사모하다

나는 다시금 맹세했다. 평생 이 한 몸 바쳐 주님께 순종하리라고…. 이제 나는 육적인 것을 좇아 사는 메마른 영혼이 아니라 영적인 삶을 사모하는 육신의 소유자로 살 것이다.

또다시 방문하게 된 영생관

평양 제3병원을 도와 개원한 지 꼭 10년이 되던 날, 우리는 다시 '평양샘사랑병원' 개축 공사를 마치고 현장을 돌아보기 위해 다시 북한으로 들어갔다. 그런데 첫날 우리를 마중 나온 북한측 관리가 갑자기 '영생관'으로 인사를 드리러 가자는 것이었다. 나는 순간 머리털이 쭈뼛 서는 듯했다. 그동안 북한을 다니면서 숱한 어려운 고비를 넘겼지만, 그중에서도 가장 두려운 순간이 바로 '영생관'에 가는 것이었다.

영생관에 대한 아찔한 기억은 벌써 10년을 거슬러 올라간다. 1995년 11월 23일, 바로 평양 제3병원의 개원식을 마친 다음 날 우리 일행은 지어진 지 얼마 안 된 '영생관'으로 바로 인도되었다. 그곳은 김 주석이 평생 집무를 보던 곳으로 한국으로 말하면 청와대와 같은 곳인데, 김 주석의 사후에 아름다운 궁전으로 변했고 그 안에는 그의 시신이 양복저고리를 입은 모습으로 유리관 안에 안치되어 있었다.

그때는 김 주석이 사망한 직후라 남녀노소 할 것 없이 온 나라가 슬픔에 싸여 있었다. 삼엄한 경계 속에 외국인들은 공포와 두려운 나날을 보냈다. 금수동산(영생관)은 건물 자체도 웅장하고 엄숙하지만, 완전무장을 한 군인들의 모습과 북한 전역에서 모여 든 조문객들의 행렬 등 그 분위기에 눌려 제대로 숨도 못 쉴 지경이었다.

우리는 귀한 외국 손님이라고 군중 사이를 뚫고 제일 앞에 세워졌고, 시신이 누워 있는 영생관 안으로 인도되어 들어갔다. 그 안에서는 외국인, 내국인 할 것 없이 모두 일렬로 줄을 섰다가 다섯 명씩 짝을 지어 김 주석의 시신에게 차례로 절을 하는데, 우리는 하나님을 믿는 사람들로서 그 누구에게도 절을 할 수 없었다. 머릿속이 하얘지면서 적잖이 당황했지만 결국 우리는 두 눈 질끈 감고 주기도문을 외우면서 그곳을 빠져 나왔다. 이것이 1995년의 일이요, 그후에도 그곳에서 절을 하지 않았다는 사람들이 나오기 시작했다.

아, 그때를 떠올리면 지금도 가슴이 오그라든다. 그 자리에서 죽을 수도 있었는데, 북한 관리들이 눈감아 준 것은 오직 하나님의 은혜였다. 이 일로 인해 나를 다시 영생관으로 데려가 꼭 절을 시키고 말겠다고 벼르는 북한 사람도 있었다고 한다. 그러나 그 후 북한을 여러 번 방문할 때에도 출입국에서는 항상 말썽과 문제가 있었지만, 영생관을 다시 가는 일은 없었다.

그런데 10년이 지난 지금 생각지도 않은 '영생관'을 또다시 가게 된 것이다. 처음에는 멋모르고 따라갔다가 엉겁결에 살아 나왔지만, 이제는 그곳의 돌아가는 사정을 잘 아는지라 절하지 않고 나의 믿음을 지킬 수 있는 방법이 전혀 떠오르지 않았다. 물론 외국인이 그 나라의 초청을 받아 가면 그 나라의 선열이나 무명용사들의 묘지를 찾고 경의를 표하는 것은 있을 수 있는 일이다. 그러나 기독교인은 세상에 절하지 않고, 기도해야 한다. 그리고 북한은 이러한 기독교인의 태도를 자신들의 체제에 대한 도전이라고 생각해서 용납하지 않았다.

"영생관에 가지 않으면 안 될까요? 전 별로 내키지가 않습니다."

나는 우선 영생관 가는 일정을 변경해 볼 심산으로 간곡히 사정을 했다. 하지만 북한 관리는 일단 상부에서 내려진 지시이기 때문에 어쩔 수 없다는 단호한 태도를 보였다.

"그렇다면 조건이 있습니다. 이 조건을 들어주면 갈 것이고, 그렇지 않으면 죽어도 못 갑니다."

"그것이 무엇입네까?"

"우리는 기독교인입니다. 그래서 절을 하지 않습니다. 우리는 기도하는 사람들입니다."

북한 관리는 한참을 생각하더니 상부에 다시 건의해 보겠다는 말을 하고 갔다. 얼마 후 상부에서 허가가 떨어졌다는 소식이 전해졌다. 이제는 꼼짝없이 갈 수밖에 없었다.

"이 자리에서 죽어도 여한이 없습니다"

떨리는 마음으로 영생관 앞에 섰다. 처음 갔을 때보다 영생관은 더 아름답고 웅장해져 있었다. 약 1킬로미터 정도의 긴 홀에는 에스컬레이터가 양쪽에 있어 수많은 조문객들을 실어 나르고 있었다. 시골에서 올라온 주민들, 학생들, 남녀 군인들 그리고 공무원들처럼 보이는 지도층 사람들이 줄을 서서 한쪽은 들어가고 또 한쪽은 나오는 방향으로 서로 마주 보고 있었다. 여기서 에스컬레이터를 타고 20-30분을 지나가는 동안 그 맞은편의 북한 주민들을 다 볼 수 있었다. 특히 15-19세 정도로 보이는 군인들의 키가 놀라울 정도로 작았다. 특히 여자 군인들은 중학생 정도의 키밖에 안 돼 보였다. 그들의 얼굴에서 삶의 고단함과 배고픔을 읽을 수 있었다.

드디어 우리는 본관으로 인도되었다. 그 전처럼 수백 명의 군인들이 총에 칼을 달고 완전무장한 상태로 지키고 있지는 않았다. 그러나 역시 다섯 명씩 줄을 서서 돌아가며 절을 하는 것은 마찬가지였다.

우리를 데리고 간 관리들이 "절을 합시다" 하면서 정중하게 절을 할 때마다 우리는 주기도문을 외우면서 기도했다. 무사히 모든 과정을 마치고 본관을 돌아 나오는데 갑자기 수십 명의 군인들이 맞은편 문에서부터 줄을 지어 총을 가슴 앞에 들고 뛰기 시작하더니 내 앞에 멈추어 서는 것이었다. 나는 그 순간 한 발자국도 움직이지 못한 채 가슴이 철렁 내려앉았다.

'아! 결국 이렇게 모든 것이 끝나는구나.'

나는 눈을 지그시 감고 그동안의 사역들을 떠올렸다.

'그래, 내가 할 수 있는 일들을 주님의 인도하심에 따라 열심히 했어. 그러니 이 자리에서 죽어도 여한이 없다. 오, 주님, 보잘것없는 제 죽음을 통해서라도 북한 주민들이 주님을 알아갈 수 있는 기회가 되기를 소원합니다.'

그 짧은 순간에 이 세상과의 마지막 작별을 눈앞에 둔 사람처럼 기도를 올렸고, 마음이 이상하게 차분하고 담담해졌다. 나는 의연한 자세로 그 다음 일어날 일을 기다렸다. 그런데 내 앞에서 멈추어선 군인들이 다시 움직이기 시작했다. 놀라서 눈을 번쩍 떠 보니 군인들이 내 앞을 지나 오른쪽으로 돌아가는 것이었다. 그때가 경비군들의 교대 시간이었음을 알게 된 나는 다리 힘이 쫙 풀리면서 그 자리에 주저앉을 뻔했다.

그날 저녁 우리는 정보 담당 고급관리를 만나는 자리를 가졌다.

"당신들이 기독교인이기에 절을 하지 않고 기도한 것을 다 이해합네다."

"오늘 영생관을 방문하고 기도해 주셔서 내래 얼마나 고마운지 모릅네다."

"선생님은 참으로 애국자이십네다."

오히려 뜻하지 않게 감사의 인사를 전하며 내 손을 꼭 잡는 그들의 행동에 나는 어안이 벙벙했다. 그들은 심지어 나를 비롯한 우리 일행 다섯 사람의 가슴에 '초상화' 배지를 달아 주었다.

"그동안 선생님의 모든 행동을 자세히 살펴보았습네다. 우리의 도움과 협조가 필요하면 언제든지 연락하시라요."

나를 통해 이루시는 하나님의 섭리

그 일이 있은 후 나는 기회가 될 때마다 북한 관리들을 위해 기도한다. 10년 전에 비해 북한의 정세가 많이 바뀌었고, 기독교인들에 대한 이해도 많이 높아졌다는 사실은 하나님의 역사하심을 명백히 보여 주는 증거였다.

우리를 초청한 실무자들도 사실은 만일에 일어날 불상사를 무척 걱정했다고 한다. 그러나 하나님께서는 우리의 걱정과 염려에도 불구하고 모든 일을 가장 좋은 길로 인도해 주셨다. 사람이 모든 일을 경영하고 스스로 감당하는 것 같지만, 모든 것은 하나님의 섭리 아래 있음을 다시금 깨닫는 소중한 경험이었다. 그리고 하나님을 사랑하고 그 뜻대로 부르심을 입은 자에게는 모든 것이 합력하여 선을 이루는 것임을 절실히 깨달았다.

열정 하나만을 가지고 목숨을 걸고 뛰어다니던 지난 시절, 특히 평양 제3병원을 개원하고, 그 병원에서 내 손으로 개복수술을 처음 했지만, 그들의 교묘한 술책과 이에 편승한 주위 사람들의 배신과 시기가 맞물려 나에게 실패를 안겨 준 것 같았던 지난 10년이 다시금 떠올랐다. 그러나 이제 그들에게 죽음을 불사하는 믿음을 인정받게 되었고 오히려 이에 대한 존경과 찬사의 말을 들을 만큼 그들의 마음이 변했다. 이는 모두 하나님께서 일하신 것이요, 부족한 이 사람을 통해 이루어 가시는 하나님의 기적이리라.

"우리가 선을 행하되 낙심하지 말지니 포기하지 아니하면 때가
이르매 거두리라"(갈 6:9).

내가 없어도 하나님의 역사는 그분의 뜻대로 계속될 것이다. 하지만 하나님께서는 보잘것없는 나를 불러 그분의 일에 쓰셨고, 나는 그분의 부르심에 은혜를 받고 변화되어 예수님을 닮아가려는 삶을 살고자 애쓰고 있다. 이러한 넘치는 은혜를 내가 또 어디서 맛볼 수 있겠는가. 나는 다시금 맹세했다. 평생 이 한 몸 바쳐 주님께 순종하리라고…. 이제 나는 육적인 것을 좇아 사는 메마른 영혼이 아니라 영적인 삶을 사모하는 육신의 소유자로 살 것이다.

잘 가게, 친구!

사랑의 빚을 진 그 귀한 친구의 죽음은 많은 것을 깨닫게 했다.
마지막에 하나님 앞에 서는 엄숙한 순간을 생각해 보게도 됐고, 선한 싸움
을 싸우고 나의 갈 길을 마치고 믿음을 지킨 후에 하나님 앞에 서는 나의
모습을 상상해 보기도 했다.

나의 힘이 되어 준 동역자

나의 둘도 없는 친구이자 동역자였던 윤명규 박사가 운명을 달리하던 날. 그날 밤은 별빛조차 슬프고 외롭게 느껴졌다. 내가 선교사역을 시작하는 초창기부터 지금까지 내 곁에서 신실하고 변함없는 친구로 있어 주었던 그가 나를 두고 먼저 하늘나라로 갔다는 사실이 믿어지지 않았다.

단동을 잊지 못하여 일 년에도 몇 번씩 다녀가고, 올 때마다 압록강과 두만강 강변의 불쌍한 우리 동족을 가슴에 품고 그들과 같이 울고 웃으며 안타까워하던 윤 박사였다. 불과 두 달 전에도 이곳에 와서 우리 봉사자 전원에게 생명을 살리기 위한 응급 처치를 열성껏 가르쳐 주었는데, 막상 그 친구의 생명을 살릴 수 있는 사람이 아무도 없었다는 사실이 가슴을 아프게 했다.

'윤 박사, 자네를 위해 아무것도 해줄 수 없었던 나 자신이 원망스럽네. 자네는 나에게 큰 힘이 되는 존재였는데….'

문득 사역 초창기 때의 기억이 앨범을 들추듯 하나둘 떠올랐다.

평양 고려호텔 방에서 발자국 소리만 들어도 소스라치게 놀라면서 혹시 우리를 잡으러 오는 군인들이 아닌가 하여 함께 가슴 조려했었다. 여행을 할 때마다 마취의사라는 빡빡한 스케줄로 항상 어려움을 겪었지만, 그래도 중요한 때마다 모든 일을 제쳐놓고 나를 따라나섰던 사람은 그 친구밖에 없었다.

고통의 순간에 함께한 친구의 눈물

밤새도록 겨울비가 퍼붓던 1991년 2월, 뼈대만 짓다 중단된 평양의 한 병원 건물 앞에 우리 둘은 서 있었다. "이 병원을 맡아 완성시켜 달라"는 북한 사람들의 요청을 받은 나와 윤 박사는 우리의 부족한 능력만 탓하며 그들의 요청을 거절할 수는 없었다. 고민 끝에 나와 윤 박사는 순간적으로 한마음이 되었고, 동시에 "최선을 다하겠다"는 대답을 꺼냈다. 어디서 그런 용기가 생긴 것인지 아직도 잘 모르겠지만, 분명한 것은 친구 윤명규가 내 곁에 있어 큰 힘이 되었다는 사실이다.

평양에 들어갈 때마다 우리는 생명 살리는 일에만 관심이 있다고 주장하며 환자를 보게 해달라고 요구했고, 북한 측은 자신들이 필요한 의료품과 기자재들을 얻기 위해 이런저런 요구를 끝도 없이 하는 통에 항상 그들과 우리 사이에는 마찰이 끊이지 않았다. 그때마다 우리는 그들을 보는 것이 아니라 그들을 불쌍히 여기며 눈물을 흘리시는 예수님의 모습을 보며 용기를 얻어 다시 일어서기를 반복했다.

내가 외국인 의사로는 처음으로 평양 제3병원에서 수술을 집도했을 때도 윤 박사는 그 환자의 마취를 맡아 주었다. 아무것도 없이 텅 빈 수술대 위에 누워 있는 여인의 그 두렵고 간절하던 눈망울을 보고 우리는 눈빛을 교환하며 함께 한마음으로 기도드렸다.

내가 평양에서 '포교를 통한 체제문란'이라는 죄목으로 쫓겨났을 때도 윤 박사는 내 편에 서서 억울함을 호소해 주었다.

"이보게, 이렇게 억울한 일이 어디 있단 말인가. 자네 괜찮나? 이렇게 가만히 당할 수만은 없네. 자네가 모함에 빠졌다는 사실을 온 세상에 알리고 말 거야."

그 당시 우리와 함께 일하던 몇몇 사람들이 나에 대한 시기와 질투로 북한 관리들에게 나의 모금 활동과 교회 집회 내용을 일일이 고자질하여 결국 북한에서 쫓겨나게 된 것을 누구보다도 잘 알고 있었던 그는 나보다 더 울분을 터뜨리며 안타까워했다. 그때 그 친구의 강직하고 정의에 찬 마음은 나에게 큰 위로가 되었음은 말할 필요도 없다.

그 후 소련 연해주로부터 단동까지 어렵게 살아가는 불쌍한 동족들을 보살피고 도우며 우리는 함께 울고 서로 다독여 주었다. 또한 2000년 4월 중국 땅에 단동병원을 개원할 때도 윤 박사 부부가 함께 그 자리를 빛내 주었고 자신의 일처럼 기뻐했다.

우리는 늘 함께이다 보니 음식을 잘못 먹었을 때는 똑같이 배탈이 났고, 너무 힘들어 지칠 때면 천장을 보고 동시에 드러 눕기도 했다. 그러다가도

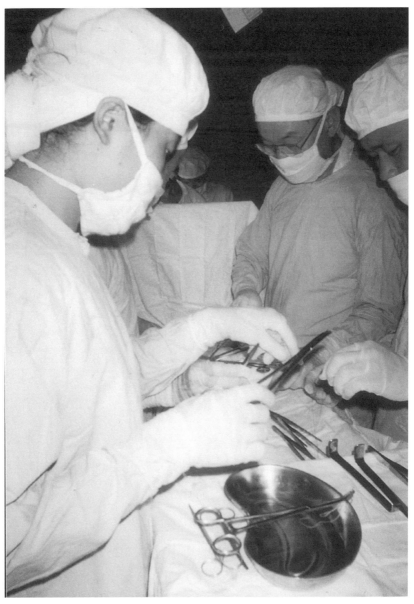

외국인(미국 국적)으로는 처음으로 북한에서 수술을 집도하는 박세록 장로
(오른쪽에서 두번째)

항상 준비성이 많은 그가 가방 속에 가지고 온 육개장 라면에 뜨거운 물을 부어 둘이서 사이좋게 한 그릇씩 먹고 나면 다시금 힘이 솟아 자리를 훌훌 털고 일어나서 환자들을 진료할 수 있었다.

유난히도 잠자리가 까다로웠던 그 친구는 아침에 일어나 잠을 자지 못했다고 투덜거렸던 기억도 난다. 그때마다 '또 투정하는구나' 하고 시큰둥했던 나의 태도가 지금은 그리도 미안하고 후회스러울 수가 없다.

젊어서 공부할 때 그렇게도 고생을 많이 했다는 윤 박사. 어쩌면 내 처지와 이리도 비슷할까 생각하며 어깨를 부둥켜안고 엉엉 울기도 했었다. 그렇게도 알뜰하게 빈틈없이 살았던 친구였는데…. 항상 부정한 것을 보면 참지 못했고, 불쌍한 사람들을 보면 눈물을 흘렸으며, 어려운 사람들을 위해 재정적으로도 아낌없이 내놓던 좋은 친구였다. 그러면서도 깊은 신앙에 갈급하여 신학을 공부한 그가 나는 한없이 자랑스러웠다.

한 점 부끄럼 없는 삶

그가 죽기 열흘 전 나는 로스앤젤레스에서 집회를 하고 있었다. 그때 그가 느닷없이 찾아와 나를 격려해 주며 사역에 보탬이 되라고 큰 수표 한 장을 주고 갔다.

"박 원장, 반가워. 내가 늘 함께하지 못해서 미안하네. 이거 얼마 안 되지만, 사역에 도움이 되었으면 좋겠어. 내가 할 수 있는 것이 이런 것뿐이니…. 옛날에 함께 압록강과 두만강을 누비며 의료 봉사를 했던 때가 그립군. 이제 나도 나이가 들어 은퇴하고 나니 단동병원이 더 그리워져. 조만간 단동병원에 가서 자네와 함께 다시 봉사를 시작해 보고 싶군. 아무튼 건강하게나."

그것이 그와의 마지막 만남이었으리라고는 상상조차 못했다. 단동병원에 와서 봉사하겠다는 말만 믿고 그를 기다리고 있었는데, 이제 나를 두고 혼자 가버리다니, 그런 그가 원망스럽기도 했다.

"사랑하는 친구 윤명규, 잘 가게나. 고난도 슬픔도 눈물도 없는 천국에서 평안히 쉴 것을 믿는 고로 이제는 자네를 보내 줄까 하네. 언젠가는 우리 하늘나라에서 다시 만나세."

사랑의 빚을 진 그 귀한 친구의 죽음은 많은 것을 깨닫게 했다. 마지막에 하나님 앞에 서는 엄숙한 순간을 생각해 보게도 됐고, 선한 싸움을 싸우고 나의 갈 길을 마치고 믿음을 지킨 후에 하나님 앞에 서는 나의 모습을 상상해 보기도 했다. 생각만 해도 두렵고 떨리는 순간이라는 느낌이 들었다.

죽는 날까지 하늘을 우러러
한 점 부끄럼이 없기를
잎새에 이는 바람에도
나는 괴로워했다.
별을 노래하는 마음으로
모든 죽어가는 것을 사랑해야지.
그리고 나한테 주어진 길을 걸어가야겠다.
오늘 밤에도 별이 바람에 스치운다.
– 윤동주의 〈서시〉

윤 박사와 내가 소련 연해주에서부터 두만강과 압록강을 따라 강변에서 의료봉사를 하면서 만주 땅 용정에 있는 시인 윤동주 선생의 생가에 들른 적이 있다. 그때 우리의 마음을 사로잡았던 바로 그 시를 나는 아직도 외우고 있다. 하나님을 향하여 한 점 부끄럼 없이 살기 위해 잎새에 이는 바람에도 괴로워하는 나! 나에게 무엇을 괴로워하며 살아야 하는지 보여 준 순간이었다.

사랑하는 친구를 떠나보내며 천국에서의 안식을 기도한다.

보이지 않는 것을 보는 눈

보는 것이 중요하지만, 사실은 무엇을, 어떻게 보느냐가 더 중요하다. 볼 수 있으면서도 볼 것을 제대로 보지 못하고, 보지 않아야 할 것들만 본다면 차라리 처음부터 보지 못하는 것이 더 축복일지 모른다.

보는 것의 소중함

2006년 8월 단동병원에서 나흘 동안 한국의 무료 개안 선교단체인 VCS(Vision Care Service)와 함께 천여 명의 환자를 검진하고 약 200명의 개안 수술을 했다. 워낙 많은 사람들이 사는 곳이라 시각 장애인도 많을 것이라 예상했지만 실제로 그 수는 우리의 생각을 훨씬 넘어섰다. 앞을 볼 수 없는 그들은 다른 사람의 등에 업히거나 소매를 잡고 오기도 하고 자기들끼리 삼삼오오 서로 붙잡고 오기도 했다. 이렇게 해서 순식간에 단동병원은 시각장애인들로 인산인해를 이루었다. 그들은 혹시라도 시력을 되찾을 수 있을까 하는 기대감에 부풀어 있었다. 그래서 오랜만에 장이 선 것처럼 어느 때보다 활기차고 시끌벅적했다.

시각장애인들로 장사진을 이룬 가운데 오히려 제대로 시력을 갖고 있는 우리 봉사자들이 이상하게 느껴질 정도였다.

"시각장애인이 이렇게 많다니….."

나는 내심 놀라서 입을 다물 수가 없었다.

소문을 듣고 이웃 도시에서도 환자들을 보내겠다는 연락을 해왔다. 하지만 그 많은 사람들을 한꺼번에 치료할 여력이 되지 않았다. 아쉽고 미안한 마음으로 그들을 달래며, 다음 기회로 미루어 달라고 간곡히 부탁하느라 봉사자들이 진땀을 흘렸다.

수술 받고 안대로 눈을 가리고 도우미의 손을 잡은 채 나가는 사람들은 우리를 향해 고개를 숙이며 감사의 표시를 했다.

"정말 감사합네다. 평생 치료 한 번 못 받고 이대로 가는 줄 알았습네다."

"이 세상을 볼 수 있다는 기대감에 오늘 밤 잠을 이루지 못할 것 같습네다. 선생님, 정말로 감사드립네다."

나는 그들의 얼굴에 피어오르는 밝은 웃음을 보면서 그들 모두가 환한 세상의 빛을 만날 수 있기를 마음속으로 기도드렸다.

'오, 주님, 저 사람들이 모두 밝은 세상을 볼 수 있도록 도와주십시오!'

우리의 손으로 치료한 것이기는 하지만, 진정 눈을 뜨게 하는 기적은 하나님께서 하실 일이었다.

그 다음 날 진찰을 받으려고 환자들이 다시 병원을 찾았다. 그들은 안대를 떼는 순간 큰소리로 외쳤다.

"보입네다, 선생님! 보입네다, 보여요!"

그들의 가족은 서로 얼싸안고 기쁨의 눈물을 흘렸다.

'아, 보는 것이 이렇게 소중한 것이구나.'

지극히 당연한 진리를 몸소 체험하는 순간이었다.

우리는 늘 보고 듣고 움직이는 것에 대해 감사함 없이 산다. 그것을 당연한 것이라 여기고, 언제든지 세상을 볼 수 있고, 들을 수 있고, 원하는 대로 움직일 수 있다고 생각하는 것이다. 하지만 주변에는 그렇지 못한 사람들이 참 많다. 그들의 간절한 소망은 보는 것, 듣는 것, 혹은 마음껏 움직일 수 있는 것이다. 우리에게 당연한 것들이 그들에게는 꿈에도 이루고 싶은 소원이라면, 더 이상 보고, 듣고, 움직이는 것에 감사하지 않을 수 없을 것이다.

우리는 계속해서 볼 수 없는 육신의 눈을 뜨게 하고, 그와 더불어 그들이 주님의 말씀에도 눈뜨게 만들 것이다. 그것이 우리 사역의 궁극적인 목표이기 때문이다.

암흑의 도시를 위한 기도

나는 해가 지면 압록강 강변에 나가 전깃불 하나 없이 캄캄한 강 건너 신의주를 바라보면서 가슴을 쓸어내리곤 한다. 이쪽 중국 땅 단동의 휘황찬란한 모습과는 너무나 대조적으로 어둡고 캄캄한 신의주를 보면 마음이 서글프고 안쓰럽기 때문이다.

'저 캄캄한 암흑 속에서 도대체 어떻게 먹고 살 수 있을까?'

저들은 보지 못하는 시각장애인들은 아니니 밝은 낮과는 대조적인 캄캄한 밤에 빛이 더 절박할 것이다. 그러나 상황으로 보건대 여기 내가 서 있는 중국 단동 땅이 광명이라면, 강 건너 신의주는 암흑의 도시였다.

'주여, 저들이 언제쯤 환하게 볼 수 있을까요?'

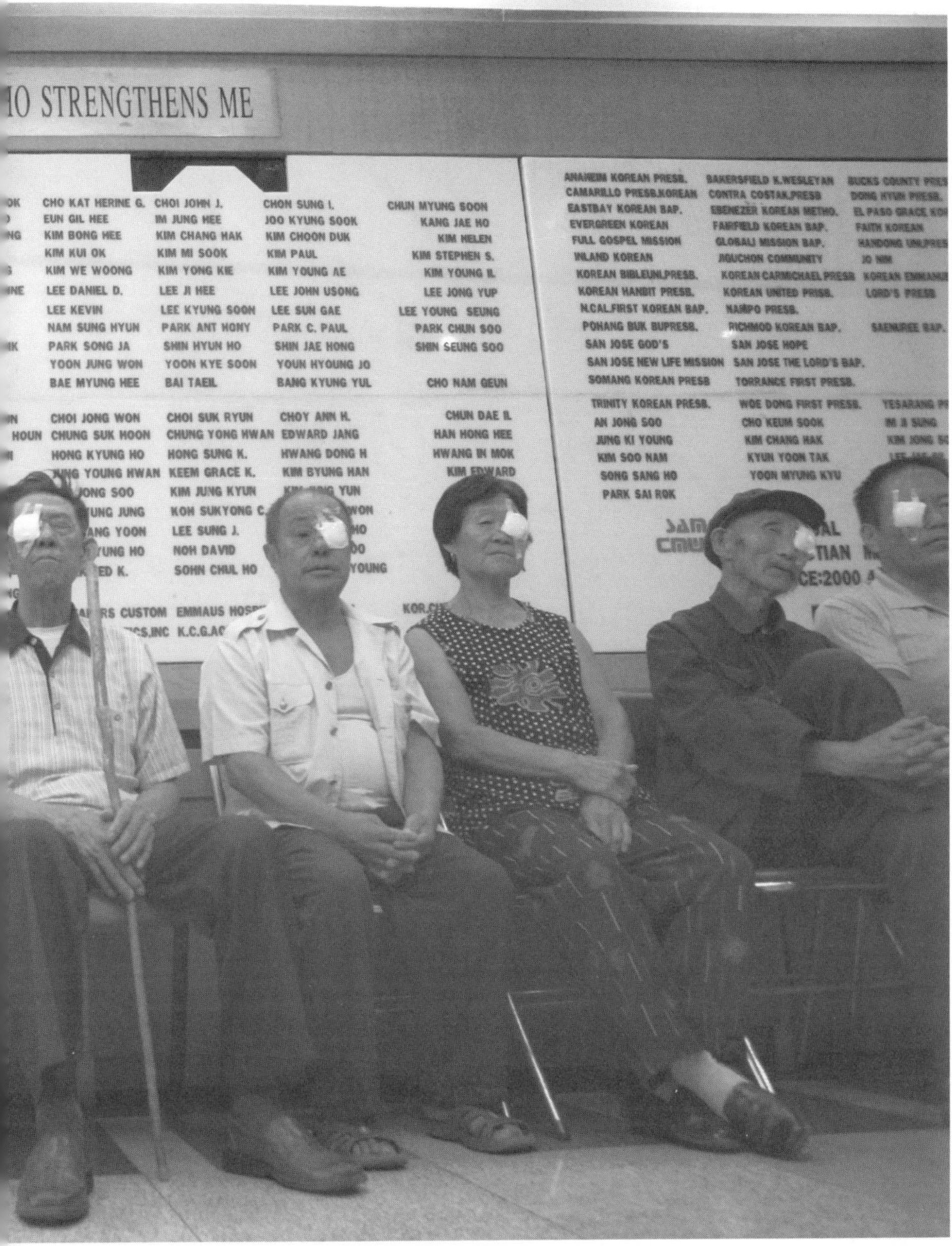

단동병원 로비에 환자들이 진료를 기다리고 있다. 뒤의 이름판은 병원 건립을 위해 후원해 주신 분들

나는 가끔 생의 마지막 순간이라는 선고를 받고 그날만을 기다리며 절망 가운데 사는 환자의 가족에게 기도 부탁을 받는다. 내가 의사인데다가 선교사인 것을 알기 때문이다. 이제 삶이 얼마 남지 않은 환자와 가족을 앞에 놓고 나는 이렇게 말한다.

"제가 의사의 눈으로 보면 이제 더 할 수 있는 것은 없습니다. 그러나 한 가지 방법이 있습니다. 그것은 하나님께서 은혜를 베풀어 주시고 기적을 일으켜 생명을 연장시켜 주시면 가능하다는 것입니다. 단동의 압록강 강변에 무릎까지 발을 넣고 그 맞은편 암흑 속에서 살고 있는 불쌍한 우리 동족을 위하여 기도하실 수 있습니까? '나 좀 살려 주세요' 하는 것보다 더 훨씬 강한 기도가 될 것입니다. 마지막 순간까지 다른 사람의 생명을 위해 기도하며 죽는다면 그 죽음은 하나님께서 기뻐하시는 죽음이 됩니다. 그러다가 기적을 일으켜 주시면 살 수 있는 것입니다."

아직까지 나의 말을 듣고 행한 환자는 아무도 없다. 하지만 불가능이 없으신 하나님께서 원하시면 못 하실 일이 없다고 굳게 믿는다. 신의주, 아니 북한 땅을 위해 자신의 목숨보다 먼저 기도할 수 있는 사람들이 점점 늘어날 때, 언젠가 북한 사람들은 진정한 빛을 바라보며 밝은 세상의 삶을 살 수 있게 될 것이다.

하나님만 바라보는 눈

보는 것이 중요하지만, 사실은 무엇을, 어떻게 보느냐가 더 중요하다. 볼 수 있으면서도 볼 것을 제대로 보지 못하고, 보지 않아야 할 것들만 본다면 차라리 처음부터 보지 못하는 것이 더 축복일지 모른다. 보지 못할 것을 보면서 실망하고 괴로워하고 죄를 짓게 된다면 이것은 보는 것의 축복을 잘못 사용하는 것이다.

헬렌 켈러에게 한 기자가 이런 질문을 던졌다.

"당신이 만약 사흘 동안만 시력을 회복한다면 무엇을 보기 원합니까?"

기자의 질문에 잠시 생각에 잠겨 있던 헬렌 켈러는 조용히 입을 열었다.

"첫날은 그동안 나에게 많은 사랑을 베풀어 주신 고마운 분들의 얼굴을 보고 그들의 모습을 내 마음에 영원히 새겨 둘 것입니다. 둘째 날은 박물관을 방문해 하나님의 위대한 창조를 볼 것입니다. 그리고 마지막 셋째 날은 재미있는 희극을 보고 실컷 웃고 그 기쁨을 간직할 것입니다."

모든 사람이 볼 것만 보고 보지 않을 것은 보지 않는다면 그 사람은 물론 온 세계가 참으로 복된 삶을 살 수 있을 것이다. 그러기에 우리는 하나님을 바라보아야 한다.

젊은 시절 나는 '나보다 더 똑똑하고 영리한 사람 있으면 나와 보라'는 식으로 교만한 마음으로 살았다. "하룻강아지 범 무서운 줄 모른다"는 말처럼 스스로의 자만 속에서 늘 "나는 할 수 있다"고 외치면서 살았다. 그 어려운 환경 속에서 공부를 하면서도 성공하는 그날을 위해 앞만 보고 달려왔다. 그러다 보니 자연히 만사에 '내'가 내 삶의 주인이었다. 돌이켜 보면 그때가 내 인생에서 가장 힘든 때였는지도 모른다. 능력도 없는 내가 모든 고난과 괴로움을 스스로 지고 해결하려 했으니 지금 생각해도 아찔할 정도로 힘겨운 시절이었다.

그 후 나는 뒤늦게 깨달았다. 나의 인생을 이끌어 주신 분은 잘난 내가 아닌 하나님이셨다는 사실을. 그리고 나의 창조주 되시고, 나의 아버지 되시는 그분께 모든 것을 맡기면 참된 위안과 평화를 얻게 된다는 사실을.

하나님만은 어떤 경우에도 우리를 포기하지 않으시고 참고 인내하며 기다려 주신다. 또한 사랑으로 은혜를 베풀어 주시며, 우리에게 어떤 고난과 시험도 이길 수 있는 힘을 주신다.

우리의 무겁고 버거운 짐을 나 자신이 아닌 하나님 아버지께서 대신 져주신다니, 이 얼마나 위로와 힘이 되는 사실인가! 나는 여기서 얻는 자신감으로 새 힘을 얻는다. 그래서 내가 능력을 받고 기적도 일으킬 수 있는 것이다. 이것이 하나님이 주신 적극적인 능력이다.

내가 주인이 되고 나의 주관적인 관점으로 보면 모든 것으로부터 스트레스를 받는다. 걱정이 되어 잠을 이루지 못하고 식욕이 없어진다. 그러나 하나님의 관점에서 보면 그 결말은 이미 정해져 있다. 끝이 보인다는 것이 얼마나 큰 위로가 되는지 모른다. 그리고 현재의 고난도 나에게 유익이 되는 것을 보게 된다.

하나님께서는 지금도 두 팔을 벌리시고 당신의 품 안으로 들어오기를 기다리고 계신다. 이것이 신앙의 힘이요, 보이지 않는 것을 보는 자의 생명이다.

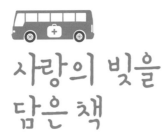

사랑의 빚을 담은 책

비록 빚을 갚고 재정의 어려움을 덜기 위해 만들어진 책이었지만, 이제는 임산부와 어린아이들의 생명을 살리는 귀한 열매들을 키워가고 있다. "주여, 더 많은 사람이 이 책을 읽고 변화되어 이 세상의 굶주리고 고통 받는 사람들을 구하는 도구가 되게 하옵소서."

하나님 빚 좀 갚아 주세요

처음 1만 개의 '사랑의 왕진가방'을 준비할 때를 떠올리면 참으로 여기저기 바쁘게 뛰어다녔다는 생각이 든다. 의료품들은 미국, 한국 등의 여러 의료기관과 자선단체들의 도움을 많이 받았고, 대만, 싱가포르 등의 의료기계 제작 공장들과 협의하여 가장 실질적으로 유용하게 사용될 수 있는 기구들을 제조하기도 했다. 또 모자라는 부분은 중국 현지에서 우리 사역자들이 발품을 팔아 도매가격으로 구입했다.

의료품들을 담을 가방도 실제로 구입하려면 한 개당 40-50달러 이상이었지만, 아내가 여러 개의 가방 샘플을 구입하여 우리의 필요에 알맞은 가방을 디자인했다. 이렇게 해서 2백만 달러 프로젝트를 50만 달러 정도의 예산으로 완성할 수 있었다.

이 사역을 위해 8주간 열심히 홍보한 결과 7만 달러가 모금되었고 늘 곁에서 한결같이 도와주고 있는 한 회장의 헌금까지 합쳐 27만 달러가 모였다. 하지만 아직도 23만 달러가 모자라 빚을 지는 상황에 처하게 됐다. 나는 매일 간절히 기도하며 하나님에게 매달렸다. 그러다 사정이 급박해지자 투정 반 협박 반의 기도로 변했다.

"하나님, 이것은 저의 빚이지만, 하나님 빚도 됩니다."

"이 빚을 갚지 못하면 저도 망신이지만, 하나님도 망신을 당하는 거예요."

하루는 하용조 목사님과 같이 점심을 하게 됐는데, 나는 밑도 끝도 없이 이런 부탁의 말을 꺼내고 말았다.

"목사님, 하나님 빚 좀 갚아 주세요."

"무슨 빚입니까?"

자초지종을 이야기하자, 하 목사님이 이런 말씀을 하셨다.

"원장님의 사역을 책으로 담아 보세요. 어떤 분도 자신의 삶을 책으로 펴내 빚을 갚았답니다."

"그분들은 다 사회적으로 유명하지 않습니까. 저 같은 사람이 쓴 책을 누가 사겠습니까?"

"하나님께서 하시면 불가능은 없습니다."

목사님의 말씀이 속으로는 별로 내키지 않았지만, 싫은 내색은 하지 않고 그냥 허허 웃으며 넘겼다. 그 후 며칠 동안 나는 고민과 갈등에 빠져 어떤 일도 할 수 없었다.

'과연 내가 책을 낼만한 위인인가? 책을 내면 그야말로 나 자신이 세상 앞

2004년 룡천역 폭발사고 때 현장에 있던 박세록 장로
이 일로 '사랑의 왕진가방' 사역에 더욱 박차를 가하게 되었다.

에서 벌거벗게 되는 것인데, 부끄러운 나를 어떻게 내놓을 수 있을까.'

하루에도 몇 번씩 마음이 뒤바뀌면서 괴로워했다. 그러다가 결국 빚을 갚을 수 있는 길은 책 출판뿐이라는 생각에 이르렀다. 그것 외에는 별다른 방법이 없으니 부딪혀 보기로 한 것이다. 그날부터 나는 그동안 일간지 신문, 방송 등에 실었던 원고들을 정리하기 시작했다. 어디 내놓기도 부끄러운 글들이었지만, 눈물과 고통과 하나님의 은혜로 점철된 작은 이야기들을 모으다 보니 꽤 많은 분량이 되었다. 그 후 하 목사님의 배려로 두란노에서 일사천리로 진행되어 이 세상에 빛을 보게 된 책이 바로 《사랑의 왕진가방》이었다.

나는 책을 통해 나의 삶을 있는 그대로 보여 주려 애썼다. 극도로 좌절하여 죽음밖에는 다른 방법이 없다고 생각했던 젊은 시절, 하나님께서는 천사를 보내시어 살려 주시고, 의사라는 귀한 천직을 주셨다. 그리고 세상적으로 유명한 의사, 병 잘 고치는 의사, 돈 잘 버는 의사 등 소위 '성공한 의사'를 지상목표로 삼고 정신없이 달리던 못난 나를 다시 '선교사'로 불러 주셨다. 우리 민족과 동포들의 생명을 가슴에 품고 눈물을 흘리며 보살피는 의사, 하나님께 사랑 받는 의사로 거듭나게 하신 것이다. 이 모든 것은 엄청난 하나님의 사랑이 아니고서는 불가능했다.

심지어 부르심을 받은 후에도 나는 나의 힘과 내가 가진 것으로 하나님의 일을 한다고 착각했다. 그 어느 때보다 열정적으로 다니던 그 시절 결국 처절한 실패를 맛보고 힘들어 지쳐 쓰러지고 모든 것을 잃은 후에야 하나님 앞에 무릎 꿇고 기도했다. 그때부터 하나님께서 역사하셔서 기적을 일으켜 주셨다. 그것이 바로 하나님의 은혜였다.

책을 쓰는 동안 하나님의 사랑과 은혜를 뒤늦게 깨달은 나 자신이 부끄러웠고, 깊은 후회가 물밀듯이 밀려왔다. 모든 것이 하나님의 주관 아래 있음을 일찍 깨달았다면 더 많은 감사와 감격의 순간들이 책 속에 담겼을 텐데…. 아무쪼록 책을 읽는 사람들이 나와 같은 어리석은 과정들을 겪지 않고 하루라도 속히 하나님의 사랑을 깨달아 결말을 이미 다 아는 사람답게 세상을 승리하며 살기를 권면하는 마음뿐이었다.

진심은 통한다

나의 글들이 한 권의 책이 되어 나오자, 가슴이 벅차오르기도 하면서 한편으로는 무거운 부담감에 짓눌리는 느낌을 지울 수가 없었다. 과연 내가 이 이야기에 담긴 모습으로 살아온 것이 맞는가, 앞으로도 이렇게 살 수 있을까, 나는 너무나 부족한 인간인데 나를 손가락질하는 사람은 없을까 등등 별별 생각이 다 들었다. 그냥 책을 보고 있노라면 한없이 낮아지는 나의 모습에 쥐구멍에라도 숨고 싶은 마음이 들었다. 그래도 이 부족한 사람의 눈물과 감동과 감사가 책을 읽는 이들에게 작은 변화를 일으킬 수만 있다면, 더없이 감사할 일이라는 생각을 했다.

그러던 어느 날 한 지인이 《사랑의 왕진가방》이 베스트셀러 순위 안에 들었다며 축하의 인사를 전해 왔다. 전혀 생각지도 못했던 일인데, 많은 사람들이 나의 책을 읽고 있구나 생각하니 가슴이 떨려 왔다.

'아, 이것이 바로 기적이구나!'

심지어는 C일보 기자가 연락하여 "왜 원장님의 책이 이렇게 잘 팔리는 것 같습니까?” 하며 질문을 했다. 그 질문에 나는 이렇게 대답했다.

“그동안 이 부족한 사람이 사역을 한다며 최선을 다했지만, 실수도 하고 모함과 시기도 받고 좌절하기도 수없이 했습니다. 그러나 사역을 위한 사역이 아니라, 항상 사역은 하나님이 하시고 나는 그분의 도구로 쓰일 뿐이라는 생각으로 순종하며 여기까지 왔습니다. 나는 목회자도 아니고, 작가도 아니지만 그동안 하나님께서 베풀어 주신 사랑과 은혜에 감격하는 나의 마음을 꾸밈없이 진솔하게 썼을 뿐입니다. 그 진심이 통한 것 같습니다.”

“아, 그 말씀이 참으로 인상적입니다.”

나의 대답에 감동을 받았다며 감사의 인사를 전한 기자는 나의 이야기를 전면 기사로 내주었다. 책에 대한 좋은 반응들이 하도 신기했던 우리 부부는 시내의 한 큰 서점에 들러 보았다. 마침 목사님처럼 보이는 중년 신사 한 분이 내 책을 들고 한 장 한 장 넘기며 열심히 들여다보는 모습이 눈에 들어왔다. 우리는 마음 졸이며 그분을 지켜보았다. 그런데 그분이 그냥 책을 덮고 내려놓는 것이 아닌가.

‘그러면 그렇지…’

나는 실망스런 마음으로 고개를 돌리려 했다. 그때 그 신사분이 책 두 권을 집더니 카운터로 가서 계산을 하는 것이었다.

‘아! 하나님께서 역사하시는구나! 하나님께서 하시니 나 같은 사람이 쓴 책도 팔리는구나.’

그 다음에는 청년들도 하나둘 책을 사가는 모습을 보고는 감사의 미소를 지었다.

사랑의 빚을 지다

지금까지 나는 많은 분들에게 내 힘으로는 도저히 갚을 수 없는 사랑의 빚을 졌다. 그 빚을 책 속에 담으려 했고, 나의 제2의 인생에 대한 하나님의 계획하심에 순종하는 마음으로 책을 마무리했다. 그렇게 완성된 책을 판매하면서 '트리플 원 캠페인'(Triple One campaign) 사업을 시작할 수 있었다. 책 한 권으로 한 생명(특히 임산부와 어린아이)이 한 달을 먹을 수 있는 특별 비타민과 영양소를 보급하자는 것이 이 캠페인의 취지였다.

임산부의 건강은 본인의 건강뿐 아니라 어린아이들의 건강과 직결된다. 유산과 사산도 어렵지만, 기형아와 저체중아는 본인과 국가의 장래에 심각한 어려움을 초래하는 것이다. 그래서 임산부들을 살리고 기형아를 방지하는 데 도움이 될 수 있는 비타민과 영양소를 지속적으로 보내기 위해 제약공장을 설립하는 일도 추진했다. 시작은 단동이지만, 북한 내부에 분배소를 설립하고 이 사업이 활성화되면 중국, 중앙아시아 등 세계의 어린아이들을 위한 비타민과 영양소를 보급할 수 있을 것이다.

비록 빚을 갚고 재정의 어려움을 덜기 위해 만들어진 책이었지만, 이제는 임산부와 어린아이들의 생명을 살리는 귀한 열매들을 키워가고 있다.

"주여, 더 많은 사람이 이 책을 읽고 변화되어 이 세상의 굶주리고 고통받는 사람들을 구하는 도구가 되게 하옵소서."

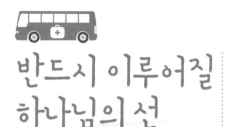

반드시 이루어질 하나님의 선

순수하고 진실된 신앙은 복잡하고 힘든 세상을 감동하게 만든다. 큰 바위 덩어리처럼 어렵게만 보이는 세상을 순수한 마음의 열정으로 깨 버리고 세상이 나를 짓누르는 것이 아니라 세상을 이겨 놀라게 하는 것이다.

세상을 감동시키는 믿음

《사랑의 왕진가방》 책이 나온 후에 수많은 사람들로부터 이메일을 받았다. 그 중에서도 가장 감동적이고 나에게 용기를 주었던 것은 북한 선교에 대한 새로운 인식을 하게 되었다는 내용들이었다.

"북한 사람들이 늘 불쌍하다는 생각만 했는데, 사실은 하나님의 때에 세계선교를 위해 쓰시려고 선택된 사람들이란 것을 알게 되었고, 세계선교에 대한 하나님의 마스터플랜 안에서 우리 민족이 당하는 고통의 의미를 찾게 되었다"는 고백들이었다. 이것은 민족분단이 신앙적인 문제요, 복음으로서만 해결 가능하다는 사실을 알게 되었다는 뜻이다. 그 외에도 많은 믿음의 글들을 보내 주었다.

"순수한 믿음으로 세상에 끌려가지 않고, 세상이 감당할 수 없는 뜨거운 삶을 살고 싶습니다.”

"사도행전을 이 시대에 새로 써 가는 믿음의 선배를 보면서, 커다란 바위처럼 힘들게만 생각되던 세상을 이길 수 있는 용기를 얻었습니다.”

"십자가의 사랑과 예수님을 향한 변함없는 믿음만으로 아름다운 사역을 해 가시는 장로님의 모습이 너무 멋있게 느껴졌고, 그 장로님을 인도해 주시고 길을 열어 주시는 예수님이 더욱 든든하게 느껴졌습니다.”

한없이 모자란 이 사람이 다른 사람들의 본이 되고 믿음의 선배가 된다는 사실이 민망하기 그지없었다. 그러면서 한편으로는 나도 모르게 자만과 교만에 빠져서 허우적대면 어쩌나 걱정이 되기도 했다.

"하나님, 또다시 제가 교만에 빠지지 않도록 도와주시옵소서. 그리고 저를 들어 쓰셔서 북한 선교의 발판을 삼으셨듯이 많은 사람들이 제 삶 속에서 하나님을 발견하고 변화되어 북한 선교를 감당하는 인재들로 거듭나기를 소원합니다.”

나는 오로지 하나님만을 위해 나의 책이 쓰임받기를 날마다 기도했다. 그리고 예수님과 십자가만 바라보며 사는 인생이 될 수 있게 해달라고 기도했다. 십자가에서 나를 위해 고통 받으시고 피 흘려 돌아가신 예수님의 사랑을 생각하면 결코 세상 사람들처럼 자신의 욕심에 취해 죄를 지으며 살 수가 없다. 내가 비록 부족한 존재이지만, 하나님이 부어 주시는 은혜와 능력 덕분에 어떤 일이든 능치 못할 일이 없다는 자신감으로 이날 이때까지 살아왔다.

목숨 걸고 이끌어온 북한 의료 선교 사역과 병원 개원, '사랑의 왕진가방'

보내기 운동 등도 누군가에게 보이기 위한 전시용의 사역이 아니라 그 일을 통해 이루어 가시는 하나님의 역사를 체험하고 감격해하는 기쁨이 크기에 이제껏 붙들고 있다는 생각이 든다.

살다 보면 어렵고 고통스러운 일들을 겪게 된다. 그러나 나는 그것도 하나님의 사랑이요, 은혜라고 믿는다. 언젠가는 하나님께서 더 좋은 길로 반드시 인도하실 것이기 때문이다.

순수하고 진실된 신앙은 복잡하고 힘든 세상을 감동하게 만든다. 큰 바위 덩어리처럼 어렵게만 보이는 세상을 순수한 마음의 열정으로 깨 버리고 세상이 나를 짓누르는 것이 아니라 세상을 이겨 놀랍게 하는 것이다.

나는 늘 마음속으로 기도했다.

'주여, 악으로 악을 갚는 대신, 선으로 악을 이기는 것을 말씀의 능력으로 감당할 수 있기를 소망합니다.'

죄인으로 영영 죽을 수밖에 없었던 나를 불러 주시고 큰 은혜를 베푸사 아름다운 사역을 하게 하신 은혜를 무엇으로 다 표현할 수 있을까. 어디를 가든지 잘 먹게 하시고 잘 자게 하시니 그분의 보살핌에 감격할 뿐이다. 때에 따라 필요한 양식을 공급해 주시고 많은 동역자들과 함께 아름답게 사역하게 하시니 더 이상 부족한 것도 필요한 것도 없다.

이제 모든 것을 그만두게 하셔도 억울하거나 슬퍼지지 않을 자신이 있다. 지금껏 내가 한 것이 아니라 하나님이 하셨기 때문이다. 그동안 받은 은혜를 헤아리니 밤하늘의 별만큼이나 많다는 생각이 든다.

더 많은 생명을 살리기 위하여

매 주일마다 집회를 다닌다. 큰 교회 작은 교회를 가리지 않고 가는데 대개는 모든 성도와 함께 울고 웃는 뜻 깊은 시간들이다. 하나님께서는 나 혼자 잘 먹고 잘 사는 것에만 관심이 있던 나의 작고 교만한 가슴으로 민족의 아픔을 안게 하셨다. 뿐만 아니라 새벽마다 불쌍한 생명들을 위해 눈물로 기도하며, 주일마다 수백 명 또는 수천 명의 성도들에게 도전을 줄 수 있게 하셨으니 더 이상 바랄 것이 없다는 생각이 들었다.

《사랑의 왕진가방》이라는 제목으로 책이 나온 이후에는 더 많은 사람이 하나님의 일에 동참하는 기적이 벌어졌다. 그러면서 임산부와 어린아이들을 위한 특수 비타민과 영양제 보내기, 제약공장을 짓는 사역, 그리고 매년 '사랑의 왕진가방'을 보내는 일 등이 더 활발해져 더 많은 생명을 살릴 수 있겠다는 벅찬 감동에 잠을 이루지 못할 때도 있다.

이제는 샘이 북한 정부 관리들을 직접 상대하며 투명성과 분배처를 확인하는 유일한 기독교 민간단체로 우뚝 섰다. 그래서 점점 더 크고 알찬 일들을 감당할 수 있게 되리라는 기대가 충만해진다. 현장의 병원들과 압록강 강변에서 맞은편 북한 땅을 바라보며, 저들을 위해 더 많은 진료실들을 만들고 활성화해야겠다는 다짐도 새로이 했다.

무엇보다도 순수하고 진실한 신앙의 마음으로 더 많이 사랑하고, 더 많이 봉사하고, 더 많은 사람들에게 도전을 주기를 꿈꿔 본다. 주님의 호령, 천사장의 소리, 하늘에서 들려오는 나팔 소리와 함께 구름 타고 다시 오실 영광의 주님을 뵈올 수 있는 그날의 감격을 생각하며….

나를 붙들어 준 사람

내가 신앙의 확신을 갖지 못하고 세상 속에서 방황하고 있을 때, 나를 제일 걱정하고 안타까워했던 사람은 바로 나의 아내였다. 아내는 매일 밤낮으로 기도하며 나를 교회로 인도하려 애썼고, 나는 아내의 간절한 기도와 정성에 감복하여 선심 쓰듯이 교회를 나가곤 했다. 미국에서 주일에는 꼬박꼬박 교회에 출석했기에 겉으로 보기에는 영락없는 교인이었다. 나는 집사도 되고 장로 직분도 받았다. 아무도 나의 신앙과 믿음을 의심하는 사람은 없었다. 그러나 그때까지도 나는 진정으로 말씀을 사모하고, 그 말씀으로 단단한 알 속에 들어 있는 나 자신을 깨뜨리지 못하고 있었다. 아내는 부흥회 때 초청 받아 오시는 목사님들을 집으로 초대해 내가 진정한 신앙인이 되기를 소원했다.

한 번은 병원에서 수술을 마치고 늦게 집으로 돌아왔더니 한국에서 오신 목사님이 나를 기다리고 있었다. 그분이 나를 앞에 앉혀놓고 안수기도를 시작하는데, 그 도가 점점 심해지더니 드디어 위에서 내 머리를 내려쳤다.

'이건 아닌데…' 하는 마음이 들기 시작했고, 나도 모르게 머리가 뻣뻣해졌다. 한참 안수를 하던 목사님은 결국 아무런 반응을 보이지 않는 나를 보고 그만 포기하고 돌아갔다. 그날 저녁 아내와 크게 다투고 며칠 동안 냉전이 지속되기도 했다.

수일이 지난 후 지금은 고인이 되신 한경직 목사님이 우리 교회에 집회를 인도하기 위해 오셨다. 그날도 저녁 식사를 마친 후 한 목사님이 나를 방으로 부르셨다.

"자, 여기에 무릎을 꿇고 앉으세요."

나는 이번에도 내 머리를 내려치시면서 안수를 하시려나 지켜보았다. 그런데 한 목사님은 조용히 내 머리에 손을 얹으셨다. 그 손이 잔잔하게 떨리는 것을 느낄 수 있었다. 목사님의 조용하고 간절한 음성이 들리기 시작했다.

"장로님, 세상은 보이는 세상과 보이지 않는 세상이 있습니다. 보이는 세상은 잠깐 있다가 없어지지만 보이지 않는 세상은 영원한 것입니다. 그곳은 진정한 의미의 사랑과 용서가 있고 평화가 있는 곳입니다. 깊이 들어가면 들어갈수록 더 심오한 진리가 있습니다. 우리는 보이지 않는 세상에 소망을 두고 살아야 합니다."

그 순간 갑자기 나의 가슴 한 구석에서 뜨거운 무엇인가가 치솟아 올랐다.

내가 세상에서 제일 똑똑하고 잘난 사람인 줄 알고 목에 힘을 주고 살았는데, 사실은 나처럼 멍청한 사람이 없다는 것을 깨닫게 되면서 서글픈 마음이 들었다.

서울대학교 의과대학 졸업, 웨인주립대학교 의과대학 교수, 전문의, 산부인과 학술원 학위 등 지상 목표로 삼았던 모든 것이 초라해 보이기 시작했다.

조그마한 일에도 화만 내고, 알량한 자존심 때문에 마음 편할 날이 없었다. 오죽 못났으면 가장 사랑하고 화평해야 할 가족에게 짜증내고 큰 소리만 질러 댈까 싶었다. 처음부터 무엇인가 잘못 되었다는 생각이 들었다. 내게 지금 필요한 것은 진정한 사랑이요 용서요 평화라는 것을 알게 된 것이다.

지난 일들을 돌이켜보니 지금까지의 모든 고난과 슬픔은 결국 세상 것을 집착하고 놓지 못한 것이었다. 나는 창피함도 잊은 채 목사님의 바지자

락을 붙잡고 엉엉 목 놓아 울기 시작했다. 회개의 눈물을 펑펑 흘리고 있는 나의 손을 잡고 목사님도 감격에 겨워 떨리는 목소리로 기도해 주셨다.

그 후 나는 회심하고 다시 태어나게 되었다. 그러면서 세상을 이해하고 넓게 볼 수 있는 마음이 생겼다. "악을 악으로 갚지 말고 선으로 악을 이기라"는 말씀이 내 마음에 깊이 새겨진 것이 이때부터였다. 이 경험은 하나님께서 나에게 베풀어 주신 은혜였으며, 나 같은 사람에게 이런 변화가 생긴다는 것 자체가 기적이었다.

변해가는 내 얼굴

내가 샌프란시스코로 이사를 온 후에 얼마 되지 않아 한 여인으로부터 전화를 받았다. 나는 미국에서 발행하는 일간 신문에 오랫동안 매주일 칼럼을 썼다. 미시간에 있을 때부터 시작된 것이 이곳으로 이주를 한 후에도 신문사의 요청으로 계속 진행되었던 것이다. 이 칼럼에는 매번 자그마한 나의 사진이 같이 실렸다.

"장로님, 신문에 실리는 장로님의 칼럼과 사진을 접하면, 참으로 은혜가 됩니다. 저는 디트로이트에 있을 때에 장로님께서 직접 수술해 주신 환자입니다. 그때는 장로님이 무척 날카롭게 보이셨고, 찬바람이 쌩쌩 불었거든요. 물론 바쁘신 탓도 있었겠지만, 말 붙이기도 쉽지 않았습니다. 그런데 지금 장로님 사진은 참으로 훈훈하고 인자하신 모습이라 사진만 보아도 은혜가 됩니다. 칼럼도 너무 좋고요. 이곳에서 다시 뵙게 되어 참으로 반갑습니다. 장로님 덕분에 살았고 지금은 건강하게 잘 살고 있습니다. 장로님 사랑합니다."

이 여인의 말은 나로 하여금 여러 가지를 생각하게 했다.

'내가 그렇게 날카롭고 차가운 사람이었나….'

과거의 나의 모습을 회상하면서 자기 의에 가득 차 있던 나에게서 뿜어져 나온 것은 교만과 독선과 자만뿐이었음을 절실히 깨달았다. 그때는 그런 모습인지도 모르고 고개를 꼿꼿이 들고 다녔다는 사실이 너무나 부끄러웠다. 그러나 이제 나는 주님을 만나고 새롭게 변했다.

다른 사람들에게 따뜻한 사람으로 인정까지 받고 나니 내 안의 믿음이 제대로 빛을 발하고 있구나 싶어 다행스러웠다.

하나님의 기적은 나에게 변하는 열매를 맺게 했다. 그런데 그 기적은 이미 내가 세상에 태어나면서부터 시작되었다는 사실을 알게 된 것은 많은 세월이 지난 후였다. 지금은 순간순간의 기적을 베풀어 가시는 하나님의 은혜에 놀랍고 감사할 따름이다.

왕진가방에 새겨진 십자가

어떤 사람은 지금까지 북한에 보내진 '사랑의 왕진가방'이 잘 전달되었는지, 다른 목적으로 쓰이지는 않았는지 걱정하기도 한다. 하지만 분명 하나님께서 북한 땅 구석구석까지 '사랑의 왕진가방'을 무사히 보내 주셨고, 또 하나님께서 원하시는 목적대로 잘 쓰였을 것이라 믿는다.

1만 개의 왕진가방

현재 미국에는 약 10명의 북한 의사들이 와서 수련을 받고 있다. 그런데 그들 중 한 의사가 나에게 조심스럽게 이야기를 전해 왔다. 그것은 자신이 '사랑의 왕진가방'을 받아 아주 유용하게 잘 쓰고 있다는 것이었다. 나는 그 소식을 접한 순간 길게 안도의 한숨을 내쉬었다.

"아, 하나님, 저희가 북한에 보낸 '사랑의 왕진가방'이 잘 전달된 것 같습니다. 주여, 감사합니다."

또 우리 진료실이 있는 압록강 강변의 맞은편 작은 도시의 한 병원에서도 '사랑의 왕진가방'을 받아 보았는데, 절실하게 필요한 것들이 담겨 있어서 너무 좋았다며 가능하면 더 보내줄 수 있는지를 우리 진료실로 문의해 오기도 했다. 그런 오지까지 '사랑의 왕진가방'이 들어갔다면 분배는 확실히 잘 된 것이었다.

북한 땅에 점점 퍼져나가는 '사랑의 왕진가방'은 매년 1만 개가 보내지고 있다. 2004년에 처음 시작할 때는 40만 개의 의약품과 의료기구들을 준비하여 신의주에서 집결하고 우리 사역자들이 직접 그곳에 들어가 북한 인력을 고용하여 가방을 채워 평안도 지역의 모든 진료실에 직접 전달했다. 나머지는 우리 사역자가 한 달간 머물면서 북한 전역의 5천 개 진료실에 전달하는 것을 눈으로 확인했다. 사실 사역에 방해될 것이 염려되어 언론에 노출하지 않아서 그렇지, 이것은 분단 60년 만에 처음 있는 역사적인 일이었다.

그런데 반대로 근래에 다른 보고도 받았다. 북한의 작은 장터에서 우리 왕진가방을 팔고 있더라는 것이다. 잠시 실망이 되었지만, 예전에 이런 이야기를 들은 기억이 났다.

시장 한복판에서 한 여인이 "내 딸을 100원에 팝니다"라는 쪽지를 들고 딸을 팔고 있었다. 어떤 군인이 지나가다가 돈을 그 여인의 손에 쥐어 주니, 이 여인은 얼른 풀빵을 하나 사서 그 딸의 손에 쥐어 주고 "잘 가거라, 잘 가거라" 하면서 눈물을 흘리며 딸의 손을 잡고 울었다는 것이다.

이처럼 먹을 것이 없어 자기 딸을 파는 마당에 왕진가방을 팔아서라도 그들이 죽지 않고 살 수 있다면, 그것도 생명 살리기라는 생각이 들었다. 어차피 빨간 색깔의 적십자 마크는 그대로 붙어 있을 것이고 언젠가 그것이 십자가가 되어 그들의 생명뿐만 아니라 영혼까지 살리지 않겠는가.

어떤 사람은 지금까지 북한에 보내진 '사랑의 왕진가방'이 잘 전달되었는지, 다른 목적으로 쓰이지는 않았는지 걱정하기도 한다. 하지만 분명 하나님께서 북한 땅 구석구석까지 '사랑의 왕진가방'을 무사히 보내 주셨고, 또 하나님께서 원하시는 목적대로 잘 쓰였을 것이라 믿는다.

"내 아이를 살려 주시라요"

'사랑의 왕진가방'은 한 아이의 죽음을 지켜보던 그날부터 시작되었다.

어느 날 조선족 한 분이 진료실로 뛰어 들어와서는 다급한 목소리로 말했다.

"원장님, 아이가 죽어 갑네다. 어서, 어서 와서 봐주시라요."

그를 따라 달려간 곳은 다 쓰러져가는 허름한 오두막이었다. 방 한가운데 아이가 누워 있었는데, 눈과 코에서는 허연 분비물이 흐르고 있었다. 곁에서 아이의 엄마는 울다 지쳐 쓰러져 있다가 황급히 집으로 들어서는 우리를 보고는 벌떡 일어나 "살려 주시요, 살려 주시라요" 하며 매달리다시피 외쳤다.

나는 얼른 아이의 상태를 살폈다. 그러나 안타깝게도 이미 숨을 거둔 후였다.

"죄송합니다. 아이는 이미 죽었습니다."

아이는 홍역을 앓다가 합병증인 폐렴으로 죽은 것이었다. 지금은 홍역이 거의 사라졌고, 그 합병증도 페니실린으로 간단히 치료가 되는 것이기에 심각한 병이 아니었는데, 이 아이는 간단한 치료 한번 제대로 받아보지 못하고 허망하게 세상을 떠나고 말았다.

자신의 아이가 죽었다는 말을 듣고 나를 물끄러미 쳐다보던 아이의 엄마는

"나는 어떻게 하라고, 어떻게 하라고!" 하며 울부짖었다. 자신의 얼굴을 아이의 얼굴에 계속 부비며 흐느끼는 엄마를 바라보며 나도 가슴으로 울었다.

'페니실린만 있었다면 저 아이는 살 수 있었는데….'

울컥 치솟는 서러움에 마음이 아파 견딜 수가 없었다. 그때 나는 굳게 마음먹었다. 페니실린과 같은 응급 약품과 의료품들을 보내서 어린아이들의 생명을 살리겠다고…. 이렇게 해서 '사랑의 왕진가방' 보내기가 시작된 것이다.

처음에는 1만 개의 가방이 얼마나 많은 것인지 모른 채 아무런 감도 없이 시작했다. 지금 생각하면 참으로 무모한 짓이었다. 하지만 기적적으로 1만 개의 가방이 채워져 무사히 북한 땅에 전달되었다. 한꺼번에 1만 개를 준비하지는 못했고, 처음에는 1천 개의 가방이 단둥으로 들어왔다. 그러자 우리 사역자 중 한 사람이 가방들이 담긴 트럭을 보고 깜짝 놀라 물었다.

"원장님, 가방 1만 개가 이렇게 많습니까?"

"아니오, 이것은 1만 개가 아니고, 1천 개입니다."

나의 대답을 듣고는 그의 눈이 휘둥그레지던 모습이 아직도 눈에 선하다.

연달아 40만 개의 의료품이 들어와 쌓이니 작은 동산이 생긴 것과도 같았다. 그런데 시간이 갈수록 자꾸 물품이 줄어들었다. 밤사이 도둑이 와서 물건을 훔쳐 간 것이다. 그래서 사람들을 고용하여 하루 종일 지키게 했지만, 여전히 구멍이 생겼다. 지키라고 고용한 사람들도 몰래 집어 들고 갔기 때문이다. 고양이한테 생선을 맡긴 셈이었다. 이런 어려움 가운데서도 지금까지 계속되는 것도 하나님의 기적이라는 생각이 든다.

매년 두세 차례에 걸쳐 20-30명의 자원봉사자들이 단둥에 모여 1만 개의 왕진가방 속에 40만 개가 넘는 의료품들을 채워 포장하는 작업을 진행하고 있다. 여러 교회와 단체에서 그룹으로 참여하여 3-4일 동안 땀 흘려 고된 작업을 마치면 모두 마음이 뿌듯해져 큰 은혜를 받고 돌아간다. 나의 작은 희생으로 죽어가는 생명들을 살릴 수 있다는 벅찬 감격이 봉사자들 가운데 넘친다. 우리는 이것을 '선한 사마리아인 프로젝트(선사인 프로젝트 Sunshine project)'라고 부른다.

'사랑의 왕진가방' 전면에는 빨간 적십자 마크가 붙어 있다. 이 마크를 붙이는 것도 쉬운 일은 아니었다. 북한 측의 완강한 반대가 있었기 때문이다. 그러나 매번 가방을 새로 만들 때마다 적십자 마크가 세로로 조금씩 길어지다 보면 언젠가는 십자가의 모습으로 변하게 될 것이다. 이것은 오늘도 우리를 그곳으로 인도하시고, 동행하시며, 모든 것을 이루어 가시는 예수님의 사랑을 매순간 체험하고 이에 감격하는 우리의 작은 정성의 표현이다.

포장되어 창고에 쌓인 왕진가방
매년 만 개의 왕진가방을 싸서 북한 전역의 진료소에 보낸다.

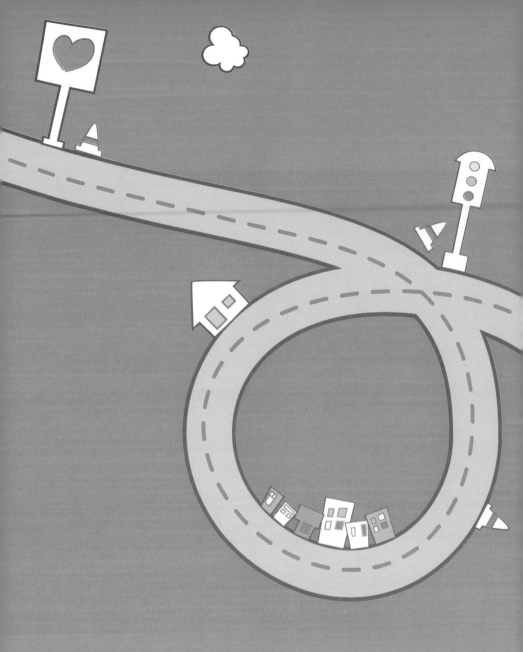

"원장님, 저 오늘 종일 심문 받았는데, 저녁때가 되니 집으로 가라고 해서 이제 제 침대에서 잠을 잡니다.
참으로 감사한 일이지요?" 우리는 한동안 말을 잊고 소리 없이 눈물을 흘렸다. 무엇이 우리를 이렇게 만들 수 있
을까? 바로 신앙이고 성령님이 아니겠는가. 병원, 진료실, 복음사역, 이 모든 것도 하나님이 베푸신 기적의 연속
이지만, 내가 변하고 우리 사역자들이 변하는 것이야말로 무엇보다 크고 귀한 기적이라는 생각이 든다.

2부

하나님이
허락하신 사역

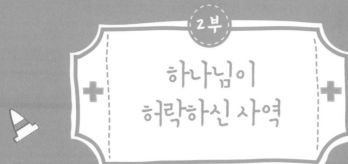

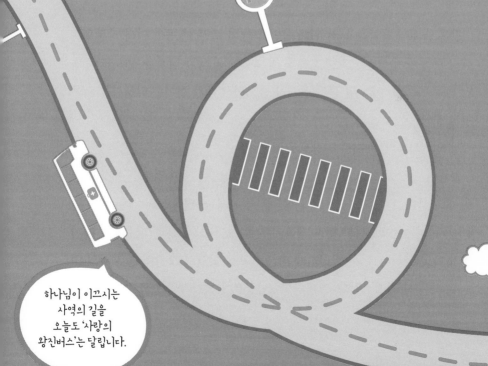

하나님이 이끄시는
사역의 길을
오늘도 '사랑의
왕진버스'는 달립니다.

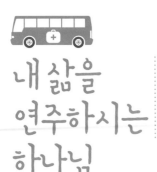

내 삶을 연주하시는 하나님

나는 요즘 "나는 몰라요"라는 말을 자주 한다. 그리고 이 말이 우리 병원 사역자들 사이에서 유행어처럼 번졌다. "나도 몰라요. 기도해 보세요." 이 말은 나의 무거운 짐을 내려놓게 하고 가벼운 마음으로 사역에 임하는 것을 가능하게 해주었다.

내 삶의 1악장

간혹 클래식 음악을 듣기 위해 음반을 들춰 보면 한 곡이 여러 악장으로 나뉜 것을 볼 수 있다. 그 중에 유독 내 마음에 와 닿는 악장을 찾아 그 트랙만 듣곤 하는데, 어느 날 문득 음악을 들으면서 내가 걸어온 인생길을 되돌아보게 되었다.

'내 인생과 사역은 어떤 악장으로 나뉠까?'

곰곰이 생각해 보니 내 사역의 1악장은 1988년 북한 정부의 공식 초청을 받고 들어간 것을 시작으로 1995년 평양 제3병원을 도와 개원을 하고, 1997년 내 손으로 북한 환자 개복 수술을 한 최초의 외국 의사가 된 때까지가 아닐까 싶다. 아주 활발하게 빠른 템포로 살았던 그 순간들은 나의 의(義)로 가득 찬 시절이었다. 그렇다면 2악장은 압록강가의 중국 땅에 단동병원을 새로 세운 2000년부터 지금까지로 보면 될 것이다.

1악장의 시기에는 동서 이념전쟁과 극심한 남북대결로 인해 북한 사역에 많은 위험 부담이 있었다. 또한 그 당시 나는 의과대학 교수로서 환자 보는 일과 학생 가르치는 일로 정신없이 바쁜 시간을 보낼 때였다. 그 바쁜 시간을 쪼개어 한국과 미국을 왕래하며 모금을 하고 함께 일할 동역자들을 모았다.

그러나 내가 북한 동족을 도와야 한다고 외치면, 주위 사람들은 나를 의심의 눈초리로 바라보았다. 심지어는 내가 빨갱이다, 북한에서 지령을 받고 내려왔다, 10만 달러 공작금을 받았다는 시기성 루머까지 떠돌았다. 그때는 정말 아무도 믿을 수 없었고, 살얼음판을 걷는 듯이 행동 하나하나도 조심스러웠다.

선교 자금을 모으는 일이 너무 힘들어 지칠 때면, 간혹 나 자신에게 의지하기도 했다.

'그래, 사람들이 헌금하지 않아도 나는 할 수 있어. 내가 모아놓은 돈이 얼만데.'

나는 내가 가진 것들로 나의 자신감을 채우고, 그것으로 하나님의 일을 할 수 있다고 자만했다. 실제로 내가 가진 빌딩을 팔았고, 큰 저택도 팔아 작은 집으로 옮겼다. 그러면서 나의 목은 점점 뻣뻣해져 숙일 줄 몰랐다.

그런데 사역을 하면서 늘 걱정거리가 끊이지 않았다. 그렇게 힘든 사역을 하는 동안 9년이란 세월이 흘렀고, 남은 것은 어처구니없게도 북한으로부터 받은 '출입금지' 명령이었다. 병원까지 빼앗기게 되자 나의 상실감은 이루 말할 수 없이 컸다.

내 삶의 2악장

2악장의 시기는 압록강가에 새로이 병원을 짓는 것이었다. 그런데 재정은 말할 것도 없고 중국 사람들에게 당하는 수모가 이만저만 큰 고통이 아니었다. 가진 것 모두를 사역에 쏟아 부은 나는 거의 빈털터리 신세가 되었다. 예전에는 목이 **뻣뻣**해질 대로 **뻣뻣**해져 자신감이 넘쳐흘렀지만, 이제는 고개가 저절로 숙여졌다. 그러니 자연히 무릎을 꿇고 주님께 매달릴 수밖에 없었다. "주님, 살려 주세요", "주님, 제 빚 좀 갚아 주세요", "주님, 중국에서 쫓겨나지 않게 도와주세요" 하면서 발을 동동 굴렀다. 그러면서 참으로 못난 나 자신을 발견했다. 나는 말씀에 순종하며 부르심에 따라 죽을 각오로 사역한다고 믿고 있었지만, 이전의 나의 사역은 내 주장에 따라 내가 필요할 때만 주님을 의지하고, 대부분은 나의 힘에 대한 믿음이 더 컸던 것이다.

결국 나는 주님 앞에 두 손 들고 엎드려 뼈저린 후회와 회개의 기도를 올렸다. 그분의 사랑과 긍휼을 바라며 진심으로 매달렸다. 그러자 고생의 연속이었던 처절한 1악장과는 달리 2악장은 기적과 은혜가 넘쳐흘렀다. 나는 기적을 체험하며 이제야 '살아 계시는 하나님'을 실감하고 감격의 눈물을 흘렸다. 내 마음대로 만들어 섬기는 주님이 아니라, 말씀 속에 있는 참 주님만 바라보게 되니 그분께서 항상 동행하시며 순간순간 기적을 이루어 가시는 것을 느낄 수 있었다. 그러니 마음속의 억울함과 두려움이 싹 사라졌다. 나 자신은 없고 오직 주님만이 내 안에 살아 계시고 나의 삶을 연주하신다고 믿었다. 그래서 나는 요즘 "나는 몰라요"라는 말을 자주 한다. 그리고 이 말이 우리 병원 사역자들 사이에서 유행어처럼 번졌다.

"나도 몰라요. 기도해 보세요."

이 말은 나의 무거운 짐을 내려놓게 하고 가벼운 마음으로 사역에 임할 수 있도록 해주었다.

광야에 길, 사막에 강

단동병원 근처에는 '환인'이라는 작은 도시가 있는데, 바로 이곳이 주몽이 고구려를 세운 졸본 부여의 땅이다. 고구려가 그 위세를 떨쳤을 때에는 요동, 요서 반도까지 영역을 넓히기도 했다. 그 당시 서양은 로마 제국이 온 세계를 통치할 때였는데, 기독교가 인정받고 국교로까지 정해진 로마 제국 때에 양축을 이룬 나라가 고구려였던 것은 우연이 아니라는 생각이 든다. 서쪽에는 로마 제국이, 동쪽에는 고구려 제국이 있었던 그때부터 하나님께서 우리 민족을 세계선교에 사용하시려는 계획이 있었던 것이라 나는 믿는다.

이 두 제국이 실크로드로 연결되었고, 지금은 이 실크로드가 세계선교의 대동맥과 같은 역할을 할 것이라고 많은 선교 전문가들이 믿고 있다.

그런데 일찍이 하나님의 마스터플랜이 서 있던 역사적인 땅 단동의 현실은 어떠한가? 밤마다 먹을거리를 구하러 여인들이 강을 넘어 와 중국 경찰의 눈을 피해 조선족들의 집을 찾아가고, 중국 남자들에게 몸을 팔아 그 대가로 감자, 옥수수 등을 얻어 다시 강을 건너간다. 근래에는 이 가냘픈 여인들을 붙잡아 매춘 굴에 팔아넘기는 악덕 업주까지 생겨났다. 그것도 중국 사람들이 아니라 한국에서 온 우리나라 사람들이 그런 몹쓸 짓을 하고 있다는 말을 듣고 나는 경악을 금치 못했다. 어떻게 같은 민족끼리 그럴 수 있는 것인지 가슴이 답답해져 견딜 수가 없었다.

나는 답답한 마음을 달래고자 저녁에 압록강 강변으로 뛰쳐나갔다. 유유히 흘러가는 강물을 바라보고 있자니 강물의 평온함과 의연함이 느껴졌다. 하지만 그 강물을 헤치고 사생결단으로 건너오는 여인들을 떠올리며 지독한 그들의 현실에 서글퍼져 어느 새 눈가가 촉촉해졌다. 압록강 물은 그냥 강물이 아니라 우리 민족의 눈물이었다.

굶주림에 허덕이는 강변의 사람들, 병들어 죽어 가며 애타게 도움을 기다리는 생명들, 다가올 겨울 추위를 걱정하며 살길이 막막한 인생에 서러움이 복받치는 그들이 언제쯤 활짝 웃으며 살 수 있을까.

임신 중 영양과 비타민 부족이 극심하면 태아가 사망하거나 불구가 될 확률이 높다. 이렇게 유산, 기형아, 저체중아 출산은 물론 어린아이들이 계속 자라지 못하고 질병에 시달리는 현실은 민족의 장래를 변화시키는 무서운 복병이다.

하나님께서 '새 일'을 하실 것이니 '보라'고 하신다. 역사를 시작하신 이도, 주관하시는 이도 하나님이시니 이제 그분이 '광야에 길'과 '사막에 강'을 내는 기적을 이루실 것이다. 이런 '새 일'들이 우리 민족에게 반드시 일어날 것이며 하루 속히 그런 날이 오기를 손꼽아 기다리는 우리에게 '보라'고 명령하시는 것이다.

그러기 위해 우리는 주님만 바라보아야 한다. 주님의 세미한 음성을 듣기 위해 귀를 기울여야 한다. 그리고 그대로 순종하며 살려고 최선의 노력을 해야 한다. 그렇게 하다 보면 세상을 승리하며 살 수 있을 것이다. 이것이 진리이다. 그래서 세상에 찌들어 끌려가지 말고, 세상을 끌고 가는 지혜와 마음의 여유를 소유해야 한다. 어차피 내 인생의 주인은 내가 아니고 하나님이시기 때문에, 그분이 친히 감당하실 것이다.

밤에 잠을 잘 수 없는 걱정은 이미 나의 것이 아니다.

입맛을 잃게 하는 두려움은 이미 나의 것이 아니다.

이것은 하나님의 몫이다.

어린아이가 아버지만을 믿고 쳐다보듯이 우리도 주님만 바라보고 그분께 모든 것을 맡겨야 한다.

나는 앞으로 우리 민족이 세계선교를 감당할 것을 확실히 믿는다. 그래서 현재의 고난과 핍박이 세계선교를 위한 하나님의 훈련과정이요, 하나님의 사랑이요, 은혜라고 생각한다. 그러기에 고난과 핍박이 더 이상 억울하고 슬픈 것이 아니라, 오히려 감사한 일로 다가온다. 언젠가는 우리 민족이 복음을 들고 세계를 향해 퍼져 나갈 그날이 반드시 올 것이다. 우리는 이것을 위해 감당할 준비가 되어 있어야 한다.

복음으로 단단히 준비되면 그때는 '놀라운 새 일'이 일어날 것이다. 하루속히 그런 날이 와서 북한 주민들의 고난과 고통이 속히 끝나도록 복음을 전하고 그들이 죽지 않고 살 수 있도록 도와주는 사명이 우리에게 있다.

나는 하나님의 마스터플랜 속에 우리 민족과 나 개인에 대한 하나님의 계획을 보며, 이 사역을 위해 나를 부르셨구나 하는 확신을 갖는다. 세계선교의 처음 시작부터 현재 그리고 끝 날까지 이루어 가시는 하나님의 마스터플랜 속에 우리 민족과 나의 역할이 이 시점을 이어가는 하나의 중요한 점이 된다는 놀라운 사실을 알게 된 것이다.

때로는 넘어지기도 하고 또 하나님의 뜻과는 다른 엉뚱한 방향으로 빗나갈 때도 있지만, 항상 변함없이 인내하시며 사랑으로 감싸 주시는 하나님의 은혜로 여태껏 나 같은 사람이 하나님의 귀한 일을 감당하고 있는 것 같다.

과거의 못난 일들로 오히려 더 큰 새 일을 이루어 가게 하시는 것이 바로 하나님이신 것을 고백한다. 그러므로 우리는 조용하지만 힘찬 깃발을 다시 들고 나간다.

끝을 보는 연습

세상적인 삶에만 매여 있지 않고, 그것을 초월해 먼 앞날을 보며 소망을 갖게 하는 것이 바로 신앙이다. 만사를 하나님의 시각으로 멀리, 넓고 크게 보는 것이다.

큰 그림을 그리라

지금까지의 생애 가운데 어려운 순간들이 많았지만, 그것들이 하나하나 엮어져서 오늘의 내가 있음을 믿는다. 그리고 앞으로의 일들을 믿음의 눈으로 보고 현실 속에서 승리할 수 있는 힘을 얻으려 한다.

하나님의 아들이시고 모든 권세를 가지신 예수님이 '인간구원'이란 하나님의 원대한 계획을 이루기 위해 이 세상에 오셔서 온갖 수모와 고초를 받으시고 십자가에서 돌아가셨다. 예수님은 온 세계와 인간들뿐만 아니라 '나'라는 작은 개인까지 보시고 결국은 하나님의 왕국을 이루어 드리는 결론까지도 보셨던 것이다.

내가 젊은 시절부터 항상 마음에 새기는 말이 있다. 끝까지 가보지 않고서는 고난은 고난이 아니고, 성공은 성공이 아니라는 것이다. 돌이켜 보면

한 가지도 거저 된 것이 없다. 그래서 우리는 참고 인내하며 끝을 볼 수 있는 연습을 하고 큰 그림을 볼 수 있는 능력을 길러야 한다.

우리는 함께 일하는 사역자들 중에 의사도, 간호사도, 약사도 아닌 사람들을 소위 '무사'라고 부른다. 그런 무사 가운데 한 분이 미국 국영회사에서 이사로 있다가 하나님의 부르심을 받고 사역자로 헌신했다. 그분은 한동안 집안(輯安)에 있는 우리 진료실을 맡아 그곳에서 봉사를 했다.

그분의 주머니에는 늘 여러 개의 손톱깎이가 들어 있다. 환자를 직접 치료하지는 못하니까, 환자들이 진료실을 찾아올 때마다 환자 앞에 앉아 손톱과 발톱을 깎아 준다. 그러면서 본인이 큰 은혜를 받는다고 한다.

"세상 속에서 편한 신앙생활을 하다가 하나님 앞에 갔으면 부끄럼밖에는 다른 것이 없었을 텐데, 이렇게 불러 주시고 사역하게 하시고 또 이들의 영혼을 위해 기도하게 하시니 얼마나 감사한지 모릅니다."

일 년 내내 힘든 노동을 하며 목욕 한 번 제대로 못하는 사람들의 손톱을 깎는다는 것은 쉬운 일이 아니다.

한번은 그분이 중국 공안에 불려가 하루 종일 심문을 받았는데, 다행히 아무런 혐의가 없어서 집으로 무사히 돌아올 수 있었다. 그분은 자신의 침대에 누워 베개를 베고 잠을 잘 수 있다는 사실에 너무나 감격해서 눈물이 났다고 한다. 누군가와 이 감격을 나누어야 되겠는데, 생각나는 사람이 나였다는 것이다. 그래서 나에게 전화를 걸어 이렇게 말했던 것이 생각난다.

"원장님, 저 오늘 하루 종일 심문 받았는데, 저녁때가 되니 집으로 가라고 해서 이제 제 침대에서 잠을 잡니다. 참으로 감사한 일이지요?"

우리는 한동안 말을 잊고 소리 없이 눈물을 흘렸다.

무엇이 우리를 이렇게 만들 수 있을까? 바로 신앙이고 성령님이 아니겠는가.

병원, 진료실, 복음사역, 이 모든 것도 하나님이 베푸신 기적의 연속이지만, 내가 변하고 우리 사역자들이 변하는 것이야말로 무엇보다 크고 귀한 기적이라는 생각이 든다.

오직 하나님만 아십니다

많은 분들이 나에게 자주 이런 질문을 하곤 한다.

"샘 재단의 매년 예산이 어느 정도 됩니까?"

그때마다 나는 "우리 샘은 특별한 예산이 없습니다"라고 대답한다. 전적으로 헌금에 의지하다 보니 하루하루가 어떻게 변할지 아무도 모르는 것이다.

평양 제3병원 사역은 그만두고라도, 단동병원이 2000년 4월에 개원된 후 지금까지 3개의 병원과 3개의 진료실을 운영하느라 매달 평균 3-4만 달러의 돈이 들어가고 있다. 미국과 한국에서 온 사역자 20-30가족을 포함하여 현지인 조선족들을 합하면 때에 따라서는 약 100여 명의 봉사자들이 헌신하고 있다. 여기에 더해서 미국의 본부와 지부들, 한국 본부, 호주 본부에서 약 30여 명의 스태프들과 자원봉사자들이 헌신하고 있는데, 단 한 번도 재정이 모자라 환자를 보지 못하거나, 사례비와 운영비를 걸러 본 일이 없다. 게다가 북한 내부 사역은 더 많은 재정이 필요하다.

이렇게 많은 액수의 돈이 필요하고, 많은 이들이 이 사역에 동참하고 있는데, 지금까지 샘이 잘 운영되어 온 것을 보면 모두가 하나님께서 하시는 일임을 절감한다. 나는 한치 앞도 모르는 나약한 인간에 불과하다. 오직 하나님만 아실 뿐이다.

나는 10년이 넘도록 전 세계를 누비면서 거의 매 주일 집회를 갖고 후원자들의 동참을 호소하고 있다. 때로는 저 사람이 아직도 저 사역을 하고 있나 하는 눈빛으로 나를 보는 사람도 있지만, 늘 나를 초청해 주는 곳이 있고, 나의 이야기에 귀 기울여 주시는 분들이 많으니 나는 참 복이 많은 사람이다. 나의 솔직한 간증을 들으며 우리는 하나가 되어 같이 울고 웃으며 하나님의 은혜를 만끽한다.

그런데 아주 가끔씩 '과연 내가 이런 복을 누릴 자격이 있는가' 하는 궁금증에 빠지게 된다.

물론 사역 모두가 하나님께서 하시는 것이지만, 왜 나같이 부족한 사람을 들어 쓰시는 것일까 의문이 들곤 한다. 의술이라는 좋은 재능을 주셨으니 세상 속에 그냥 내버려두었으면, 나는 아마도 세상적인 재미에 푹 빠져 살다가 하나님도 모른 채 허무하게 죽었을 것이다. 하지만 하나님께서는 나를 변화시키시고 하나님의 일을 하게 하셨다. 이제는 강단에 서서 눈물을 흘리며 간증하는 것이 무엇보다 귀하고 복된 일이 되었다. 마치 예수님이 오심을 증거하기 위해 이 세상에 태어난 세례 요한처럼 나 역시 앞으로의 세계선교에 대한 작은 예비 작업을 하고 있다는 생각이 든다.

성경으로 버티는 지하교회

우연히 북한의 지하교회 교인들을 만난 적이 있었다. 그들은 종기가 곪다 못해 뼛속까지 번져서 골수염이 되어 피고름이 줄줄 흐르는 고통으로 밤잠을 설치며 지냈다. 그러나 그들 손에는 늘 성경이 들려 있었고, 성경 말씀으로 그 고통을 이겨내고 있었다. 어떤 상황에서도 성경을 놓지 않고 꼭 붙드는 그들의 모습을 보면서 나 자신이 부끄러워 고개를 들 수가 없었다. 그들은 굶주린 배를 움켜쥐고도 "예수님, 남한에만 계시지 마시고 여기에도 빨리 오시라요. 그래야 우리가 살 수 있습네다" 하고 두 손 들고 외쳤다. 너무 편하게만 신앙생활을 하는 우리로서는 상상조차 할 수 없는 일일 것이다. 하지만 그들에게는 성경만이 하나님께로 인도하는 유일한 매개체이기에 생명보다 귀했다. 그들 중에는 사복음서를 완전히 외우는 사람도 있었는데, 이렇게 말씀을 외우면서 가슴에 새기는 뜨거운 성령의 역사가 그들 가운데 있었다. 이렇듯 긴 세월 동안 목숨을 연명해 가며 복음을 외우고 신앙생활을 하는 북한 땅의 믿음의 사람들은 하나님의 때에 폭발적이고 강력한 선교의 도구가 될 것이다. 이것이 우리 민족을 향한 하나님의 계획이요 세계선교의 마스터플랜이라 나는 믿는다.

나도 오랫동안 북한 사람들이 불쌍하다는 생각을 했다. 그런데 그들이 세계선교를 위해 크게 쓰일 수 있도록 훈련을 받고 있는 선택된 사람들임을 알게 되니 오히려 내가 불쌍하다는 생각을 하게 된다.

북한 사람들의 현재의 고통은 저주요 슬픈 일이 아니라, 오히려 선택 받은 은혜요 감사요 기쁨이다. 하나님의 백성으로 하나님이 들어 쓰시기 위한 준비이자 훈련이기 때문이다.

한 여인이 바친 십일조

언젠가 한 여인으로부터 작은 종이쪽지와 북한 돈 20원을 받은 적이 있다. 종이쪽지는 정성스럽게 꾹꾹 눌러 쓴 글씨로 **빼곡**했다.

> 지난 일 년 동안 제가 모아 둔 십일조입네다.
> 처음 하는 십일조라 어떻게 해야 할지 몰라 원장님께 보냅네다.
> 죽지 않고 살도록 방조해 주시고 복음을 믿고 살 수 있도록
> 지도해 준 인자하신 원장님, 고맙습네다.
> 평생 잊지 않고 꼭 믿음 안에서 살기를 맹세합네다.
> 건강하시라요.

나는 그 여인이 무슨 일을 해서 돈을 벌었을지 궁금했다. 그녀를 안내해 데리고 왔던 조선족을 만나 이야기를 들어보니, 그 여인은 할 수 있는 모든 방법을 다 동원해 돈을 벌고 있다고 했다. 만약 일거리가 없을 때에는 몸까지 팔 수 있다는 말을 듣는 순간 나는 깊은 한숨을 내쉬었다.

십일조를 보내온 여인은 우리 병원을 자주 찾곤 했다. 나는 그녀가 병원에 올 때마다 정성껏 치료해 주고, 입을 것과 먹을 것을 주며 여비에 보태라고 얼마의 돈을 손에 쥐여 주기도 했다. 그때마다 고맙다는 말을 연신 내뱉으며 내 손을 꼭 붙잡고 눈물을 뚝뚝 떨어뜨리던 그 여인의 모습이 아직도 기억난다. 어렵게 일해서 십일조를 떼어 보낸 그녀의 마음을 하나님께서 어여삐 여기시리라. 비록 작은 돈이긴 하지만, 그 여인의 십일조는 그 누구의 십일조보다 크고 귀했다.

하나님께서는 이렇게 불모의 땅 북한에서 주님의 제자를 하나둘 키워내고 계셨다. 이들의 삶은 누구보다 강한 메시지가 되어 하나님을 알릴 것이며, 이들의 믿음과 능력이 전 세계를 하나님께로 인도할 중심이 될 것이다.

그렇다면 우리의 역할은 무엇일까? 우리는 생사의 갈림길에 놓인 그들을 치료해 주고, 굶어 죽지 않게 먹여 주며, 무엇보다도 그들에게 복음을 전해 말씀으로 훈련받을 수 있도록 준비시키는 역할을 감당해야 한다.

어느 쪽이 더 중요하다고 말할 수는 없을 것이다. 그러나 분명한 것은 우리 모두가 자기 몫의 사명을 받았고 모든 것이 합력하여 선을 이룬다는 점이다. 우리는 한 민족이요, 하나님께서 세계선교를 위해 택하신 민족이다.

우리는 항상 우리 개인의 문제에 둘러싸여 있다. 건강, 성공, 경제, 인간관계 등 끊임없이 작고 큰 문제들이 우리 머릿속에 꽉 차 있는 것이다. 이것들은 결국 우리를 지치고 피곤하게 만들 뿐이다.

세상적인 삶에만 매여 있지 않고, 그것을 초월해 먼 앞날을 보며 소망을 갖게 하는 것이 바로 신앙이다. 만사를 하나님의 시각으로 멀리, 넓고 크게 보는 것이다. 비록 현실은 답답하지만 앞날에 대한 푸른 꿈을 가진다면 나만 보는 좁은 관점에서 다른 사람의 입장을 이해하는 큰 시각으로 바뀔 것이다. 우리는 말씀 안에서 능치 못함이 없다.

우리는 비록 부족한 존재이지만, 오늘도 민족과 세계선교를 위해 기도한다. 하나님의 선은 반드시 이루어질 것이기에….

맞는 겨울

보이는 세상에 쫓겨 사느라 하나님의 깊은 뜻을 헤아리지 못했다. 보이지 않는 세상은 진정한 화해, 평화, 용서, 그리고 사랑이 있는 곳이다. 지식이 아니라 위로부터 내려오는 진정한 지혜가 있는 곳이다. 이 깊은 곳에 소망을 두고 살기를 원한다.

장백의 첫 눈

장백에서 봉사하는 사역자들의 편지 속에는 항상 눈 소식이 빠지지 않는다. 정말 온 천지가 하얀 눈으로 덮인 장백의 모습을 떠올리면 세파에 찌든 내 마음이 맑게 닦이는 느낌이 든다.

장백의 눈을 상상하며 오랜만에 내 마음의 창문을 활짝 열었다. 정신없이 일이 바쁘게 돌아가는 가운데, 있는 줄도 모르고 살았던 내 마음의 창문. 하얗고 눈부신 눈 결정체는 세상의 소음과 미움과 시기와 질투를 빨아들인다. 그러고는 두 손을 다소곳이 모으고 미소를 짓는 아름다운 여인처럼 나에게 다가온다.

그러나 눈을 대하는 내 마음은 언제나 세상일과 두려움과 절망으로 가득 차 있다. 죽지 않고 살아 있는 나의 인간됨 때문일까. 늘 죽어야 산다고 하면서 살기 위해 발버둥치는 나를 하나님은 사랑하실까.

보이는 세상에 쫓겨 사느라 하나님의 깊은 뜻을 헤아리지 못했다. 보이지 않는 세상은 진정한 화해, 평화, 용서, 그리고 사랑이 있는 곳이다. 지식이 아니라 위로부터 내려오는 진정한 지혜가 있는 곳이다. 이 깊은 곳에 소망을 두고 살기를 원한다.

첫 눈이 내리고 온 세상이 눈으로 뒤덮인 가운데서 포근함과 평화를 공급받는 이 순간을 사랑하련다. 하지만 이 겨울이 북한 땅에 사는 저들에게는 고통스러운 계절일 것이다. 겨울 추위가 너무 서러워 춥다는 말도 못하는 그들. 곪아 터진 종기가 골수로 파고드는 그 아픔에 소리 없이 울기만 하는 그들. 그들을 위해 매순간 기도드린다.

나의 선한 싸움을 멈추지 말게 하시고
믿음을 굳게 지키게 하옵소서.
하나님의 풍성한 은혜가 넘치게 하옵소서.
추운 겨울처럼 꽁꽁 얼어붙은 우리의 마음을
녹여 주시고 은혜로 받아 주시옵소서.
사랑을 전하기에 부족함이 없는 우리가 되게 하옵소서.
무엇보다도 우리가 말씀 안에서 하나가 되게 하옵소서.

매일 성탄이면 좋겠습니다

만주의 끝자락인 단동 땅에 차가운 겨울바람이 몰아치는 가운데서 들려오는 훈훈한 사랑의 소식은 오늘도 내 마음을 설레게 만든다. 우리의 손길이 필요한 많은 사람들에게 오늘 하루도 나눔의 시간이었다는 한 선생님의 편지에 하나님의 귀한 자녀들의 모습이 눈앞에 선하다.

> 원장님, 한 달 동안 선생님들이 하나가 되어 성탄을 준비했습니다. 정말 흥분되고 기쁜 일이지 않습니까? 특히 성탄절을 준비하면서 중국 사람들이 동참했다는 사실이 저의 가슴을 뛰게 만듭니다. 그들이 저희에게 "매일 성탄절이었으면 좋겠다"고 말했답니다. 이 얼마나 가슴 찡한 말인가요. 우리가 기다리는 성탄절은 세상의 떠들썩하고 화려한 성탄절과는 전혀 다른 것이지요. 그러기에 성탄절을 준비하면서 동료들과 사랑을 나누고, 단동병원을 위해 기도하는 수많은 사랑의 손길에 감사하는 마음을 가지고 있습니다.
> 우리가 늘 원장님을 위해 기도하고 있다는 사실 잘 알고 계시죠? 멀리 떨어져 있지만 늘 가까이 있는 것처럼 느껴집니다. 우리가 하나님 안에서 하나이기 때문이겠죠.
> 추운 겨울 건강하시고, 또 소식 전하겠습니다.

중국 사람들도 예수님의 생일을 축하하고, 성탄의 의미를 되새기는 시간을 가지게 돼서 나 또한 하늘을 날듯 기뻤다. 그것이 바로 우리가 그곳 단동에 있는 이유이기도 하다. 언젠가는 그들도 성탄의 진리를 알고 그 기쁨으로 살아갈 수 있기를 기도한다. 그들이 좋으면 우리도 기쁘고, 그들이 치유되면 우리도 더 큰 치유의 은혜를 경험한다.

언젠가 단동의 유명인사 한 분이 자기도 기독교인이라고 살짝 귀띔해 주었다. 그러나 아직은 자신이 나설 때가 아니라고 했다. 하나님은 이미 그곳에서 놀랍게 역사하고 계셨다.

우리 병원 직원들 가운데도 공산당원이 세 명이나 있다. 그 사람들이 하는 일은 우리에 대한 모든 정보를 공안에 빠짐없이 보고하는 것이다. 그런데 그 세 사람 모두 차례로 예수님을 영접하고 신앙을 고백하게 되었다. "매일 성탄이었으면 좋겠다"는 이들의 소박한 꿈이 속히 이루어지기를 소원한다.

나는 단동병원 교회의 새벽 모임을 사모한다. 하루도 빠짐없이 새벽 5시 30분만 되면 일어나 예배를 준비하고 십자가 앞에 무릎 꿇고 다소곳이 두 손 모아 기도하면 감격의 눈물이 저절로 흐른다. 이 모두가 그분의 사랑과 용서가 있었기에 가능한 일이다. 나의 사랑하는 중국 식구들, 세계 각 사무실의 스태프들, 사랑의 후원자들, 기도 회원들…. 이 모든 사람과 하나님 아버지 안에서 한마음이 되어 강 건너 북한 땅, 불쌍한 우리 동포를 작은 가슴에 품고 기도를 올린다.

평양에 병원을 세운 이후로 단동과 심양에 차례로 병원이 지어지기까지 많은 세월이 흘렀다. 많은 사람이 동역하겠다며 오고 갔지만, 결국 마지막에 남은 진국이 지금 나와 함께 일하는 사역자들이다. 그들과 내가 하나가 되어 단동병원 활성화를 위해, 제약공장을 위해, 사랑방 훈련을 위해 오늘도 기도한다.

사랑의 화신이 되게 하옵소서.

풍성한 은혜가 넘치게 하옵소서.

오는 세월 막지 말고, 가는 세월 탓하지 않게 하옵소서.

아름다운 열매를 맺는 하루하루가 되게 하옵소서.

부르심과 보내심

은혜로 '부르심을 받은 자'들은 예수님을 닮아 가며 변화되어 세상을 변화시켜야 하는 의무가 있고, '보내심을 받은 자'들은 특별한 사명을 받아 그 목적을 위해 죽도록 충성해야 하는 의무가 있다.

선교사를 꿈꾸는 사람들

"저도 장로님처럼 평신도 선교사가 되기를 원합니다."

"저는 목회자인데 북한선교에 헌신하기를 원합니다. 어떤 길이 있을까요?"

"저도 장로님처럼 의료선교에 헌신하고자 합니다. 의학공부를 해야만 의료선교가 가능한가요? 무슨 과를 전공하면 가장 좋은 선택일까요? 전문의 자격이 있어야 하나요? 결혼해서 가족이 있는 것과 가족 없이 혼자 가는 것은 어떤 차이가 있나요?"

이처럼 선교에 마음을 두고 준비하거나 또 언젠가는 선교사로 헌신하기를 원하는 많은 분들이 나에게 이런 질문들을 던져 온다. 그때마다 나는 내 경험을 떠올리며 최선을 다해 그들에게 대답해 주려고 애쓴다. 동시에 나를 롤 모델 삼아 선교사가 되기를 꿈꾸는 사람들을 만나면서 나의 두 어깨도 점점 무거워짐을 느낀다.

내가 존경하고 사랑하는 목사님 한 분이 15년 동안 해온 목회를 그만두고 선교사로 부름 받아 훈련을 마친 후 이런 편지를 보내 왔다.

존경하는 박세록 장로님 내외분께

요즈음 임시 담임 목사직을 맡은 데다 생전 처음으로 선교사 훈련과 파송예배에 여러 가지 일들이 겹치다 보니 아주 정신없이 살고 있습니다. 선교사 선배님으로서 너그러이 이해해 주시기 바랍니다. 오늘 제 전화를 받고, '하나님께서 다음 주일은 쉬라고 하시는 것 같다'고 하면서 제 마음을 편하게 해주셔서 얼마나 감사했는지 모릅니다. 말씀드린 대로 다음 주일 오후 5시에 저희 파송예배에 오셔서 축하의 말씀을 해주시면 영광이겠습니다.

장로님, 권사님! 진심으로 존경합니다. 15년의 담임 목사직을 접고 H지역 집시 선교사로 헌신하게 된 데에는 장로님 내외분의 영향이 컸습니다. 장로님께서 의사직을 접고 북한 선교사로 헌신하신 것을 보면서 많은 것을 깨닫게 되었지요. 이처럼 후배들에게 귀감이 되고 좋은 영향을 끼치고, 큰 도전을 주시는 선배님이 있어서 얼마나 행복한지요. 앞으로 장로님 내외분과 같은 훌륭한 선교사가 되어서 하나님께 영광을 돌리고, 많은 분들의 기대에 부응하도록 최선을 다하겠습니다. 저희를 위해서 기도해 주시기 바랍니다.

저희도 샘을 위해서 계속 기도하겠습니다. 그리고 앞으로 종종
저희 선교지 소식도 전하도록 하겠습니다. 감사합니다.
주의 평화가 항상 함께하시기를!

H지역의 선교사로 떠나게 된 목사님의 편지를 읽으며 나의 미천한 삶이
어느 누군가의 삶에 영향을 미치고, 결단을 이끌어내게 한다는 사실을 알
게 되었다. 참 부끄럽고 내가 뭐 한 게 있나 싶으면서, 내 인생의 매무새를
다시금 고치게 되었다. 사실은 "나는 심었고 아볼로는 물을 주었으되 오직
하나님께서 자라나게 하셨나니"(고전 3:6)라는 말씀처럼, 모든 것은 하나님께
서 하신 것이다.

세상을 변화시키는 의무

성경에는 '부르심을 받은 자'와 '보내심을 받은 자'가 나온다.

하나님의 은혜로 예수를 구주로 영접하고 구원을 받으면 우리는 하나님
의 목적에 따라 부르심을 입은 자(롬 8:28)들이 된다. 그리스도의 형상을 본
받아 모든 것을 합력하여 선을 이루고자 하나님께서 우리를 불러 주신 것
이다. 때로는 실패도 하고 억울한 일도 당하고 질병으로 고생하기도 하고
고난으로 주저앉기도 하지만, 이것은 우리가 그리스도를 닮아가기 위한 과
정일 뿐이다.

하나님께서 우리를 불러 주신 은혜를 알게 되면 우리는 하나님을 사랑하
지 않을 수 없고, 궁극에는 모든 것이 합력하여 아름다운 열매를 맺게 되는

것이다.

이런 보편적인 부르심을 받은 자 가운데는 특별한 사명으로 부르심을 받은 사람들도 있다. 목회자, 장로, 집사, 성가대 대원, 선교사, 그 외 하나님의 일을 섬기고 봉사하는 사람들이 그들이다.

보내심을 받은 자들은 하나님께서 특별한 사명을 위해 보내신 자들이다. 빛에 대하여 증거하러 보내심을 받은 자인 요한은 길을 예비하고 자기로 인하여 믿게 하려 하는 것이 하나님의 보내신 목적이라 하였다(요 1: 6-7). 예수님도 "너희는 가서 모든 민족을 제자로 삼아 아버지와 아들과 성령의 이름으로 세례를 베풀고 내가 너희에게 분부한 모든 것을 가르쳐 지키게 하라"(마 28:19-20)고 말씀하셨다. 보내심을 받았다는 것은 "가서", "제자를 삼아", "예비하고 믿게 하라"는 하나님의 목적에 따라 직접 행동하는 동사적인 의미가 강하게 내포되어 있다. 이렇게 보면 '부르심을 받은 자'와 '보내심을 받은 자'는 때에 따라서는 구별되어야 한다. 물론 부르심과 보내심이 같은 뜻으로 쓰이는 경우도 종종 있다.

부르심은 은혜로 된 것이기 때문에 우리는 예수님을 사랑하고 그 형상대로 닮아 가면서 구원을 완성해 가야 하는 의무가 있다. 그래서 세상에 본보기가 되고 세상을 변화시켜 가는 사람이라는 인정을 받아야 한다. 아무리 교회가 크고 온갖 프로그램을 다 갖추고 있다 해도 세상 사람들의 손가락질을 받는 대상이 된다면 그들은 부르심을 받은 자의 의미를 잘못 이해한 것이다.

보내심을 받은 자들은 하나님께서 사명을 주시고 맡겨 주신 목적에 따라 죽도록 충성하고 헌신하여 그 목적을 이루어 드려야 한다. 독생자 예수님은 우리를 구원하시기 위해 보내심을 받고 자기를 낮추시고 죽기까지 복종하셨다.

다시 말하면, 은혜로 '부르심을 받은 자'들은 예수님을 닮아 가며 변화되어 세상을 변화시켜야 하는 의무가 있고, '보내심을 받은 자'들은 특별한 사명을 받아 그 목적을 위해 죽도록 충성해야 하는 의무가 있다.

또 이런 능력은 스스로 만드는 것이 아니라 간절히 사모하고 기도할 때에 하나님이 감당할 수 있도록 만들어 주시는 것이다. 하나님께서는 여호수아를 불러 이스라엘 백성을 인도하여 가나안 땅으로 보낼 때에 "내가 너를 떠나지 아니하며 버리지 아니하리니 강하고 담대하라 너는 내가 그들의 조상에게 맹세하여 그들에게 주리라 한 땅을 이 백성에게 차지하게 하리라"(수 1:5-6) 하셨다. 내가 주님의 자녀가 된 것도, 선교사로 헌신한 것도 하나님께서 나의 마음을 담대히 하시고 선교의 꿈을 품게 하셨기에 가능했음을 기억해야 한다.

선교사의 자격됨

선교사로 헌신하는 길은 근본적인 마음가짐과 이해가 먼저 바탕이 되어야 한다. 마땅히 할 일이 없어서, 사업이 망해서, 직장을 잃어서 선교사나 되자는 태도는 근본적으로 잘못된 것이다. '내가 무엇을 할 수 있을까'는 중요하지 않다. 그래서 선교사들 사이에서는 "주는 대로 먹고 시키는 대로 한다"는 말이 있다.

선교의 주인되시는 하나님께서는 우리 각자가 가장 잘 감당할 수 있는 사역을 아신다. 의료인은 의술로, 말씀사역자는 말씀 전파로, 건축가는 건축 기술로, 봉사자는 봉사와 헌신으로 각자 하나님의 인도하심 따라 자신의 달란트를 발휘하여 맡겨 주신 일을 감당하는 것이다.

중요한 것은 선교사로의 헌신을 놓고 간절한 소망으로 기도하고 하나님의 음성을 듣고 깨닫는 것이다. 결단을 할 때에는 나 개인뿐만 아니라 가정과 주위 사람들에게도 평안이 있어야 한다. 완전히 맡기고 순종하며 죽도록 충성하는 것이다. 이런 확신이 있을 때 선교사 훈련을 받고 제대로 준비할 수 있으며, 내가 아는 지식과 하나님께서 주시는 지혜로 최선의 방법을 찾게 되는 것이다.

선교 단체를 운영하면서 가장 힘든 것은 사역도, 재정도 아닌 인간적인 문제이다. 모두가 헌신하여 세상 것을 전부 버리고 왔다고 믿는 사역자들이 인간적인 문제로 갈등하고 세상적인 일로 다투고 싸우는 모습을 많이 보게 된다. 이는 자기 고집과 자존심의 한판 대결이다. 심지어는 사역자들끼리 서로 멱살을 잡고 싸우는 모습도 보았다. 사역자들이 사역 현장을 떠나는 가장 큰 이유는 인간적인 갈등과 서로 하나가 되지 못하기 때문이다.

나의 경우를 돌아보면, 하나님의 부르심과 보내심을 깨닫게 되기까지 많은 시간이 걸렸다. 지금 생각하면 매우 명백한 것이었는데, 왜 그때는 알지 못했는지…. 그래서 나는 더욱더 오랜 동안 갈피를 잡지 못하고 우왕좌왕하며 살았다.

처음 하나님께 기도하고 서원했던 기억을 떠올려보면, 고등학교 시절로 거슬러 올라간다. 빚 때문에 우리 가족은 살길이 막막했다. 당연히 나는 대학 진학은 꿈도 못 꾸고 있었다. 그러다 무작정 입시 공부를 했고, 서울대 의대를 들어가야 나의 공부를 후원해 줄 사람을 찾을 수 있을 거라고 생각했다. 합격자 발표 날이 되어서는 떨리는 마음으로 학교에 갔지만 막상 떨어질 것을 생각하니 눈앞이 캄캄했다. 그때 나는 절규하듯 신(그때는 내가 구원받기 전이었다)께 매달렸다.

"만약에 신이 있다면 나에게 자비를 베푸시어 합격하게 해주세요. 만약에 내가 합격하여 의사가 되면 나처럼 가난하고 배고픈 사람들을 돕는 사람이 되겠습니다."

그리고 나는 서울대 의대에 합격해서 오늘의 내가 있게 된 것이다. 그 후 오랜 세월이 지난 후에야 그때 하나님께서 나를 부르셨다는 사실을 깨달았다. 내가 깨달을 때까지 하나님께서는 오랫동안 인내하시며 나를 기다려 주신 것이다.

40년이 넘게 신앙생활을 하면서 예수님을 닮지 못한 부족한 내 모습을 보며 눈물도 많이 흘렸고, 간절히 기도하며 헌신하는 과정에서 주님이 나와 함께하심을 깨닫게 되었다. 그리고 그분의 기적이 내 눈앞에서 일어나는 것을 경험하면서 '아! 바로 이것이었구나! 주님께서 나를 부르시고 보내셨구나!' 하고 확신을 갖게 되었다. 이후로 나는 내 생각대로 움직이는 것이 아니라 하나님이 시키시고 허락하시는 사역을 하려고 노력했다. 오늘이라도 그만두라 하시면 그만둘 준비도 하고 있다. 반대로 하나님께서 인도하시면 생명이 다하도록 충성할 것이다. 이것이 선교사의 자격 됨이라 믿기 때문이다.

사역은 내가 하는 것이 아니다. 내 안의 하나님께서 하시는 것이다. 우리는 그저 내 속에 착한 일을 시작하신 이가 그리스도 예수의 날까지 이루실 약속을 기억하며 달려가는 것이다. 오늘도 나를 부르시고 보내신 하나님께 무릎 기도를 드려 본다.

부르심과 보내심에 감사하며
평생 초심을 잃지 않게 하옵소서.
나도 누군가에게 보내심과 부르심을 받는 것을
돕기 위한 도구가 되게 하옵소서.
하나님의 사역은 하나님의 사람을 통해
이루어짐을 믿게 하옵소서.
이런 마음을 품고 기도하는 사람들에게
걸림돌이 되지 않게 인도해 주옵소서.

샘
디아스포라

세계 각 곳에서 돕는 샘 디아스포라들의 기도와 헌신이 우리가 활발하게 사역하고 있는 힘의 원천이요, 강력한 이유이다. … 비록 시작은 미약했지만, 쓰시기에 부족함이 없는 우리가 되게 하시고, 감당할 수 있는 힘을 주셔서 끝은 창대하게 하실 것이라 굳게 믿는다.

세계로 뻗어 나가는 샘

2006년 4월 한국 사무실에 세 분의 손님이 찾아왔다. 홍콩에 있는 교회에서 샘 사역에 대해 듣고 매달 정기적으로 헌금하기로 결정하고, 한 분의 장로님과 두 분의 권사님이 직접 한국까지 오신 것이다. 그분들은 우리를 격려하면서 큰 액수의 헌금을 주고 가셨다.

'아! 이제 홍콩까지 우리 사역이 알려졌구나!'

나는 모처럼 활짝 웃으며 샘 사역이 전 세계로 퍼져 나가고 있다는 사실에 흥분했다. 홍콩에 있는 교회는 지금까지 변함없이 매달 우리 샘 사역을 위해 후원하고 있다.

2005년도에 베를린에서 3일 연속 집회를 가졌을 때에도 아름다운 헌신들이 이어졌던 기억이 난다. 그 후 유럽에서도 20여 명의 의료진(대부분 전문

간호사들)이 단기봉사로 현장을 다녀갔고, 그중 한 분은 장기봉사를 결심하고 장기 체류를 준비하기 위하여 독일로 돌아가기 전에 나에게 이런 간증을 했다.

"원장님, 제가 이 단동병원에 처음 왔을 때는 사실 이곳이 나의 선교지라고 생각하지 않았습니다. 아니, 생각하고 싶지 않았다는 것이 더 정확한 표현이겠네요. 이제야 고백하지만 환자들에게서 나는 심한 악취 때문에 숨을 쉬기가 어려웠고 너무나 고통스러웠습니다. 그것이 이 병원을 선교지로 생각하기 싫었던 이유였지요. 나중에는 너무 힘들어 동료 선교사에게 하소연을 했는데, 이상하게도 그 동료는 아무런 냄새가 안 난다고 하는 거예요. 제 눈으로 똑똑히 확인해 보려고 환자 중에 가장 냄새가 심한 입원실에 직접 데리고 갔는데, 정말 그 동료는 아무렇지도 않아 보였어요. 전혀 냄새가 나지 않는다는 동료의 대답에 저는 잠을 이룰 수가 없었습니다. '왜 나는 환자들 냄새가 역하게 느껴지는 걸까? 그녀는 어떻게 그 냄새를 못 맡는 걸까?' 끊임없는 질문들에 대한 답을 찾고자 고심했던 저는 드디어 그 동료와 저의 차이점을 깨닫게 되었습니다. 그것은 바로 '사랑하는 마음'과 '하나님의 사역에 대한 사명감'이었습니다. 저는 단지 환자들의 환부만 잘 치료하면 된다고 생각했는데, 그 동료는 하나님이 맡겨 주신 환자라 여기고 그의 영혼까지 사랑하며 기도로써 돌보았던 것입니다."

이 간호사는 그 다음날 아침 소독액을 들고 냄새가 가장 심한 환자 방을 다시 찾았고, 말기 당뇨병으로 인한 합병증 때문에 생긴 염증과 썩은 부분을 정성껏 닦아 주었다. 그리고 제자들의 발을 씻기셨던 예수님을 떠올리며 자신이 그러한 사랑을 갖지 못했음을 회개하며 주르륵 눈물을 흘렸다.

그날 이후로 그 간호사는 환자들에게서 아무런 냄새도 맡지 못했고, 자신이 선교사로 보내심을 받았다는 확신을 가질 수 있었다.

이렇게 선교사로 헌신하는 분들이 있는가 하면, 우리 샘 사역을 기도로써 후원하는 분들도 꽤 많다. 매년 독일의 기도후원자들은 헌금과 바자회, 벼룩시장을 통해 모은 후원금을 보내준다. 그리고 아주 가끔씩 서울에 나올 일이 있을 때는 우리 샘 코리아 사무실을 직접 찾아와 전달해 주기도 한다. 지금처럼 경제가 어려운 때도 지난 달 독일의 함명숙 집사님께서 헌금을 들고 우리를 찾아오셨다. 그때의 반가움을 그 무엇으로 표현할 수 있으랴. 그런 분들이 계시기에 샘 사역이 날로 번창하는 것이다.

영국에서도 매년 의료팀을 구성하여 현지를 방문하고 의료봉사를 한다. 2006년 단기의료봉사 때는 샘-케어(SAM-Care)의 박수지 선생이 미국 갈보리교회를 중심으로 새로 외국인 그룹을 만들어 20여 명의 봉사자들과 함께 압록강 현장을 다녀갔다. 현지의 역사와 배경을 잘 알지 못하는 미국 사람들이라서 중국, 한국 그리고 영어로 3중 통역을 했지만, 나중에는 말이 필요없이 마음과 마음으로 서로 이해하고 치료해 주는 아름다운 장면이 펼쳐졌다. 팀 리더 박수지 선생의 헌신적인 노력이 곁에서 지켜보기에 흐뭇했다. 단동에서의 2박 3일 동안 모두 감격의 눈물을 흘리며 은혜의 시간을 가졌다. 지금은 이 영어권 그룹들이 많이 활성화되어 정기적으로 또는 필요에 따라 현장을 계속 다녀가고 있다.

박수지 선생 팀은 2008년 6월부터 9월까지 프랑스에서 영양치료제를 구입하여 한 번도 외국인에게 열리지 않았던 시골 마을을 방문했다. 그곳에서 70여 명의 극심한 영양 부족 상태의 어린아이들을 치료하여 아이들의 생명도 살릴 수 있다는 통계적인 증명을 얻어 이 일을 더욱 확장해 나가는 일에 헌신하고 있다. 이 일이 잘 되면, 북한뿐 아니라 동남아시아, 아프리카까지 이 영양치료제가 공급되어 어린아이들의 생명을 살리는 역할을 하게 될 것이다.

샘 오세아니아(SAM-Oceania)는 본부장 내외분과 그 팀의 헌신과 수고로 꾸준하게 자라서 이제는 멜버른에 지부도 활성화되었다. 매년 가장 알찬 봉사단을 구성하여 의료봉사를 갈 뿐만 아니라 열심히 모금하여 단동병원에 대형 버스를 구입해 주었고, 제약공장 건설에도 큰 몫을 담당했다.

한편 미국 본부는 사랑하는 나의 형제 이재민 장로님(사무총장)을 중심으로 모인 운영위원장님들의 끊임없는 기도와 장로님의 열정과 헌신으로 이 어려운 경제상황 속에서도 계속 발전해 나가고 있다. 여기에 로스앤젤레스, 시애틀, 필라델피아, 휴스턴, 뉴욕, 뉴저지 지부들도 활발하게 움직이고 있다. 이 모든 분이 한 번도 나의 제안에 반대한 일이 없을 정도로 항상 믿고 기도로, 시간으로, 물질로 묵묵히 봉사하는 덕분에 나는 마음 놓고 온 세계를 다니며 우리 재단을 키워 갈 수 있었다. 각 지부의 지부장들과 봉사자들, 스태프들 모두가 나에게는 참으로 귀한 동역자들이다.

그중에서도 가장 많이 성장한 곳은 한국 본부다. 한국 본부는 내가 3개월씩 머무는 동안 많이 활성화되어 회원도 많이 늘었고, 사무실도 넓은 곳으로 옮길 수 있게 되었다. 하나님께서 새로 이루어 가실 일이 크게 기대된다. 한국 본부에는 10년이 넘도록 한결같이 사무실을 지키고 열정적으로 사랑하는 양태임 권사님이 계신다. 참으로 나에게는 잊지 못할 귀한 동역자다. 지금은 박승철 장로님이 단동에서 와서 더 활성화 되리라 기대한다.

한국 본부는 중국과 가까우니 우선 단동을 자주 오갈 수 있는 이점이 있다. 사실 세계 곳곳을 다니다 보니 체력적으로도 힘들고 경제적인 부담도 만만치 않다. 그래서 되도록 한국 본부에 머물며 북한 사역을 감당하려 한다. 하지만 내가 움직여야 사역이 활성화되는 현실적인 여건 때문에 아직도 죽자고 전 세계 곳곳을 누비게 된다.

중국의 병원과 진료실들을 총괄하는 샘 차이나 본부도 제대로 자리 잡았다. 그곳에서는 중국 관리들과의 유대관계를 전문적으로 담당하고 사역자들을 체계적으로 관리하는 일을 하고 있다. 현지에서 북한 사역을 간접적으로 지원하고 있기도 하다.

중국 본부장인 안병호 장로님은 나의 사랑하는 형제요 신실한 종이다. 이분 덕에 샘 차이나 본부와 단동병원이 많이 활성화 되었다. 호주 본부도 사랑하는 정영택 본부장 내외의 헌신으로 열심히 커가고 있다. 유럽에서는 함명숙 지부장께서 정성을 다하여 섬기고 있다. 샘 북한(SAM-NK)은 아직 희망사항이긴 하지만, 언젠가 이루어질 것을 믿으며 그쪽 일을 담당하는 본부장 역할을 하는 분을 따로 두고 있다.

무엇보다도 뒤에서 빛도 없이 이름도 없이 섬기며 헌금하고 기도하는 많은 손길들에게 참으로 감사한다.

그분들이 없으면 나도 없고, 우리 사역도 없다.

구원받아야 할 영혼을 위해

한국에서의 집회를 마치고 집으로 돌아왔을 때 전화 한 통을 받았다.

"장로님이 오시기만 고대하고 있었습니다. 이제부터는 장로님 시키는 대로 교회도 나가겠습니다. 저를 위해 기도해 주십시오. 장로님의 기도만이 저를 살릴 수 있습니다."

위암 수술을 세 번씩이나 받고 위관영양(Feeding Tube)으로 원기를 유지하고 있던 환자분이 나의 기도를 받기 위해 초조하게 기다리고 있었다.

미국 항공사에서 인정받는 기술자로 안정된 삶을 살면서 세상 재미에 푹 빠져 주변에서 교회 가자는 말을 해도 심각하게 듣지 않았던 그였다. 그런데 이제 사경을 헤매다 보니 내가 교회에 나가라고 했던 말이 귓가에 맴돌면서 결국에는 나에게 기도 받고 싶다는 마음까지 생겨난 것이다.

"먼저 예수님을 나의 구주로 영접하십시오. 그리고 지난날의 모든 잘못을 회개하십시오. 모든 것은 하나님의 섭리에 달려 있으니, 기적으로 살려 달라 진심으로 기도하십시오. 죽음은 끝이 아니라 새로운 시작임을 믿고 죽든지 살든지 예수님 잡은 손을 놓지 마십시오."

그분은 내가 일러 준 것을 종이에 써내려갔다.

그 후에 그분은 나에게 짧막한 편지를 남기고 이 세상을 떠났다.

원장님, 이제 마음이 평안해졌습니다. 두려움이 없어졌습니다. 모두가 다 저의 잘못입니다.

만약에 제가 다시 태어난다면, 그때는 지금처럼 살지 않을 것입니다. 원장님 말씀대로 예수님도 영접하고, 원장님 따라 불쌍한 사람들을 도우러 다닐 것입니다. 고맙습니다. 모든 것이 하나님의 은혜입니다.

세계 각 곳에서 샘 디아스포라들의 기도와 헌신이 우리가 활발하게 사역하고 있는 힘의 원천이요, 강력한 이유이다.

세계의 수많은 영혼들이 구원받지 못하고 죽어 가고 있다. 하나님께서 얼마나 안타까우시면 우리 같은 사람들까지도 세계 선교의 현장으로 보내시겠는가. "와서 우리를 도우라"는 환상으로 사도 바울을 마케도니아로 부르신 하나님께서 오늘 우리를 "동족을 도우라"고 부르신다는 것을 믿는다.

비록 시작은 미약했지만, 쓰시기에 부족함이 없는 우리가 되게 하시고, 감당할 수 있는 힘을 주셔서 끝은 창대하게 하실 것이라 굳게 믿는다.

압록강 따라 이천리

사상과 체제에 순종하며 말없이 살아가는 그들의 모습이 내 가슴을 울게 만들었다. 하나님의 복음을 들어보지도 못한 채 숨죽이고 살다가 생을 마감할 불쌍한 영혼들을 온통 흔들어 깨우고 싶었다.

압록강의 여름

손이 닿을 듯 말 듯한 맞은편 북한의 강변도로가 파란 수목들과 강물 사이를 갈라놓듯이 절벽 위에 길게 뻗어 있다. 그때 힘겹게 걸어가는 한 여인의 모습이 눈에 들어왔다. 터벅터벅 느린 그녀의 걸음을 보니 갈 길이 아직도 멀어 보였다. 그 틈에 자전거를 탄 한 남자가 여인을 순식간에 앞질러 지나갔다. 여인은 자신을 앞질러가는 남자를 부러운 눈길로 한동안 쳐다보았다. 이렇게 한적한 강변도로를 바라보고 있으면 가끔 총을 메고 뛰어가는 군인도 보였고, 쟁기를 메고 힘없이 걸어가는 농부도 보였다.

매서운 겨울바람이 불던 겨울과는 달리 여름이 되면 부쩍 걸어가는 사람들의 모습이 자주 눈에 띈다. 모처럼 단비가 내릴 때면, 농부들은 때를 놓칠세라 바쁘게 움직였다. 그들의 모습이 남한 농부들의 모습과 전혀 다르지 않았다. 그들을 보고 있자니 갑자기 고향의 향기가 물씬 느껴졌다.

'언제쯤 저 길에 관광버스가 달릴 수 있을까? 하루가 다르게 쭉쭉 뻗어나가는 중국 강변도로처럼….'

강가의 절벽에서 뾰족하게 머리를 내밀고 하늘을 향해 자라나는 나무들이 머리를 숙여 인사한다. 주변의 무성한 잡초들을 거느린 제왕처럼 우뚝 솟은 나무를 보자 그 기상을 받아 보고픈 생각에 크게 숨을 들이쉬었다.

'아, 이것이 우리 조국 땅의 향기요, 맑은 공기구나.'

비록 둘로 나뉘어 있는 한반도지만, 남한이나 북한이나 산과 들과 강의 모습은 고향 산천처럼 친근하고 정겹고 아름답기만 하다. 경사가 심해 두 발로 바로 설 수도 없는 산등성 곳곳에 이부자리만한 밭을 갈아서 옥수수를 촘촘히 심어 놓은 광경이 눈에 띄었다.

'저런 곳에 밭을 일구고 살아가는 사람들도 있구나. 힘겹게 땅을 갈고, 물을 대고, 옥수수를 심었겠지….'

거센 물결을 헤치고 거슬러 올라가는 조그만 배의 엔진이 힘겹게 돌아가는 것처럼 내 마음도 갑자기 무거워졌다. 이웃 중국 땅의 넓고 평평한 옥수수 밭과 비교하면 북한 땅의 옥수수 밭은 앞마당 텃밭 수준이었다. 부디 저 옥수수가 건강하게 자라 풍성한 열매를 맺어 저들의 배고픔을 채워 줄 수 있기만을 간절히 기도했다.

수풍 댐이 가까워지니 큰 공장들이 있었던 흔적이 보였다. 오래전부터 연기가 멈춰버린 큰 굴뚝들은 흉물처럼 서서 키 자랑만 하고 공장은 뼈대만 남아 구멍이 뚫린 채 하늘을 향해 힘겹게 서 있었다. "일심단결"이란 간판이 빛을 잃은 채 예전의 호황을 대변해 주었다. 그 앞의 작은 배에서 작업을 하던 세 명의 군인들을 향해 우리 일행이 사진기를 들이대자 갑자기 총을 겨누며 악을 썼다. 잠시 평화로운 농촌 풍경 감상에 빠져 있었던 나는 소스라치게 놀라면서 현실로 돌아왔다. 잠시나마 잊고 있던 민족의 아픔이 나를 꿈에서 깨게 만든 것이다.

다시 평지가 열리고 평화스럽게만 보이는 마을이 나타났다. 온통 산으로 둘러싸여 세상과는 등지고 사는 조용한 시골 마을이었다. 그곳에도 역시 '김○○ 수령 혁명 만세'라는 대형 간판이 곳곳에 걸려 있었다.

'아, 이곳이 오늘 우리가 치료할 곳이구나.'

우리는 차를 타고 달려와 도착한 그 마을에 의료품과 의료기구들을 풀어 주민들 하나하나의 건강 상태를 체크하고 약을 나누어 주었다. 이동진료를 통해 우리의 지경을 넓히기 위해서 여기까지 온 것이다.

사상과 체제에 순종하며 말없이 살아가는 그들의 모습이 내 가슴을 울게 만들었다. 하나님의 복음을 들어보지도 못한 채 숨죽이고 살다가 생을 마감할 불쌍한 영혼들을 온통 흔들어 깨우고 싶었다.

말씀대로 일어나서 하룻길을 행하며 외쳐 니느웨 전체를 회개시킨 요나처럼 사랑하시는 종들을 들어 써 달라고 기도했다. 우리가 담대하게 주의 복음을 외치는 자들이 되어 이 북한 땅에 하나님의 말씀을 전하고, 우리가 행하는 생명 살리기 운동이 좋은 열매를 맺어 주님께 영광 돌릴 수 있게 되는 것이 내 평생의 소원이기에….

사과만큼, 배만큼

나는 단동병원에서의 생활을 잠시 뒤로 하고 다시 미국으로 돌아갔다. 나의 이야기를 듣고자 여러 교회에서 집회 강사로 초청했기 때문이다. 1년에도 몇 번씩 미국과 한국, 중국을 오가며 생활한 지도 십여 년이 넘어, 이제는 인이 박혀 힘든 줄도 모르고 바쁘게 오간다. 미국에서 지낼 때는 여러 지역의 사역자들과 이메일을 주고받으며 그들과의 소통을 게을리 하지 않는다. 비록 몸은 미국에 있지만, 언제나 그들과 나는 하나 된 마음으로 함께하기 때문이다. 한참 더울 8월에 단동병원의 사역자로부터 이메일 한 통을 받았고, 나는 바쁜 시간을 쪼개 그의 메일에 답했다.

원장님께

어제까지 백여 명의 봉사자들로 북적거렸는데, 이젠 그들 모두 떠나고 갑자기 조용해졌습니다. 고요한 주일 아침을 맞으니 마음이 평안해지기도 하면서 한편으로는 허전한 마음을 가눌 길이 없네요. 집에 두고 온 사랑하는 사람들을 그리워하며 정원에서 모이를 쪼는 닭들과 마음을 나누고, 마음 한구석의 근심을 하늘을 향해 날려 보냅니다.

원장님, 보고 싶습니다. 이곳 여름을 함께 보내지 못해서 아쉽습니다. 어서 만나게 될 날이 오기를….

선생님께

이곳 사막지대의 뜨거운 여름도 이미 서서히 기운을 잃고 있습니다. 바다 쪽에서 아침저녁으로 불어오는 시원한 바람은 한낮에 내리쬐는 햇볕으로 달구어진 지면을 식히기에 충분합니다.

그렇게도 꼿꼿하게 하늘을 쳐 받들고 있던 뒤뜰의 사과나무, 배나무가지가 이제는 주렁주렁 달린 열매들 때문에 아예 땅에 누워 버린 것도 있습니다. 이것을 아는지 모르는지 사과는 점점 빨간색으로 물감을 잔뜩 먹었고, 배는 노란 옷을 입기 시작하니 개미들이 그 단맛을 찾아 분주해지는 모습도 눈에 띕니다.

그러고 보니 벌써 8월도 절반이 지났습니다. 남은 며칠도 눈 깜박하면 지나고, 금세 9월이 눈앞에 반짝하겠다는 생각이 듭니다. 그러고는 또 10월이 성큼 다가와 있겠지요?

단기 봉사자들과 같이 10여 일을 북적거리며 같이 지내다가 떠나보낼 때마다 적막해지는 마음을 나도 늘 겪었기 때문에 선생님들의 마음이 십분 이해가 됩니다. 봉사팀들이 올 때는 반갑고 좋지만, 떠날 때는 밀물 빠지듯이 훌쩍 떠나가 남은 이들은 허전합니다. 돌아가는 봉사자들의 뒷모습을 보며 저 멀리 점이 되어 보이지 않을 때까지 손을 흔들며 돌아서지 못하는 마음. 그들을 실은 버스가 보이지 않을 때까지 손을 흔들다가 손을 내리는 것은 그들이 보이지 않기 때문이 아니라 허전함에 손에 힘이 빠지기 때문이지요. 마음 가운데 허전함이 밀려오는 것을 어찌 막을 수 있겠습니까? 그 마음이 며칠 동안 지속되면서 고향에 있는 가족 생각에 향수병이 도지기도 하지요. 그래도 힘을 내십시오. 우리 사역에 동참하고자 달려오는 또 다른 봉사자들이 있으니까요.

이렇게 마음 고생을 하면서 내 곁을 떠나지 않고 묵묵히 일해 주는 사역자들이 있기에 나같이 부족한 사람이 앞에 서서 이 사역을 이끌 수 있는 것이다. 강한 척하지만 언제나 외로움과 싸우고 있는 나 자신을 돌아보면서, 마음이 강해서 불도저처럼 밀어붙이는 뚝심 같은 것이 왜 나에게 없을까 아쉬워한다. 그러면 나를 돕는 사역자들이 일할 때 더 수월할 수 있으련만….

그래도 나의 사랑하는 동역자들은 한 푼이라도 더 모아 어려운 재정을 돕겠다고 나서고, 이 부족한 사람을 위해 마음을 모아 기도해 준다. 북한 땅의 영혼들을 사랑하여 오늘도 그 사랑을 나누며 봉사하고 헌신하는 나의 형제자매들…. 이루 다 헤아릴 수 없는 많은 복에 나 스스로도 놀란다.

주위에서는 나에게 참으로 인복이 많다고 말한다. 생사를 같이 하는 귀한 동역자들이 있으니 그 무엇도 두렵지 않다. 빛도 없이 이름도 없이, 기도, 재정, 봉사, 무엇이든지 부탁만 하면 거절하지 않는 귀한 사람들이 내 곁에 있다. 앞에서 자기를 과시하는 사람들보다 얼마나 귀한 분들인지 모른다. 나의 가슴을 뜨겁게 하는 그들의 편지는 나에게 그 어떤 보약보다도 좋은 약이다.

하나님께서 그런 귀한 동역자들을 나에게 허락하지 않으셨다면, 나는 금세 주저앉고 사역을 포기했을지도 모른다. 말없이 한결같은 사랑과 봉사로 나의 곁을 지켜 준 그들이 있었기에 오늘의 내가 있는 것이 아닌가 싶다.

"여보, 집회 시간에 맞추려면 어서 출발해야 돼요!"
아내가 방문을 열며 말했다.

나는 무거운 몸을 일으켰다. 연속해서 주일마다 집회를 감당하다 보니, 이제는 체력이 바닥 나서 어느 때는 집에서 잠깐이라도 쉬었으면 하는 마음이 굴뚝같다. 하지만 나를 기다리는 사람들이 있으니, 이 일을 결코 멈출 수가 없다. 항상 말없이 나와 함께 해주었던 아내도 요즘에는 많이 힘들어하는 듯 보였다. 그래서 이번 집회는 혼자 다녀오겠다고 하고 집을 나섰다.

달리는 차 안에서 나는 나지막이 기도를 드렸다.

"주님, 하나님께서 맡겨 주신 집회마다 많은 은혜가 넘칠 것을 확신합니다. 뒤뜰에서 영글어 가고 있는 빨간 사과, 노란 배만큼 우리 사역자들에게도 알찬 여름이 되게 하옵소서."

사역은 동역하는 것이다. 좋은 동역자들이 한마음이 되어 한 비전을 놓고 사역하는 것은 아름다운 일이다. 주위에 많은 동역자를 주신 것이 가장 큰 복이라고 생각한다. 우리를 통하여 이루시는 분은 하나님이시기 때문이다. 세상 사람들은 이것을 "인복이 있다"라고 말하지만, 우리는 이것이 하나님의 은혜임을 믿는다. 그리고 하나님께서 우리를 기뻐 받으신다는 증거이다. 그래서 늘 용기와 새 힘을 얻는다.

내가 여태껏 어떻게 사역을 이끌어 왔는지 모르겠다. 나에게는 그럴 만한 능력도 지혜도 없다. 그러나 나에게는 더 큰 소망이 있다. 하나님께서 허락하시면 기적을 이루어 가실 것이라는 믿음이다. 눈을 들어 하늘을 바라보고 세상이 우리를 향해 "사랑하는 사람들", "하나가 된 사람들"이라고 말하며 부러워할 것이다.

나는 오늘도 하나님을 향해 외친다. 나의 사랑하는 사람들에게 복을 주시고, 생이 다할 때까지 그들과 동행할 수 있게 해달라고….

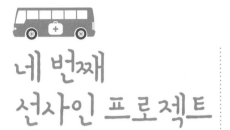

네 번째
선사인 프로젝트

만 개의 상자를 만드는 그 현장에는 남한도, 북한도, 중국도, 민주주의도, 공산주의도 없었다. 서로 손에 손을 잡고 감격의 눈물로 하나가 된 사람들의 모습만 있었다.

빗물에 잠겨 버린 북한 땅

2007년 여름, 북한은 '물대포'라고까지 불린 끔찍한 집중 호우로 극심한 피해를 입었다. 지나친 경작지 개발로 피폐해진 땅에 며칠 동안 530밀리미터가 넘는 비가 내렸고, 강원도 동남부 지역의 피해는 상상을 초월할 정도로 극심했다.

호우로 인한 대규모 범람 때문에 300명 이상의 사망자와 실종자가 발생했고, 이 홍수로 북한 농경지의 약 11퍼센트 가량이 물에 잠긴 것은 물론 8만 가구 이상의 주택이 떠내려가 적어도 30만 명의 이재민이 생겼다. 1967년 대홍수 이후 몇 십 년 만에 겪는 극심한 수해였다.

북한의 수해 소식을 접하고 나니 이후에 일어날 북한의 어려움들이 파노라마처럼 머릿속에 펼쳐졌다. 수해가 일어나기 전부터 북한은 식량 부족과 기아로 허덕이고 있었다. 이렇게 피폐한 상태에서 수해까지 입었으니 국가가 주민들을 돌보기에 힘에 부치는 것이 당연했다. 게다가 약품과 의료품도 턱없이 부족할 테니 질병이 퍼지는 것은 시간 문제였다.

'그래, 이럴 때 우리가 빠르게 움직여야 한다.'

마침 샘은 두 달 전부터 북한에 이미 분배되어 있는 만 개의 '사랑의 왕진 가방'에 담긴 내용물들을 다시 보충하기 위해 만반의 준비를 해오고 있었다. 전 세계 기관에서 협조한 약품과 의료품, 기구 등 4십만 개가 넘는 물품들이 단동병원에 모였고, 네 번째 이루어지는 선사인 프로젝트를 진행하고 있었던 것이다. 한국에서 온 자원봉사자들이 며칠 동안 단동병원에 머물며 재보급 물품을 조립했고, 가방 하나마다 40개가 넘는 물품이 차곡차곡 들어갔다. 그 가방 하나만으로도 의료진들이 최고 300명의 환자들에게 1차 응급 의료 서비스를 충분히 제공할 수 있을 만큼 내용물이 튼실했다.

땀과 눈물로 이루어진 프로젝트

그 당시 나는 단동에 함께 있지 못해 아쉬움이 컸다. 하지만 단동에서 날아온 우군자 선생님의 편지를 받고 읽어 내려가면서 그때의 감동과 은혜의 순간들과 그날의 역사를 고스란히 느낄 수 있었다.

원장 선생님, 하나님께서 우리 모두가 해내게 하셨습니다. 지금 저는 조용한 방에 홀로 앉아 창밖을 내다봅니다. 자욱한 안개가 마치 신비한 구름처럼 아름답게 보입니다. 이렇게 고요한 오늘과 달리 어제는 네 번째 선사인 프로젝트를 수행하느라 정신이 없었습니다. 병원 구석구석이 소란과 흥분의 도가니였습니다.

오늘이 있기까지 하나님 앞에서 많은 눈물을 흘리셨을 원장님과 사모님을 떠올려 봅니다. 은혜의 현장에서 미미한 힘이나마 보태며, 그 역사적인 순간을 지켜볼 수 있었음은 오로지 하나님의 은혜입니다.

우리의 사랑을 만 개의 상자에 담아내는 작업, 아니 북녘 땅을 향한 하나님의 사랑을 조그마한 가방에 담는 작업은 우리 모두를 기쁘게 했습니다. 상자 제작을 위한 디자인, 주문, 약품 구입, 세관통관, 차량수배, 압록강 너머로 배송하는 일, 어느 것 하나 쉬운 일이 없었습니다. 만 개라는 엄청난 물량 때문에 어떤 사람은 넓고 큰 공간을 빌리자고 했지만, '사랑의 왕진가방'의 의미를 살리기 위해 단동병원에서 프로젝트를 감행하기로 결정했습니다.

단동병원으로 도착한 약품, 상자, 그리고 청진기와 혈압기 등 40만 개의 부품을 옮기는 병원 식구들의 이마와 온몸이 땀으로 범벅이 되었습니다. 사랑을 전하는 작업에 남녀, 지위 고하 따위는 없었습니다. 정말 모두가 하나 된 마음으로 함께 일했습니다. 좁은 복도에서 그들의 어깨와 상자들이 서로 부딪히고, 힘이 부친 자매들은 상자들을 질질 끌며 옮겼습니다. 그래도 얼굴에는 웃음꽃이 활짝 피고, 우리가 한 식구임을 확인하는 아름다운 순간들이었습니다.

땀을 흠뻑 흘린 후 잠시 가진 아이스크림 파티. 그때 먹은 아이스크림은 세상에 태어나서 처음 맛보는 맛이었습니다. 그보다 더 맛있고 달콤하고 부드러운 아이스크림이 또 있을까 싶었답니다.

이번 프로젝트는 중국 직원들에게 하나님의 사랑을 알리고, 그들과 하나 되는 아름다운 노동의 현장이 되기도 했습니다.

저녁이 되자 한국에서 41명의 봉사단이 도착했습니다. 아리따운 자매들, 정겨운 아주머니들, 듬직한 아저씨들, 그리고 호리호리한 목사님과 치과의사, 기자 분들…. 복도마다 즐비하게 쌓여 있는 물품들을 사랑의 상자에 담아 낼 고마운 손길들이었습니다.

잠깐의 오리엔테이션 후, 바로 작업장으로 가서 각자의 자리에 섰습니다. 1시간 동안 작업한 끝에 500여 개의 예쁜 상자가 만들어졌습니다. 그날 처음 만난 분들이라는데, 모두들 손발이 그렇게 잘 맞을 수가 없었습니다. 시간이 지나자 이제는 중국 직원들까지 뛰어들어 일을 도왔습니다. 여기저기서 "알코올! 밴드! 감기약!" 하고 소리를 지릅니다. 그리고 대답과 함께 젊은 청년들이 쉴 새 없이 상자들을 나릅니다. 어느새 날은 저물고, 점점 높아지는 상자들을 보면서 마음이 뿌듯해졌습니다. 천 개, 오천 개, 드디어 만 개를 카운트다운 하는 순간, 모두들 침을 꼴깍 삼키며 환호성을 지를 준비를 하고 있었습니다.

"구천구백구십팔 개, 구천구백구십구 개, 만 개!"

만 개라는 말이 떨어지자 여기저기서 휘파람과 함께 기쁨의 소리를 질러댑니다.

우리는 혹시라도 잘못 세지는 않았는지, 확인 또 확인을 거듭했습니다. 만 개 중 하나만 모자라도 받지 않겠다고 한 북한 관리의 말이 마음에 걸렸기 때문입니다. 재차 확인 끝에 정확히 만 개임을 확인하고 모두 홀가분한 마음으로 마무리 청소를 했습니다.

병원 복도와 앞마당에 산처럼 쌓인 만 개의 상자들이 떠오르는 아침 해를 뒤로 하고 그 어마어마한 풍채를 드러냈습니다.

모두들 "우아, 우리가 저렇게 많은 물품들을 지고 나른 거였구나" 하며 탄성을 질렀습니다.

기쁨도 잠시, 시간에 맞춰 '사랑의 왕진가방'을 보내야 함에도 만만디(천천히'라는 뜻의 중국어) 중국 대형 트럭은 약속 시간이 한참 지났는데도 나타나질 않았습니다. 이러지도 저러지도 못하는 상황에서 오후가 되었고, 멀리서 와주신 고마운 봉사자들에게 압록강 주변을 안내해 드려야겠다는 생각이 문득 들어 외출복으로 갈아입고 나갈 채비를 했습니다. 그런데 그제야 트럭이 도착했습니다. 다시 작업복으로 갈아입고 삼삼오오 모인 봉사자들에게 죄송한 마음뿐이었습니다.

설상가상으로 비까지 오락가락하는 통에 제 속이 점점 타들어갔습니다. 그러는 사이 드디어 맘모스 비닐커버에 덮여 있던 만 개의 상자가 트럭에 하나둘 실렸습니다. 집사님, 권사님들은 한쪽에서 잠시만이라도 비를 멎게 해달라고 간절히 기도하고 계셨습니다. 그 기도 소리가 우리의 마음을 든든하게 했습니다. 그리고 점점 어두워지는 병원 앞마당을 밝히기 위해 계단을 오르내리며 방마다 불을 켜는 자매들의 발자국 소리는 아름다운 음악소리처럼 들렸습니다.

총 네 대의 트럭에 실린 우리의 '사랑의 왕진가방'들이 기차역을 향해 출발합니다. 마지막 한 대는 시동이 제대로 걸리지 않아 트럭 주변으로 사람들이 붙어서 밀고 또 밀어 겨우 보냈습니다.

'사랑의 왕진가방'에 우리의 기도까지도 실어 나른다.

이렇게 땀과 빗물과 눈물로 범벅이 되어 '사랑의 왕진가방'을 트럭에 실어 보낸 우리는 트럭 꽁무니가 보이지 않을 때까지 계속 손을 흔들었습니다.

기차역의 창고에 안전하게 보관되어 있다가 이틀 후 평양 서포역에 도착하게 된다는 말에 우리는 안도의 한숨을 내쉬었습니다. 그리고 '사랑의 왕진가방'이 전해지는 곳마다 하나님의 사랑이 전해질 수 있기를 마음속으로 기도했습니다. 그 땅 전역에 작은 누룩으로 흩어져 그들의 눈물을 닦아 주고, 그들의 고통을 위로하며 그 상처를 싸맬 수 있기를 간절히 기도했습니다.

원장 선생님, 지난 며칠 동안 우리는 분명 하나님의 통솔하심과 역사하심 가운데 있었음을 느낍니다. 온몸에 전율이 감도는 그 느낌이 지금도 계속됩니다. 수십 명이 한마음이 되어 일할 수 있었던 것도, 자원하여 우리의 일을 도와준 중국 직원들의 가슴에 따뜻한 사랑을 채워 주신 것도 모두 하나님이 하신 일이었습니다. 하나님의 일을 우리의 손을 빌려 하신 것이었습니다.

우리에게는 뿌듯한 기쁨을 선물로 주신 하나님, 때마침 한 '조국인'을 단동병원에 입원하게 하셔서 이 감동의 현장을 목격하게 하신 하나님, 그리고 맛있는 회식을 위해 헌금까지 남기게 하신 하나님을 오늘도 찬양합니다. 그리고 하나님께 영광과 거두실 열매를 올려 드립니다.

편지를 다 읽고 났을 때는 이미 나의 눈가가 촉촉이 젖어 있었다. 마치 나

도 그곳에 있었던 것처럼 그때의 현장이 생생하게 느껴졌다. 그리고 재난이 일어나기 전부터 미리 샘을 통해 의약품들을 준비하게 하신 하나님의 놀라운 은혜와 능력에 다시 한 번 감복했다.

특히 중국 식구들까지 함께했다는 소식은 나의 마음을 흐뭇하게 만들었다. 만 개의 상자를 만드는 그 현장에는 남한도, 북한도, 중국도, 민주주의도, 공산주의도 없었다. 서로 손에 손을 잡고 감격의 눈물로 하나가 된 사람들의 모습만 있었다.

당장이라도 단동으로 날아가고 싶은 마음뿐이었다. 그곳에 하루 빨리 가서 그들의 손을 하나하나 잡고 나도 한마음이었음을 전하리라.

이렇게 밤낮으로 고생하면서도 그 일을 기쁨으로 감당해 내는 고마운 사람들이 있기에 내가 지치지 않고 계속 하나님의 일을 위해 뛸 수 있다는 생각이 든다. 그러고 보면 이 사람들을 통해 하나님의 사랑을 받는 나는 참으로 복된 사람이다.

비참한 수해 현장을 매스컴을 통해 보고 들을 때마다 우리의 왕진가방이 그곳에서 생명을 살리는 장면을 상상해 본다. 작고 예쁜 십자가가 선명하게 그려져 있는 '사랑의 왕진가방'이 북한에 들어가 생명을 살리는 일에 요긴하게 쓰일 것이다. 그리고 우리가 흘린 땀방울은 눈덩이처럼 불어나 천국에 기록될 것이다. 하늘에 쌓는 보화처럼 말이다.

"주여, 이 '사랑의 왕진가방'이 누룩처럼 번져 그곳에 놀라운 사랑의 물결이 일게 하옵소서!"

하나님의 일꾼이 되어

만 개의 '사랑의 왕진가방' 재보급을 위한 조립과 운송을 성공적으로 마친 후, 얼마 안 있어 샘은 이례적으로 북한을 방문해 북한 전역의 5,000개 진료소에 재보급 물품들이 제대로 전달되었는지를 직접 확인할 수 있었다. 이로써 지난 2004년 우리가 북한의 신의주에서 만 개의 '사랑의 왕진가방'을 조립하여 진료소들에 직접 전달한 이후 지금까지 여섯 번의 재보충을 통해 총 240만 개의 의료기구와 의약품들이 전달되고 분배되었다.

하나님께서 앞으로의 일을 대비하여 우리를 미리 대비케 하신 것은 참으로 놀라운 일이었다. 미국에서 물품을 준비하여 컨테이너로 북한까지 운송하는 것은 적어도 3~4주가 걸리는 일이었다. 그러나 주님의 정확하신 계획과 놀라우신 인도로 우리는 생명을 살리는 이 구호 물품들을 적시에 누구보다도 먼저 북한에 보낼 수 있었다. 뒤를 이어 수해로 인한 수인성 전염병, 피부질환, 그리고 영양부족 등을 위하여 긴급 항생제, 수액, 비타민과 특별 영양소 등을 보내는 운동도 착수했다.

우리는 하나님께서 우리를 그분의 일꾼으로 삼아 그분의 백성들의 생명과 영혼을 살리도록 하신 일에 겸허한 마음으로 순종하며 감사드렸다. 주님은 '사랑의 왕진가방' 재보급 프로젝트를 통해 북한 주민들에게 은혜를 베푸심으로써 그분의 사랑과 영광을 나타내셨고, 우리는 이를 통해 놀라우신 하나님의 역사를 경험했다. 생명과 죽음의 차이를 만드는 힘, 그 일에 쓰임을 받는 것이 감사할 따름이다.

"사람이 마음으로 자기의 길을 계획할지라도 그의 걸음을 인도하시는 이는 여호와시니라"(잠 16:9).

늘 우리의 걸음을 인도하시는 하나님. 하나님의 인도하심이 없다면 우리는 한 걸음도 앞으로 나아갈 수가 없다.

"주여, 주님의 손을 영원히 놓지 않게 하옵소서."

단동으로 가는 길

바울이 빌립보까지 갔던 그 길이 바로 '모든 길은 로마로'의 시작이 되었던 것처럼, 사랑과 복음을 실어 나르는 우리를 단동병원으로 안내하는 이 길 또한 '모든 길은 세계 선교로'의 시작이 되리라는 소망을 품어본다.

반가운 땅, 단동

오뉴월 엿가락처럼 길게도 느껴졌던 석 달이 지나고 나는 드디어 심양 공항에 도착했다. 어찌도 단동병원이 그립던지, 향수병까지 앓을 뻔했다. 내가 도착한다는 소식에 반가운 식구들이 공항에 나와 있었다.

큰 웃음을 듬뿍 담고 손을 흔드는 키 큰 안병호 선생님, "10원짜리 길거리 이발사면 어떻습니까?" 하며 말끔하게 머리를 단장한 박승철 선생님, 누구인지 알아볼 수 없을 정도로 훌쩍 커 버린 지은, 지혜, 명철이, 그들 곁에 다소곳하게 서 있는 아이들의 아빠 이근욱 선생님과 엄마까지 모두 나의 사랑하는 식구들이었다. 멀고 지루했던 비행기 여정도, 모기와의 전쟁 때문에 꼬박 밤을 지새웠던 어젯밤의 피곤함도 이들을 만나니 순식간에 사라졌다.

미국과 중국을 수없이 오고 가서 이젠 그 길을 구석구석 알 만도 한데, 이번에는 유달리 더 반갑고 정이 가서, 가는 길 내내 창밖에서 시선을 떼지 못했다. 산 구비구비마다 말 달리는 우리 고구려 선조들의 숨소리가 들리는 것 같아 지그시 눈을 감아 보았다. 깎아 내리듯 아찔한 암벽도, 마치 내 머리 한복판처럼 군데군데 밑바닥을 드러내 놓고 수줍어하며 멋쩍어 하는 봉황산의 바위도 나에게는 새로운 풍경처럼 반갑기만 했다.

불과 4-5년 전만 해도 6시간이 넘도록 험한 산길을 타고 절벽을 지나 오직 한 곳, 단동을 향하여 달리던 길이었다. 초창기 산 비탈길을 지날 때면 마치 큰 암벽에 매달려 있는 작은 장난감처럼 낭떠러지 길을 따라 미친 말 뛰듯이 차가 튕기며 나아갔던 기억이 난다. 겨울에는 스케이트장처럼 반질반질하게 얼어붙은 험한 길이 눈앞에 펼쳐졌다. 자동차가 힘없이 미끄러지는 바람에 절벽에 간신히 매달려 있는 차 안에서 조심스레 기어 나오던 아찔한 순간도 있었다. 그러나 이제는 매끈한 고속도로로 변한 길을 유유히 달리니 그런 걱정은 가뿐히 날려버려도 되었다. 정다운 우리 단동병원 식구들과 그동안 밀린 이야기를 나누는 사이 벌써 단동병원의 모습이 보였다.

병원에 도착하자 병원 식구들이 모두들 달려 나와 나를 반겨 주었다. 내가 사랑하고 아끼는 사람들, 그들을 하나하나 안아 보면서 이 귀하고 선한 일꾼들에게 풍성한 은혜와 복을 베풀어 달라고 기도했다.

모든 길은 세계 선교로

아시아로 가려던 사도 바울은 마케도니아 사람이 다가와 "와서 우리를 도우라"고 하는 환상을 보자 드로아에서 배를 타고 마케도니아로 갔다. 그는 에그냐시아 국도를 걸어가면서 죽도록 매 맞고, 감옥에 갇히면서도 선교를 멈추지 않았다. 그러면서 빌립보까지 갔던 그 길이 바로 '모든 길은 로마로'의 시작이 되었다고 한다. 이처럼 사랑과 복음을 실어 나르는 우리를 단동병원으로 안내하는 이 길 또한 '모든 길은 세계 선교로'의 시작이 되리라는 소망을 품어 본다.

단동병원에는 하나님께서 보내 주신 사역자들이 20-30명(때에 따라 달라진다) 있다. 하나님께서 많은 사람들 가운데 일일이 부르시고 보내신 종들이다. 젊은 사역자들도 있고, 한 가족이 모두 헌신한 경우도 있다. 혼자 헌신하게 된 사람들은 가족을 떠나와 있으니 그리움에 젖어들 때가 많지만 그러한 감정도 하나님의 말씀에 순종하고자 하는 뜨거운 열정을 식히지는 못한다. 이들은 보이지 않는 중국의 감시와 강 건너 맞은편으로부터 받는 위협 가운데서 영적 전쟁을 하고 있는 사람들이다.

이렇게 중요하고 소중한 사람들이기에 나는 매일 아침 이들을 위해 무릎 꿇고 기도하지 않을 수가 없다. 부족한 나의 기도가 부디 하늘에 상달될 수 있기를 바랄 뿐이다.

"주여, 이들에게 감당할 수 있는 영육간의 강건함을 허락해 주옵소서.
그들을 위해 기도하고 돕는 자들에게 풍성한 은혜가 넘치게 하옵소서.
그들이 속해 있는 교회와 가정들에게 복의 통로가 되게 하옵소서.
그들의 가족과 자녀들을 책임져 주시옵소서."

포장된 '사랑의 왕진가방'은 트럭에 실려 북한으로 보내진다. 자원봉사자들이 만 개의 가방을 트럭에 싣고 있다.

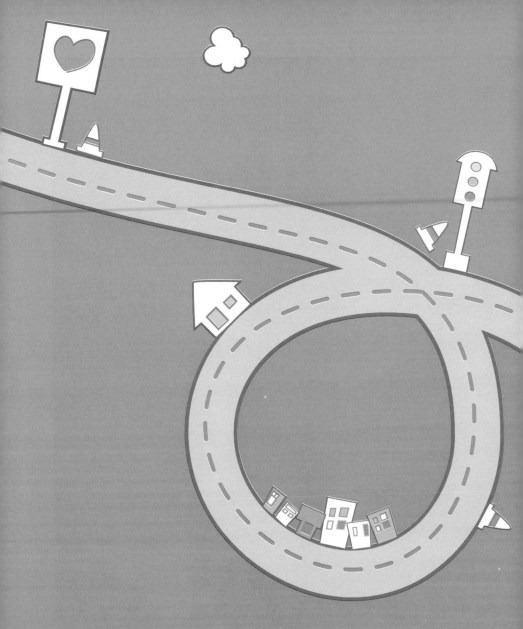

"저주 받은 씨를, 그것도 둘씩이나 낳고, 낳자마자 하나는 죽어 버렸지만, 다른 하나는 죽일 수도 없고 저도 죽지 못해 이렇게 살아 있습네다. …그래도 이 어린 것이 사람이라고 먹여 주고, 입혀 주고, 돌보아 주니 점점 자라고 있습네다. 원장님, 우리를 살려 주시라요. 원장님이 쥐어 주신 성경이 아직은 무슨 말씀인지 잘 모르겠지만, 살길이 여기에 있다는 원장님의 말씀을 명심하고 열심히 학습하겠습네다."

그 후에 결국 하나 남은 아이도 죽고, 그 여인은 우리 사역자로부터 제자양육을 받고 마태복음을 처음부터 끝까지 완전히 외웠다. 그리고 고향으로 들어가 지금은 지하교회를 운영하며 두세 명이 모이기만 하면 두 손 들고 기도한다.

3부

가슴을 울리는 기적의 은혜

눈물의 은혜와 기적을 가득 싣고 오늘도 '사랑의 왕진버스'는 달립니다.

트리플 원
캠페인

나는 북한 여인의 편지를 읽고 또 읽으면서 지금이야말로 우리가 이들의 생명 살리기를 위해 기도할 때라는 것을 분명히 알게 되었다. 하나님께서 나를 평생 산부인과 교수로 살게 하신 것이 바로 오늘과 같은 날을 위한 준비 과정이었다는 확신이 들었다.

한 여인의 눈물의 편지

한번은 북한에서 건너와 어렵게 살고 있는 한 여인의 집을 찾아간 적이 있었다. 그녀가 7개월된 미숙아 쌍둥이를 낳았는데, 한 아이는 죽고, 한 아이는 살았다는 것이다. 그러나 살아남은 아이도 심한 기형을 안고 태어났다. 먹을 것도 없고 젖도 제대로 나오지 않은 상태에서 산모와 아이 모두 건강 상태가 매우 안 좋았다. 주위 사람들이 딱한 이 여인의 처지를 보다 못해 나에게 도움을 청한 것이다.

그러나 그녀를 찾아가 아이를 살펴보았을 때에는 내가 할 수 있는 일은 당장 먹을 것과 아이에게 필요한 물품 몇 가지를 지급해 주는 것뿐이었다.

"어쩌다가 이런 상태가 되도록 그냥 있었습니까?"

나는 답답한 마음에 한마디 했다. 하지만 그런 말이 무슨 소용이겠는가.

나중에 이웃들로부터 그 여인에 대한 이야기를 듣고 나는 입을 다물지 못했다. 그 여인은 중국 땅으로 넘어와 일주일을 연달아 굶고 힘이 빠져 나무 아래에 쓰러져 있었다고 한다. 정신마저 오락가락한 상태였는데, 그때 누군가가 그 여인의 귓가에 대고 "밥을 먹여 주겠다"는 말을 속삭였다. 여인은 '밥'이라는 말에 눈이 번쩍 뜨여 무작정 그 남자를 따라갔다. 눈앞에 차려진 밥상에 눈이 휘둥그레진 여인은 정신없이 밥을 먹고는 나른해진 몸으로 쓰러져 잠이 들고 말았다. 그런데 한참 자다가 보니 느낌이 이상했다. 묵중한 무엇이 자기를 누르는 압박감에 숨이 막혀 눈을 뜨자 자신을 구해 주고 밥까지 준 그 남자가 성 유린을 하고 있었던 것이다. 그러나 그녀는 필사적으로 그 남자를 말릴 힘이 없었다. 그냥 눈을 질끈 감고 치욕적인 그 순간을 견뎌야 했다. 그때부터 그 여인은 그 남자에게 붙어 지내면서 얻어먹고 지금까지 살았던 것이다.

　그 사이 이 여인은 임신을 하게 되었고, 극심한 영양실조에 시달리다가 산달을 끝까지 채우지 못하고 쌍둥이를 낳았다. 한 아이는 죽어서 나왔고, 한 아이는 척추에 구멍이 뚫린 채 뇌와 척추액이 새고, 하반신이 마비가 되어 앉지도 못하는 기형아로 태어났다.

　이렇게 기가 막힌 이야기가 세상 어느 천지에 또 있을까. 나도 모르게 분노와 슬픔과 안타까움이 뒤섞여 어떤 말도 할 수가 없었다. 그리고 고작 구호 물품 몇 가지로 그녀를 도울 수밖에 없는 나의 한계가 원망스럽기까지 했다.

　얼마 후에 이 여인이 나에게 편지 한 통을 보내왔다.

하늘과 같은 원장님께

세상에 태어나지도 말았어야 할 인간이 태어나서 죽지 못해 살아
온 날들이 원망스럽습네다. 저주 받은 씨를, 그것도 둘씩이나 낳
고, 낳자마자 하나는 죽어 버렸지만, 다른 하나는 죽일 수도 없고
저도 죽지 못해 이렇게 살아 있습네다. 앉지도 서지도 못하고 똥
오줌을 질질 싸대며 뒹구는 새끼, 차라리 같이 죽었으면 좋겠습
네다. 그래도 이 어린 것이 사람이라고 먹여 주고, 입혀 주고, 돌
보아 주니 점점 자라나고 있습네다.

원장님, 우리를 살려 주시라요. 원장님이 쥐어 주신 성경이 아직
은 무슨 말씀인지 잘 모르겠지만, 살길이 여기에 있다는 원장님
의 말씀을 명심하고 열심히 학습하겠습네다. 아무리 죽고 싶은
마음이 들어도 살아야겠지요? 원장님, 살려 주시라요. 살 수 있는
길을 지도해 주시라요.

그 후에 결국 하나 남은 아이도 죽고, 그 여인은 우리 사역자로부터 제자
양육을 받고 마태복음을 처음부터 끝까지 완전히 외웠다. 그리고 고향으로
들어가 지금은 지하교회를 운영하며 두세 명이 모이기만 하면 두 손 들고
기도한다. 그러다가 모르고 답답하면 다시 강을 건너와 제자양육을 받고
건너간다.

이런 사람들이 어디서든 깊은 절망 가운데서 빠져나오는 길은 복음으로
올바른 소망을 가지는 것이다. 이들이 복음으로 무장하고 진정한 삶의 의
미를 찾을 수 있기를 기도한다. 예수님이 오실 때에 그 안에서 복음으로 나

팔을 부는 나팔수가 될 것이기 때문이다.

제약공장 설립을 결심하다

지금 현대 사회에서는 임신 가능성이 있는 여성이 임신 전부터 혹은 임신 초기부터라도 400−800마이크로그램의 엽산을 복용할 경우 가장 심각하고 흔한 뇌와 척추에 관련된 기형을 예방할 수 있다. 극심한 산모의 영양실조와 열악한 주위 환경은 임신한 여성은 물론 태어날 아기에게도 가장 위험한 요소가 된다.

나는 북한 여인의 편지를 읽고 또 읽으면서 지금이야말로 우리가 이들의 생명 살리기를 위해 기도할 때라는 것을 분명히 알게 되었다. 하나님께서 나를 평생 산부인과 교수로 살게 하신 것이 바로 오늘과 같은 날을 위한 준비 과정이었다는 확신이 들었다. 이렇게 해서 임산부들과 어린아이들을 위해 비타민과 특별 영양소 보내는 운동을 시작하게 되었다.

하루에 1달러이면 한 임산부와 어린아이에게 공급할 수 있는 비타민과 영양소를 보낼 수 있다. 이런 의미를 담아 트리플 원 캠페인을 벌이기 시작했다.

미국에서 임산부들을 위한 비타민과 특별 영양소를 구입하여 한 컨테이너에 약 50만 병을 두 번 연달아 북한으로 들여보냈다. 그리고 강변을 통해 기회가 되는 대로 보급했다. 모자란 재정은 내가 쓴 책인 《사랑의 왕진 가방》의 판매수익금으로 채워졌다.

하지만 보다 효과적인 캠페인 사역을 위해서는 북한 지역 내에 제약공장을 세우는 것이 필수적이었다. 나는 굳은 결심으로 이 일을 밀어붙이기로 했고, 북한 정부를 설득하고 적극적으로 대응한 결과 마침내 제약공장을 지을 수 있게 되었다.

'아, 꿈에 그리던 제약공장이 세워지다니···. 하나님, 감사합니다!'

제약공장은 평양과 단동, 두 곳에 짓기로 했다. 북한 내부의 변화에 따라 공장 운영이 어렵게 될 경우, 중국 공장을 통해 트리플 원 캠페인 사역을 계속하기 위한 조치였다.

제약공장이 지어지기만 하면 영양실조와 각종 질병에 시달리는 임산부들과 어린아이들을 더 많이 살릴 수 있을 것이다.

한 여인의 고통스런 삶에서 시작된 트리플 원 캠페인이 이 세상 끝 날까지 지속되어 더 이상 고통 받는 임산부와 아이들이 없기를 간절히 바란다.

하늘을 날아다니는 사람

"여보, 우리는 날개만 없지, 하늘을 날아다니는 사람이요. 하하하." 처음에는 나의 말에 어리둥절해하던 아내도 K목사님의 메일을 읽고 나와 똑같이 "할렐루야!"를 외쳤다. 우리 부부의 마음은 이미 높은 하늘을 날 듯 가벼워졌다.

반가운 이메일 한 통

어느 날 이른 새벽 나는 밤새 뒤척이다가 일찍 눈을 떴다. 이미 아내는 일어나서 기도 방에서 기도를 올리고 있었다. 나는 그냥 침대에 누운 채로 머릿속으로 이런저런 계산을 하기 시작했다.

'평양과 단동에 짓는 제약공장에 들어가는 돈을 어떻게 마련한다⋯.'

어렵게 결정하고 시작한 평양제약공장과 단동제약공장 건설. 생각보다 진행이 빨라 일이 척척 풀려나가니 기쁘기는 했지만, 한편으로는 그 일을 매끄럽게 진행하기 위해서는 필요한 자금이 때맞추어 마련되어야 했다. 나는 이런저런 방법들을 찾아보고 머리를 굴리다가 계산이 시원스레 풀리지 않자 답답한 마음에 이불을 박차고 일어났다.

'이러고 누워 있지 말고, 하나님께 다시 매달려 보자.'

나는 성경책을 펼치고 말씀으로 마음을 다잡은 후 기도를 올렸다.

"주님, 이 부족한 종이 또다시 큰일을 벌였습니다. 두 곳에 제약공장을 세우는 일인데, 재정적인 부분에서 많은 압박을 받고 있습니다. 주님께서 어떠한 방법으로든 해결해 주실 줄 믿습니다. 주님에 대한 믿음이 흔들리지 않고, 담대함으로 이 위기를 극복할 수 있도록 도와주시옵소서."

한 시간이 넘게 기도에 매달린 나는 일어나 책상에 앉아 늘 하던 대로 이메일을 열어보는 것으로 하루를 시작했다.

그런데 편지함에 잔뜩 담긴 여러 메일 가운데 유독 눈에 들어오는 메일이한 통 있었다. 예전부터 알고 지낸 로스앤젤레스의 N교회 K목사님으로부터 온 것이었다. 나는 반가운 마음에 얼른 메일을 열어보았다. 그런데 이게 웬일인가. 바로 N교회가 우리에게 10만 달러를 헌금하겠다는 놀라운 소식이었다.

그날 아침 나는 온 집이 떠나가도록 크게 "할렐루야!"를 외쳤다. 하나님을 믿는 일은 정말로 신기하고 신비로운 일이다. 나의 마음 구석구석을 들여다보시고, 미리 준비해 주시는 하나님의 섭리에 놀라다 못해 엄숙해지기까지 했다. 그리고 당장 벅찬 감격을 담은 답장 메일을 보냈다. 나의 마음을 이해하시고 가장 선한 길로 인도해 주시는 하나님의 은혜에 대한 감사와 감격을 고스란히 담아서….

힘이 되는 동역자

사실 K목사님과의 인연은 꽤 오래되었다. 내가 가장 존경하는 목회자이면서 인간적으로 아끼는 신앙의 후배이기도 했다. 우리의 인연은 북가주의 데이비스에서부터 시작되었다. 내가 UC 데이비스 의과대학에 교수로 있을 때 K목사님은 신학을 마치고 그곳에서 학생 목회를 하고 계셨다. 그때는 직접 만난 적이 없었지만, 전화 통화로 몇 번 소식을 주고받았었다. 그후 K목사님이 나의 선교사역에 대한 이야기를 듣고 자신의 교회로 초청했지만, 빡빡한 일정 때문에 아쉽게도 가지 못했던 기억이 난다.

언젠가 내가 필라델피아로 집회를 갔을 때, 마침 수요예배에 이 부족한 사람을 초청해 주어서 그 당시 필라델피아 연합교회를 담임하고 있었던 K목사님과 다시 만나는 기회가 주어졌다. 그때 목사님과 사모님에게서 얼마나 든든한 격려와 위로를 받았는지 모른다.

그런데 얼마 지나지 않아 K목사님이 로스앤젤레스 지역의 N교회로 부임해 오셨다. 그때부터 우리는 급속도로 가까워졌다. 우리 아이들 결혼식을 놓고 기도하던 중 조용하게 가족끼리만 모여 결혼예배를 드리기로 의견이 모아졌을 때에도 기꺼이 오셔서 아이들의 결혼 주례를 서 주셨다. 본 교회 교인도 아닌데 흔쾌히 허락해 주신 것을 지금도 고맙게 여기고 있다.

그 후 만날 때마다 격려해 주시고 늘 기도해 주심을 알고 나도 주저함 없이 목사님과 기도 제목들을 나누었다. 2005년도에는 우리 단동병원 사역자 수련회에도 오셔서 2박 3일 동안 은혜의 말씀을 주셨다. 사역자들은 그때의 감동을 아직도 잊지 못하고 있다.

이렇게 마음이 맞고 존경스러운 목회자가 있다는 것은 기쁜 일이다. 선교사와 목회자의 관계를 떠나 신앙의 동반자로 격의 없이 편하게 지내고, 서로 믿고 의지하는 관계로 발전하게 된다면 그보다 멋진 친구가 또 어디 있을까. 그래서 나는 늘 K목사님의 소식을 들을 때마다 내 일처럼 함께 기도하게 된다.

나는 비록 목회자는 아니지만, 1만 명이나 되는 회원들을 이끌고 있는 영적 리더의 자리에서 늘 부족한 나의 모습과 마주하게 된다. 언제나 그 역할을 잘 감당해내고자 최선을 다하며 하나님께 매달리지만, 그 많은 사람들을 뒤로 하고 홀로 서게 될 때에는 얼마나 외롭고 허전한 마음이 드는지 모른다. 그래서 K목사님을 보면 동질감 같은 것이 생긴다.

서로 위로하고 기도로 힘이 될 수 있는 진실하고 순수한 동역자가 있다는 것은 참으로 감사한 일이다. 그래서 나는 그분께도 나 자신이 그런 존재가 될 수 있도록 늘 기도하고 있다. 혼자가 아니라 우리가 함께 예수님의 일을 해나가고 있다는 확신을 가지면서 말이다.

자유함의 기쁨

또 한 가지, 이제 나는 K목사님의 메일로 인해 무거운 족쇄에서 해방되었다. 예전에 K목사님의 교회에 헌금 부탁을 해놓고 그것이 목에 걸린 생선 가시처럼 여겨져 그동안 죽 마음이 불편했던 참이었다. 앞으로는 부담 없이 목사님을 대할 수 있다는 자유함에 하늘을 날아갈 것만 같았다. 사랑하는 사람과 이해관계 없이 순수한 마음으로 하나가 될 수 있는 것이 이렇게 기쁜 것인지 미처 몰랐다.

나는 마침 내 방으로 차를 들고 온 아내의 손을 덥석 잡고는 이렇게 외쳤다.

"여보, 우리는 날개만 없지, 하늘을 날아다니는 사람이요. 하하하."

처음에는 나의 말에 어리둥절해하던 아내도 K목사님의 메일을 읽고 나와 똑같이 "할렐루야!"를 외쳤다. 우리 부부의 마음은 이미 높은 하늘을 날 듯 가벼워졌다.

하나님의 종이 되는 삶은 죄로부터 해방되고 영생을 얻는 삶이다. 나 중심으로 살아가는 자유를 버리고 하나님께서 주시는 영원한 자유를 누리는 삶인 것이다. 내가 사랑하는 사람들에게 이 자유를 알게 하고 싶다. 그리고 진솔한 마음으로 예수님을 닮아 가는 사람이 되고 싶다.

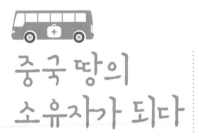

중국 땅의 소유자가 되다

시간과 재정적인 손실은 말할 것도 없고, 공평하지 못한 그들의 처사에도 참는 것 외에 다른 방법이 없었다. 그때는 속이 타고 원망과 분노가 치밀어 올랐지만, 지금 생각해 보니 모든 것이 우리의 마음을 더 단단하게 만드는 소중한 경험이었다.

하나님께서 열어 주신 길

단동에 '영천제약공장'을 설립하기 위한 계획과 물밑 작업들이 분주하게 이루어졌다. 우선 단동시 개발구에 있는 자그마한 대지를 구입했다. 원래 중국의 모든 대지는 국가 소유라 개인, 특히 외국인의 소유는 불가능했다. 근래에 중국의 형편이 좋아지면서 일부 법이 변경되고 개인 소유를 허락하는 경우도 있긴 했지만, 이런 새로운 개념이 시골 변방지역인 단동에까지 시행되려면 최소 몇 년이 걸릴지 모를 일이었다.

하지만 하나님께서 우리에게 필요한 사람들을 보내 주시고 길을 열어 주셔서 그 땅을 구입할 수 있게 되었다. 요녕성에서는 한 번도 외국인들에게 소유권(중국에서는 50년 사용권이 소유권이다)을 허락한 전례가 없어서 일의 진척이 매우 더뎠다. 중국 관리들은 우왕좌왕하면서 뜸을 들이는 듯했지만 결국

138

모든 절차를 무사히 마칠 수 있었다.

영천제약공장 기공식

2007년 마지막 단기의료선교 호주 팀 23명이 모든 봉사를 끝내고 떠났다. 연이어 영성수련회가 3일간 열렸다. 단기봉사팀들을 맞이하고 영성수련회까지 치르느라 참으로 바쁜 시간을 보낸 우리 사역자들은 쉴 틈도 없이 영천제약공장 기공식을 준비하기 위해 밤을 꼬박 새웠다.

절차가 왜 그리 복잡한지 신경 쓸 일이 한두 가지가 아니었다. 중국 사람들의 습관과 형식도 맞추어야 해서 더 까다로웠다. 참석하는 중국 관리들은 시장, 당서기, 보건국장들이었다. 비록 준비 과정이 이중삼중으로 괴롭고 힘든 일이었지만, 그래도 서로 손발이 척척 맞아 일사분란하게 움직이는 우리 사역자들과 중국 측 동역자들이 고마울 뿐이었다.

드디어 18일 새벽, 6시부터 예배가 시작되었다. 그런데 갑자기 날이 깜깜해지면서 하늘이 두 쪽이라도 날듯이 엄청난 천둥소리가 들려왔다. 하늘은 먹칠을 한 듯 점점 더 까맣게 변했고, 곧이어 장대비가 쏟아지기 시작했다. 심상치 않은 날씨를 보니 '아, 오늘 기공식은 틀렸구나' 하는 생각이 들었다. 천둥소리가 커질수록 우리의 기도소리도 커졌다. 마음속으로 은근히 오기가 생겼다.

'우리는 반드시 승리해야 한다. 여기서 밀리면 끝장이다.'

새벽 예배가 끝날 무렵 천둥소리는 멎었지만, 장대비는 계속 쏟아져 눈앞이 보이지 않았다. 현장에 나가 있는 사람들에게 연락하여, 아무리 비가 쏟아져도 아무 일도 없는 것처럼 기공식 준비를 하라고 신신당부했다.

다행히도 비는 그리 오래 가지 않았다. 빗줄기가 가늘어지고 점점 날이 밝아지는 기운이 보이자 나는 안도의 한숨을 내쉬었다. 현장으로 달려간 나는 아무 일도 없었던 것처럼 멈춘 비가 고마웠다. 날씨는 차갑고, 마당은 온통 진흙범벅이 되었다. 기공식에 참석하는 사람들이 하나둘 모여들었다. 모두들 엉거주춤한 자세로 바지 끝을 들어 올리며 걸었다. 그래도 천둥 번개와 장대비가 멎었으니 형편은 좋아진 셈이었다.

중국 고위 관리들이 모두 자리를 잡고 앉자 드디어 군악대의 연주가 시작되고 대포 24발이 하늘을 가르듯 울려 퍼졌다. 불과 한 시간 전까지만 해도 깜깜했던 하늘에 밝은 햇살이 비쳤다. 이렇게 해서 이날 기공식은 무사히 잘 끝났다.

영천제약공장을 짓겠다고 결심한 그 순간부터 기공식을 치르기까지 참으로 많은 사건들이 있었고 결코 순탄치 않은 길이었다. 도저히 이해할 수 없는 중국 관리들의 주장과 요구, 제약공장을 지으려면 그들의 요구를 들어줄 수밖에 없는 우리의 현실, 넘어도 끝이 없는 관문들…. 이 모든 것을 겪으면서 마침내 여기까지 온 것이다.

20여 개의 필요한 허가를 모두 받느라 엄청난 시간을 소요했고, 또 마지막 한 개의 면허는 북경에서 최종 허가를 받아야 하는데, 그것도 공장이 완성된 후 실제로 나오는 현품 검사를 한 후에만 가능한 것이었다. 그러나 제품을 만들고 나면 그때는 또 다른 이유로 꼬투리를 잡아 계속 지연시키는 것이 그들의 수법임을 우리가 모를 리 없었다.

중국에는 어느 나라보다도 엄격한 법이 있다. 그래도 내부 사람들은 그 법을 묘하게 피해가는 길이 있지만, 우리 같은 외국 사람들에게는 원칙대로 가는 길 이외에는 다른 방법이 없기 때문에 정면 돌파하면서 일을 성사시키느라 참으로 힘든 과정을 거쳤다. 시간과 재정적인 손실은 말할 것도 없고, 공평하지 못한 그들의 처사에도 참는 것 외에 다른 방법이 없었다. 그때는 속이 타고 원망과 분노가 치밀어 올랐지만, 지금 생각해 보니 모든 것이 우리의 마음을 더 단단하게 만드는 소중한 경험이었다.

평양제약공장 설립과 영천제약공장 설립을 동시에 추진하면서 "산 넘어 산"이라는 표현대로 끝이 보이지 않는 과정을 겪느라 지쳐 버렸다. 특히 단동의 영천제약공장은 설계와 모든 과정을 다 통과했지만, 결국 마지막에 북경의 어처구니없는 큰 요구 때문에 모든 것을 전부 다 마치고도 허가를 받지 못하면 어떻게 하나 하는 걱정에 봉착하게 되었다.

때마침 세계 소아과 학회에서 극심한 기아로 죽어 가는 아프리카 지역의 어린아이들을 살리기 위한 특별 영양치료제 RUTF를 만들어 놀라운 성과를 얻고 있다는 보고가 발표되면서, 우리는 제약공장 대신 식품공장으로 변경하는 전략을 세워 영천식품공장을 설립할 수 있게 되었다.

이렇게 해서 임산부와 어린아이를 위한 비타민과 특별 영양소, 그리고 항생제까지 제조하는 평양제약공장과 평양영양치료제공장, 영천식품공장 설립을 동시에 추진하게 되었다. 그리고 영천제약공장은 적당한 때가 올 때까지 임시 중단하게 되었다.

이번 일은 중국이 개인 사유지 소유를 인정한 직후, 비록 작은 건물과 대지이지만 외국 사람이 소유자가 되고 외국 독자 법인으로 제약공장을 짓는 첫 사례가 되었다. 그것도 북경이나 상해 같은 국제적인 도시가 아니라 신의주를 마주보고 있는 압록강 건너편 중국의 변방 도시 단동에서 말이다.

이것은 제약공장을 지어 임산부들과 어린아이들에게 필요한 물품을 무한정으로 공급하여 그들의 성장을 돕고 기형아를 예방하는 선한 일을 위한 열정이 이루어낸 값진 열매였다. 또한 '하면 된다'는 강한 믿음과 기도로 하나 된 동역자들과 아낌없이 후원해 준 우리 회원들이 있었기 때문에 가능했다. 불쌍한 동족을 돕고 그들의 생명을 살리는 일을 하나님께서 어여쁘게 보시고 이루어 주신 것이다.

선을 행하면서 고난을 받고 참으면 하나님께서 반드시 아름다운 열매로 보답해 주신다. 부족한 나를 들어 쓰시면서 이런 엄청난 일들을 이루어내시는 것을 보면 하나님의 능력이 무한대임을 다시 한 번 깨닫게 된다.

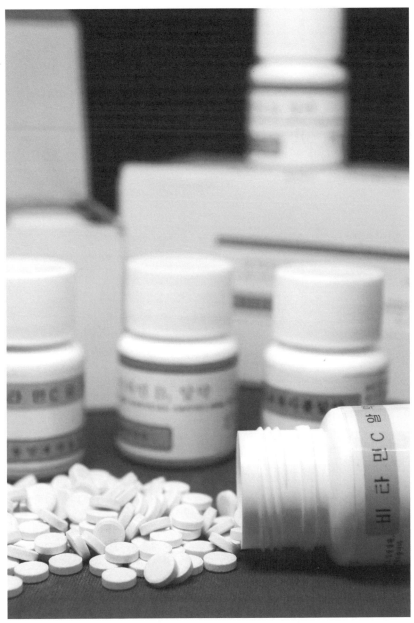
비타민과 특별 영양소는 임신 여성과 아이를 살리는 생명의 약이다.

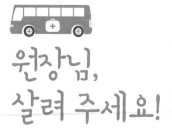

원장님,
살려 주세요!

우리는 세계 정세, 체제 문제, 핵 문제 등 여러 이유들을 들어 북한을 돕지 못하는 우리 자신을 정당화시키려고 한다. 그러나 이런 것들은 하나님께서 치리하실 것이다. 하나님의 몫까지 이유를 들어 우리 입장을 정당화하는 것은 교만이다.

사면초가에 놓인 북한 여인

병원에서 오랫동안 같이 근무하던 J선생님(목사님)이 오랜만에 나를 찾아왔다.

"정말 반갑습니다. 그동안 어떻게 지냈어요?"

나는 그의 손을 꼭 잡고 반가운 마음을 표했다.

"잘 지내고 있습니다. 원장님께서도 건강하시고 별고 없으셨지요?"

우리는 지난날의 추억을 되새기며 한동안 즐거운 이야기를 나누었다.

차 한 잔을 다 비운 J선생님은 무슨 이야기를 하려고 하는 것 같은데, 말은 꺼내지 않고 뜸을 들이고 있었다.

"J선생님, 무슨 하고 싶은 말이라도?"

"그게…."

"내 도움이 필요한 일이라면 기꺼이 도울 테니, 어려워 말고 말씀해 보세요."

J선생님은 고심 끝에 조심스레 이야기를 꺼냈다.

"지금 제가 북한에서 온 19살 여인을 돌보고 있어요. 그런데 그녀의 시댁 식구들이 빚을 갚지 않으면 죽이겠다고 협박하며 그녀를 이 잡듯이 찾고 있습니다. 지금 어느 조선족 가정에 숨어 있는데, 언제라도 발각이 된다면, 그녀를 도와준 사람들까지 위험에 처하게 될 상황이에요. 원장님, 어떻게 해야 할까요?"

J선생님의 이야기를 들은 나는 긴 한숨을 내쉬었다. J선생님은 계속 말을 이어갔다.

"이곳에는 지금 3백여 명의 북조선 동포들이 중국 사람들에게 팔려 와 노예와 같은 생활을 하고 있습니다. 그리고 최소 네다섯 번씩 이곳저곳에 노예로 팔리면서 점점 몸값이 불어나 모두가 기본적으로 1만–1만 2천 위안(약 1700달러)의 몸값이 붙어 있는 형편입니다."

J선생님이 돌보고 있다는 그 여인도 1만 2천 위안의 빚을 지고 있었고, 그녀의 남편은 돈벌이를 한다며 2년째 외지로 나가 소식조차 없었다. 한편 시댁의 혹독한 학대를 견디지 못하고 집을 나온 그녀는 식당에서 허드렛일을 하며 근근이 살고 있었다. 그러는 동안 한국에서 방문한 한 남성을 만나게 되었는데, 그의 끈질긴 유혹을 뿌리치지 못하고 결국 아기까지 갖게 되는 상황에 이른 것이다. 후에 알고 보니 이 남자는 북조선에서 온 사람들을 미끼로 돈벌이를 하는 사람이었고, 중국 공안에서도 눈에 불을 켜고 찾고 있었다. 이 사실을 알게 된 시댁 가족들은 1만 2천 위안을 갚으라고 협박

하며 그녀를 쫓고 있었다. 그녀가 숨어 있는 조선족 가정이 들키게 되면 모두 죽임을 당하게 될지도 모를 일이었다.

어떻게든 돈을 구해서 그녀의 몸값을 지불한다 하더라도 북에서 건너온 그녀를 숨겨 주고 돌봐준 다른 사람들의 목숨은 여전히 위험하니 정말 사면초가의 상황이었다.

"모두들 너무 무섭고 떨려서 숨조차 제대로 쉬지 못하고 있어요. 하루하루 살아가는 것이 죽기보다 무섭습니다. 원장님, 어쩌면 좋죠? 무슨 방법이 없을까요?"

북한 여인은 지금까지 받아 온 온갖 학대도 지긋지긋하지만, 뱃속의 아기 때문에 죽지 못해 사는 것이라 했다. 할 수 있는 일이라곤 이 세상이 뒤집어지기만을 목 놓아 기다리는 것뿐이었다.

"원장님, 도와주세요!"

나는 J선생님과 한참 동안 무거운 마음으로 의논을 했다. 이런 가냘픈 여인들을 대상으로 돈벌이를 하고, 더 나아가 이 사람들에게 개인적인 피해를 입히고도 무책임한 행동을 하는 것은 도저히 용납될 수 없는 일이었다. 발각되면 죽임을 당하거나, 강제북송 되는 것을 두려워하며 숨어서 살아가는 연약한 사람들을 죽이는 것은 분명한 범죄였다.

우리는 고민 끝에 외부에서 돕는 것은 위험에 노출될 가능성이 높아 자제하기로 하고, 우선 그곳에서 진료실을 운영하고 있는 J선생님이 사정을 잘 파악하고 비밀리에 개인 접촉을 하여 도울 수 있는 기회를 찾아보기로 했다. 그리고 우리는 그에게 필요한 모든 의료품과 생필품, 그리고 재정을 돕기로 했다.

인간 사파리의 슬픈 현실

얼마 전에 인터넷에서 '인간 사파리(Human Safari)'라는 제목의 가슴 아픈 기사를 읽은 적이 있다. 우리가 있는 단동 근처의 국경지대에는 여러 작은 섬들이 있는데, 어떤 섬은 어른이 한 걸음 크게 뛰면 국경을 넘을 수 있는 곳도 있다. 우리 병원을 방문했던 권사님 한 분도 이곳을 방문하고 그 맞은편 고향 땅을 보자마자 자신의 감정을 억누르지 못한 채 "죽어도 저 땅에 가서 죽겠다"며 강을 건너려는 것을 주위 사람들이 간신히 말린 적이 있었다. 수많은 한국 사람들이 이곳을 다녀가면서 고향에 대한 그리움을 표하자, 중국에서는 이를 경계하여 철조망까지 치고 접근하는 것을 금하고 있다.

그러나 중국 사람들에게는 배를 타고 이곳을 지나며 맞은편의 북한 땅을 바라보는 것이 요즘 가장 인기 있는 압록강 관광 가운데 하나가 되었다. 배를 타고 지나가면서 먹을거리를 던져 주면 그 맞은편의 북한 주민들이 허겁지겁 주워 가는 모습을 보고 즐긴다는 것이다. 마치 아프리카의 동물농장에 가서 먹이를 던져 주며 이를 즐기는 관광과 같다 하여 이를 '인간 사파리'라고 불렀다. 나는 이 기사를 읽으면서 가슴이 메어지는 고통을 느꼈다.

불과 15-20년 전만 해도 중국 사람들이 북한의 도움을 받는 형편이었는데, 이제는 반대로 우리 동족이 이런 수치스러운 일을 당해야 한다는 사실에 괴롭기 그지없었다.

'같은 동족인 북한 주민들이 이런 수모를 당하며 살아가다니…. 얼마나 굶주렸으면 사람들이 던져 주는 음식을 주워 먹을까….'

그날 새벽 나는 가여운 북한 주민들의 형편을 놓고 눈물로 기도드렸다.

"하나님 아버지, 아직도 가난과 굶주림에 허덕이는 북한 주민들이 참으로 많습니다. 그러나 그들을 미처 다 도울 수 없는 저의 미약한 힘 때문에 속상하고 안타까울 뿐입니다. 이제는 중국 사람들의 관광 상품으로 전락해 버린 북한 주민들이 하루 빨리 인간다운 삶을 살 수 있도록 길을 열어 주시옵소서."

기도하면서 중국 사람들을 원망하기보다는 북한 주민들이 그렇게 된 데에는 나의 죄와 책임이 크다는 생각이 들었다. 우리 모두는 우리 자신은 당연히 잘 살아야 하고, 가난하고 어렵게 사는 북한 사람들은 그렇게 살 수밖에 없는 이유가 있다고 단정해 버린다. 그리고 내가 북한에 태어나지 않고 그런 고통을 겪지 않아도 된다는 사실을 다행이라고 생각하고 큰 복이라고 감사해한다.

그러나 언젠가 북한 주민들이 하나님의 일꾼이 되어 미래의 세계선교를 감당할 수 있도록 훈련받고 선택된 사람들로 변모한다면 그들이 오히려 복 받은 사람들이고, 그들을 돕는 책임을 감당하지 못한 우리는 그 결과에 책임을 져야 하는 불쌍한 사람들이 될 수도 있다.

우리는 세계 정세, 체제 문제, 핵 문제 등 여러 이유들을 들어 북한을 돕지 못하는 우리 자신을 정당화시키려고 한다. 그러나 이런 것들은 하나님께서 치리하실 것이다. 하나님의 몫까지 이유를 들어 우리 입장을 정당화하는 것은 교만이다.

세상에 알려지지 않은 많은 형편들을 나는 현장에서 직접 목격한다. 먹을 것을 찾아 강을 건너 온 수많은 사람들, 특히 젊은 여인들과 어린아이들이 어떤 생활을 하고 있는지 알게 되면, 어느 누구도 그들을 돕지 않고 내버려 둘 수 없을 것이다. 나는 사상, 체제, 정치 이런 것들은 잘 모른다. 아니 관심도 없다. 그저 나는 하나님께서 주신 생명은 살 권리가 있다고 믿을 뿐이다.

북한 주민들은 우리가 돕지 않으면 살 방법이 없다. 그들 앞에서 "너무 배부르다, 편하다, 하나라도 더 가지자" 하는 것은 부끄러운 일이다.

"이와 같이 행함이 없는 믿음은 그 자체가 죽은 것이라"(약 2:17).

하나가 된 역사적 방문

성가대 가운의 가슴에 수놓아져 있는 십자가 형상이 예수님의 모습으로 보였다. 예수님은 우리처럼 눈물을 흘리고 계셨다. 사랑하는 자녀들의 고통과 괴로움을 안타까워하시는 눈빛으로 우리를 바라보고 계셨다.

평양 땅을 밟은 대표단

2007년 12월, 62명의 국제샘복지재단의 대표들이 평양을 방문하는 역사적인 사건이 일어났다. 15명의 한국 대표들과 미국, 호주, 뉴질랜드, 인도네시아 등 세계 한민족 대표 47명으로 이루어진 대표단이 북한과의 교류에 새로운 길을 열게 된 것이다.

북한은 자신들의 정보 안전을 위해 한국 사람들과 해외동포들을 관리하는 기관이 엄격하게 구별되어 있고, 이 관리기관 간의 상호 협조는 절대 불가능한 것이라 이번 방문 계획을 추진하면서 이 점이 가장 어려웠다. 자연히 한국 사람들이 갈 수 있는 곳이 한정되어서 모두가 한 팀으로 같이 움직이고 행사에 참여하는 것에 많은 장애가 따랐다.

그러나 한반도 통일은 남과 북만의 문제가 아니라 전 세계에 퍼져 있는 한민족의 과제라는 것을 믿기 때문에 어떤 어려움도 이겨낼 각오가 되어 있었다. 그래서 더욱 이번 방문을 양보할 수 없다는 신념으로 시작했고 결실을 이루었다.

한국 대표단 15명에게는 눈에 보이는 5명의 안내원, 보이지 않는 요원 5명, 그리고 가는 곳곳에 미리 배치되어 거리를 두고 감시하는 요원 4-5명, 이렇게 총 14-15명이 배당되어 있었다. 해외 동포들은 4-5명의 감시 요원이 같이 움직였고, 고위층들이 외부적으로는 나타나지 않고 같은 호텔에서 우리와 같이 숙식을 하면서 시시각각으로 총 지휘를 하고 있었다. 이 두 기관들이 겉으로 드러날 정도로 서로 반목하고 있었고, 그 사이에서 한 팀으로 같이 움직이지 못하면 모든 것을 취소하겠다는 우리 대표단의 주장이 맞물려 상황이 마치 살얼음 위를 걷는 것처럼 긴장감이 돌기도 했다.

그러나 한 가지 분명한 것은 북한 관리들에게 한민족이 하나 된 모습을 보여 주었고, 그들도 최초로 한국과 세계 여러 곳의 대표단으로 구성된 우리 팀을 보고 놀라워했다는 사실이다.

"국제샘복지재단은 세계적인 기관입니다."

"여러 단체들이 이곳을 방문하여 조국을 돕겠다고 큰 약속들을 하고 돌아갔지만, 그 약속을 지킨 단체들이 거의 없었는데, 국제샘복지재단은 국제대표단(특히 한국 사람들과 같이 들어왔다는 말을 많이 했다)을 구성하여 제약공장을 완공하고 그 개원식을 위해 함께 방문한 것이 참으로 놀랍습니다."

그들은 연신 이런 말들을 되풀이하며 국제샘복지재단에 대한 찬사를 늘어놓았다.

울음바다가 된 예배당

2007년 12월 2일 주일, 우리는 예배를 드리기 위해 칠골교회로 향했다. 원래 봉수교회에서 예배를 드릴 계획이었는데 수리 중이라 가지 못하고 급히 칠골교회로 장소를 바꾼 것이다. 성가대의 은혜로운 찬양 소리, 똑같이 외치는 아멘 소리는 예나 지금이나 다름이 없었다. 그들과 함께 드리는 예배가 끝나자 우리는 미리 약속한 대로 준비해 간 성찬식을 행했다.

차례로 나간 우리 대표단 목사님들이 "주여!" 삼창을 소리 높여 외친 후 성경을 읽고 찬송을 하고 몇 가지 기도제목을 놓고 통성기도를 인도했다. 나는 서슬 퍼런 북한 땅에서 62명의 대표단이 소리 높여 통성으로 기도하는 모습에 감격하여 뜨거운 가슴을 억누르지 못했다. 어떤 분들은 무릎을 꿇고, 어떤 분들은 자리에서 일어나 다 함께 기도를 드리며 울음바다를 이루었다.

그런데 성가대원들 중에도 우리와 같이 눈물을 흘리는 사람들이 있었다. 순간 나는 '예수님이 이곳에도 계셨구나' 하는 생각이 들었다. 예수님이 계시니 남과 북이 없고, 원수도 없고, 오직 성령 안에서 하나가 된 우리가 있을 뿐이었다.

그때 성가대 가운의 가슴에 수놓아져 있는 십자가 형상이 예수님의 모습으로 보였다. 예수님은 우리처럼 눈물을 흘리고 계셨다. 사랑하는 자녀들의 고통과 괴로움을 안타까워하시는 눈빛으로 우리를 바라보고 계셨다.

주님은 언제나 두 팔을 벌리시고 그분의 자녀들이 품 안으로 돌아오기를 기다리시는데, 우리는 아직도 반목하고 서로 원수가 되어 으르렁거리고 있는 현실이 서글프고 안타까웠다.

나는 옆에 있는 아내의 손을 꼭 잡고 "우리 같이 기도합시다!" 하고 말했다. 그러자 아내가 이렇게 대답했다.

"그래요, 우리 셋이서 기도해요."

"어? 셋이라니?"

"예수님이 우리 곁에 계시잖아요!"

나는 그때 예수님이 우리 곁에 항상 함께하신다는 것을 다시금 확인했다.

"아! 예수님! 맞아. 여기 우리와 함께 계시지!"

칠골교회에서의 성찬식

처음에 북한 관리들은 성찬식이 정확히 무엇인지 모르는 상태에서 무조건 안 된다고 반대하고 나섰다. 그러나 우리가 워낙 강력하게 요구하고 나서니 나중에는 간단하게 할 것을 조건으로 내세워 어렵게 허락해 주었다.

그렇게 해서 북한 땅에 있는 교회에서 성찬식을 행할 수 있게 된 것이다.

칠골교회 책임자 중 한 사람은 성찬식에 대해 이것저것을 물어왔다.

"성찬식이 무엇입니까?"

"우리가 함께 기도하면서 포도주와 빵을 조금씩 나누어 먹는 예식입니다."

그리고 우리가 준비해 간 작은 잔에 포도주를 따라 보였다.

"기왕에 마실 거면 큰 잔에 마시지 왜 이렇게 작은 잔에 부어 마십니까?"

그 말에 우리는 그냥 웃을 수밖에 없었다.

그들은 제대로 된 성찬 예식을 태어나서 처음 보는 듯 무척 신기해했다.

2007년 북한 방문 때 칠골교회에서 성찬식을 했다.

칠골교회 앞에서 찍은 방북단 전체 사진
김 주석 어머니가 집사로 섬겼던 교회다. 북한에는 칠골교회와 봉수교회가 있다.

주일 예배 때 우리는 준비해 간 성찬 도구들을 꺼내고 성찬식 절차를 행했다. 그런데 북한 관리들은 자신들이 상상했던 것과 완전히 딴판으로 일이 돌아가고 있다는 판단이 들었는지 점점 얼굴이 딱딱하게 굳어졌다. 그들은 성찬식이 매우 간단한 약식으로 행해질 줄 알았던 것이다. 그들의 모습을 지켜보는 나도 마음이 조마조마해서 견딜 수가 없었다.

'괜히 이 성찬식을 꼬투리 잡아 우리를 가두겠다고 하면 어쩌나….'

나중에 안 사실이지만, 그날 저녁 우리의 안내를 맡았던 책임자가 상부로 불려가 밤새도록 문책을 받았다고 한다. 우리가 아주 편한 밤을 보내고 있을 때 그들은 벌집 쑤셔 놓은 것처럼 난리가 났던 것이다. 그 덕분에 다음 날 계획했던 모란봉 새벽예배는 완전히 금지 당하고 무산되었다. 그 전날 예기치 못한 성찬식의 모습에 놀란 그들이 강력하게 반발하고 나섰던 것이다. 이리하여 새벽에 모란봉에 올라 조용히 기도하고 내려오려 했던 계획은 수포로 돌아갔다.

하지만 이런 가운데서도 역사하시는 하나님의 섭리는 있었다. 거룩한 성찬식의 모습을 그들에게 보여 주었고, 그것을 통해 그들은 하나님의 은혜를 경험했을 것이 분명하기 때문이다.

북한 땅에 세워진 평양제약공장

협조적인 북한 관리들의 태도에 우리는 한동안 어리둥절했다. 하지만 그것이 뭐가 중요하겠는가. 하나님의 사역이 이렇게 또 이루어지는 것에 감사하고 기뻐하면 되는 것이었다.

협조적인 북한 관리들

임산부와 어린아이들을 위한 비타민과 특별 영양소를 공급하는 사역을 지속적으로 하기 위해 시작된 평양제약공장과 단동의 영천제약공장.

영천제약공장은 실제 미국이나 한국에서 구입하는 원가보다 훨씬 저렴하게 공급할 수 있고, 평양제약공장은 우리가 분배에 직접 관여할 수 있는 이점이 있다.

영천제약공장 때문에도 엄청난 난항을 겪었지만, 평양제약공장은 더했다. 지난 2년 동안 이 사업을 이끌어 오면서 험난한 언덕을 자주 넘었다. 한국 기술자들의 입국을 허락하지 않아 제약공장 건설이 거의 포기 상태에 이르기도 했다. 그런데 갑자기 몇 주 전부터 중단되었던 공장 건설이 활기를 띠게 되었다. 사연을 들어보니 갑자기 최고 지도자가 제약공장 건설 현황을 물었다는 것이다. 최고 지도자의 말 한마디에 실무자들은 발등에 불이 떨어진 것처럼 황급히 이 사업을 다시 추진하기 시작했다. 하루 빨리 제약공장을 완성하는 것이 그들의 임무가 되어 그때부터 막힌 도로가 뻥 뚫린 것처럼 일이 일사천리로 돌아갔다. 의사소통이 잘 이루어지니 제약공장 건설도 가속이 붙었다.

빠른 시일 내에 예산 내에서 기계들을 구입하고 공사를 직접 관리하는 방법은 중국의 기계와 중국 기술자들을 들여보내는 것이었다. 이에 대해 통일부와 협의하여 중국 기술자들을 모아 공사를 시작했다. 북한에서는 '제약공장 건설 돌격대'(북한에서는 이렇게 불렸다)가 투입되어 밤낮으로 일했다.

북한은 우리가 가진 예산이 부족한 것을 알고, 여러 곳에서 기증받은 제약공장 기계들을 일부 내주었다. 한 번도 이런 일이 없었는데, 최고 지도자의 말이 무섭긴 무서웠나 보다. 협조적인 북한 관리들의 태도에 우리는 한동안 어리둥절했다. 하지만 그것이 뭐가 중요하겠는가. 하나님의 사역이 이렇게 또 이루어지는 것에 감사하고 기뻐하면 되는 것이었다.

평양제약공장 개원식

제약공장의 심장부라 할 수 있는 '공기청정실'이 완공되고, 중요한 배관 시설과 공기세탁기의 부속 기계들을 배치하는 공사가 마무리되었다. 이리하여 평양제약공장은 북한에서 두 번째로 WHO의 규정에 맞게 지어진 시설이 되었다.

북한 관리들은 공사가 마무리되자 제약공장 개원식을 서둘렀다.

제약공장 이름, 간판, 개원식 순서 등 어느 것 하나 쉽게 통과되지 않았다. 우리는 우리가 생각한 취지를 반영하려 했고, 북한은 이러한 우리의 의견을 강력히 차단하는 데 바빴다. 또다시 만날 수 없는 평행선을 그으며 서로의 진을 빼는 줄다리기가 시작된 것이다.

개원식의 인사말도 미리 제출할 것을 요구해서 보내 주었더니, 온통 자신들의 구미에 맞는 말로 고쳐 왔다. 예를 들면, '한국'은 '남측'으로, '남과 북'은 '북과 남'으로, '개원식'은 '기증식'으로 해달라는 것이다. 공장 개원식이 공식 행사이기 때문에 최고 지도자에게 하나부터 열까지 다 보고가 된다는 것 때문에 그들은 거의 사정하다시피 우리에게 매달렸다.

더 곤란했던 요구는 '위대한 수령 ○○○의 사랑'이라는 문구를 반드시 넣어야 한다는 것이었다. 우리는 한때 목숨 걸고 동상 앞에서도 절을 하지 않고 기도로 일관했다. 그런데 이번에는 우리뿐 아니라 그들의 생명이 달린 일이라는 말에 마음이 약해지지 않을 수 없었다. 통일을 하고 복음으로 하나가 되자고 외치는 우리가 그까짓 단어 몇 개를 양보할 수 없다는 것은 너무 좁은 생각이란 판단이 들었다. 그래서 단어를 고치도록 허락했다.

우여곡절 끝에 간신히 평양제약공장 개원식을 마치고, 5명의 대표들이 샘사랑체육인병원으로 달려가 2차 '사랑의 왕진가방'을 직접 전달하는 행사도 가졌다.

이렇게 북한 측의 입장을 이해하고, 양보할 수 있는 것은 양보하면서 우리의 목적을 이룰 수 있어서 매우 만족스러웠다. 또한 대표단 모두가 건강한 모습으로 심양으로 들어와 단동병원으로 오게 되어 그 또한 기쁘기 그지없었다.

병양제약분공장

2007년 평양제약공장 개원식에 참여한 방북단

북한을 품는 마음을 허락하소서

우리가 이번에 북한을 방문하고 평양제약공장을 완성한 것은 지금까지의 다른 방문과는 여러 가지로 차이가 있다.

우선 제약공장을 완성하게 하신 하나님의 기적을 직접 체험하고, 북한을 사랑하셔서 긍휼을 베풀어 주시는 그분의 사랑을 목격하는 데 큰 의미가 있었다. 그래서 처음부터 호기심 내지 흥미를 가지고 북한 땅을 한 번 밟아 보자는 사람은 일체 동참을 거부했다. 북한의 형편이 어렵다는 것은 우리 모두가 잘 알고 있다. 그래서 그들의 부끄러움을 들추고 자존심을 건드리는 행동은 하지 않도록 당부도 했다. 그 결과 62명이라는 정예부대가 일주일 사이에 만들어진 것이다.

국제샘복지재단의 대표단을 이끌고 북한으로 들어가게 된 나는 사뭇 긴장이 되었다. 지난 3-4년 동안 북한에 들어갈 때마다 다른 초청인들은 별 어려움 없이 들어갔지만, 나는 항상 입국심사에 걸려 특별 조사를 받았기 때문이다. 과거의 '포교를 통한 체제 문란'과 강변에서 탈북자들을 돕고 복음을 전한다는 이유로 출입금지를 받았던 이력이 매번 나의 발목을 잡았다.

그런데 이번에는 이상하게도 아무런 문제없이 출입국을 통과했다. 게다가 북한의 고급 관리가 직접 나를 마중 나왔고, VIP실로 인도하는 극진한 대접까지 받았다. 이동할 때에는 장관급이 타는 고급승용차를 마련해 주었는데, 호송차까지 붙어 비상등을 켜고 앞장섰고, 가는 곳마다 경례를 했다. 생전 이런 대접을 받아 본 적이 없던 나는 그저 어리둥절할 뿐이었다. 물론 최고의 대우를 받으며 지내는 것이 나쁘지는 않지만, 이렇게 부족한 사람인 나에게 융숭한 대접을 하며 정성을 들이는 그들이 안돼 보이기도 하고 안타까운 마음이 들었다.

'얼마나 다급했으면, 나에게 이런 대접까지 해줄까.'

그들의 웃음 이면에 있는 그늘진 표정과, 당당한 것 같지만 늘 불안한 눈빛이 나의 마음을 아프게 했다.

매 끼니마다 상다리가 부러지도록 맛있는 음식이 넘쳐났다. 이렇게 먹어도 되나 할 정도로 하루 세 끼를 정성껏 마련해 주었다. 깔끔하고 간결한 맛이 우리 입맛에 참 잘 맞았고, 이북 음식의 진정한 맛을 느낄 수 있었다. 그런데 음식이 너무 많아 항상 남는 것을 보며, 저 밖에서 배고파 힘겨워하는 주민들 생각에 마음이 불편했다.

'이 음식들을 그들과 나눠 먹는다면, 몇 백 배 더 맛있을 텐데….'

북한 관리는 우리 대표단을 동 평양 만수대 음악 극장으로 안내했다. 만수대 가무단 공연을 관람하는 자리를 마련해 준 것이다. 공연장을 들어서는 순간 우리 대표단의 자리를 제외하고는 모든 자리가 꽉 차 있었다. 우리의 앞뒤를 살펴보니 모두 대학생들로 보이는 젊은 사람들이었다. 한눈에 보아도 부랴부랴 동원된 사람들이라는 것을 알 수 있었다. 나중에 들은 이야기인데, 심지어 우리 대표단을 위해 올해 들어 처음으로 극장에 난방을 틀었다고 했다.

합창과 기악연주와 가무가 매우 아름다웠고 그들의 솜씨에 다시금 놀랐다. 하지만 그들의 모습에서 우리의 모습이 보이고, '우리와 저들이 하나인데, 왜 이렇게 나뉘어 살고 있는가' 하는 생각이 문득 들었다. 특히 가무단이 〈울 밑에 선 봉선화〉를 부를 때는 우리 모두가 함께 눈물을 훔쳤다.

나는 그저 좋은 것만 보여 주려는 그들의 행동이 더 안쓰러워 보였고, 더

더욱 그들을 격려해 주고 평양의 놀라운 발전에 기뻐해 주고 싶다는 마음이 들었다. 우리는 늘 북한에 대한 부정적인 생각으로 가득 차 있다. 하지만 인정해 줄 것은 인정하고, 그들을 긍정적으로 바라보고 마음으로 받아들이는 노력들이 우리 안에 있어야 할 것이다.

항상 우리는 북한과 비교해서 잘 살고 선택된 사람이라는 자부심을 은연중에 갖고 있다. 그러나 분명히 그곳에서도 예수님의 역사하심이 있고, 언젠가 그들이 하나님께 크게 쓰임을 받을 날이 올 것이라 확신한다.

그곳의 모든 사역은 우리가 하는 것이 아니다. 우리는 그분의 도구일 뿐, 모든 일은 하나님께서 하시는 것임을 잊지 말아야 한다. 그러므로 우리는 '그때'를 기다려 인내하고 하나님께서 기적을 이루어 가심을 체험하며 은혜를 받아야 하는 것이다.

우리와 다르지 않은 그들

평양을 방문하는 동안 우리 부부를 안내하는 젊은 엘리트 간부에게 들었던 이야기가 생각난다. 이 사람은 사병으로 군복무를 하면서 열심히 공부하여 김일성대학에 들어갔다. 시골 출신인 그가 김일성대학에 합격했다는 소식이 전해지자 고향 마을에서는 큰 잔치가 열렸다. 김일성대학 총학생회 회장까지 역임하고 졸업한 그는 어느 날 자신을 정성스레 돌봐준 일선 포병 대대장에게 인사를 하러 갔다. 그 대대장은 무척 반가워하며 자기 집에서 편하게 머물도록 배려를 아끼지 않았다. 그런데 그때 하필 그 포병대대에서 한 여군이 크게 다치는 전차 사고가 일어났다. 군의관들은 여군의 다리를 잘라야 한다는 결론을 내렸다. 이것을 지켜보던 그는 문득 '저 젊은 여인이 다리를 자르게 된다면, 내가 그녀의 일생을 책임져야겠다'는 생각을 하게 되었고 대대장에게 자신의 결심을 알렸다. 대대장은 그의 말을 듣고 완곡하게 그를 말렸다.

"자네는 이제 국가를 위해 큰 인물이 되고 간부 생활을 할 사람인데, 부인이 다리 장애인이라면 사회활동에 큰 지장이 있을 거야."

그러나 이미 그의 마음은 확고했고 바꿀 생각도 없었다. 그의 단호한 결심을 알게 된 대대장은 특별히 헬리콥터를 내어주어 다친 여군을 평양으로 후송하고 제때 치료를 받게 해서 다행히 다리를 자르지 않아도 되었다. 그리고 정말 그는 그 여군과 결혼하여 부부가 되었다. 지금까지 20년이 넘도록 함께 부부의 연을 이어가며 행복하게 살고 있다는 이야기였다.

이 이야기를 들은 나는 무척 감동을 받았다. 선조 대대로 이어 받은 우리 민족의 끈끈한 의리와 나보다 못한 사람을 돕고 책임지고자 하는 정, 그리고 긍휼히 여기는 마음이 우리와 다르지 않음을 새삼 깨달았다.

우리는 하나가 될 수 있는 모든 조건을 갖춘 한 민족이다.

비록 사람들이 만들어 낸 구조가 우리를 갈라놓고 있지만, 우리는 모든 것이 하나님의 뜻 아래에서, 놀라운 기적을 일으키는 말씀 안에서 하나가 될 것이다. 이 말씀이 우리 모두의 마음을 감동시켜 변하게 하면, 오늘의 원수도 내일의 친구가 될 수 있음을 나는 믿는다. 이것이 우리가 북한을 다니며 봉사하는 이유이기도 하다.

같은 꿈을 꾸는 사람들

나는 정말 내 곁에서 함께 하나님을 바라보며 사역을 꾸려 나가는 나의 동역자들을 사랑한다. 날로 커지는 사역, 넓어지는 지경…. 아직도 갈 길이 멀기만 하여 이제는 지칠 법도 하지만, 그들이 있어서 나는 언제나 새 힘을 얻는다.

북경공항에서

2007년 10월 북경을 다녀오면서 유례없는 짙은 안개로 북경 공항이 마비가 되는 바람에 11시간 동안 공항에 발이 묶여 있었다. 나와 함께 동행한 일행 모두가 북한에서 육체적 정신적 스트레스를 많이 받아 피곤한 상태였다. 그래도 이 부족한 사람을 걱정하여 이것저것 세심하게 챙겨주고 돌봐주어 얼마나 고마웠는지 모른다.

사흘 동안 평양을 방문하면서 그들과 사소한 부분까지 실랑이를 벌이는 것에 두 손 두 발을 다 들었다. 매일 약속을 밥 먹듯이 바꾸고 손바닥 뒤집듯이 변하여 어느 장단에 맞춰야 할지 난감하기가 이를 데 없었다. 거짓말이 난무하고 시치미 떼고 오리발까지 내미는 그들에게 화도 내보고, 달래도 보면서 우리의 일을 겨우 마치고 돌아왔다. 극도로 피로한 상태에서 머리가 깨질 듯 아팠지만 주위에 힘이 되어 주는 동역자들이 있어서 금세 힘을 낼 수 있었다. 피곤에 지친 나를 위해 먼저 서울에 가라고 자신의 비행기 표와 바꾸어준 동역자, 비행기가 11시간이나 연착되자 나와 함께 비행기가 뜰 때까지 기다려 주면서 내 곁을 떠나지 않았던 그들…. 주 안에서 뭉친 사내들의 끈끈한 정이 느껴지는 시간이었다.

사랑하는 동역자들

얼마 전에 단동병원의 한 동역자가 나에게 보낸 글이 떠올랐다.

> 밤사이 주시는 쉼을 건강한 몸과 마음으로 받아 누립니다. 사이사이에 끼어드는 간사한 여우와도 같은 생각은 애써 멀리하고, 맑은 머리로 오늘 하루를 시작합니다. 요즘은 독감 예방접종과 한인회사(교회)의 건강진단으로 사람들의 발길이 끊임없이 이어졌습니다. 100명 가까운 사람들이 오고 간 뒤 찾아온 주말의 고요를 즐기고 있습니다.
>
> 원장님의 안부는 자주 접하고 있습니다. 언제나 저희들의 만남(예배) 중에 항상 마음으로 같이 하심을 압니다. 원장님을 존경하고 사랑하며 우리의 마음이 하늘빛처럼 늘 푸르고 한결같기를 소원합니다.
>
> 원장님, 항상 강건하셔서 저희들을 잘 이끌어 주세요.

나는 정말 내 곁에서 함께 하나님을 바라보며 사역을 꾸려 나가는 나의 동역자들을 사랑한다. 날로 커지는 사역, 넓어지는 지경…. 아직도 갈 길이 멀기만 하여 이제는 지칠 법도 하지만, 그들이 있어서 나는 언제나 새 힘을 얻는다. 몸은 피곤하고 힘들지만 이것 또한 하나님의 은혜일 것이다.

가족을 향한 그리움, 제한된 공간과 매일 반복되는 생활, 끝도 없이 바쁘게 돌아가는 사역, 그리고 문화시설에 익숙한 우리의 육체에 맞지 않는 생활의 불편함…. 지금이라도 사역지를 뛰쳐 나오고 싶은 심정이라고 해도 나는 그들을 충분히 이해할 수 있다. 그러나 이것은 겉으로 보이는 것이고, 다른 사람들은 우리 마음속에 얼마나 큰 감동이 있고 은혜가 넘치는지 모른다.

자신들보다 오히려 이 부족한 사람을 위해 기도하고, 건강을 염려해 주는 동역자들은 나와 한 식구나 다름없다. 우리는 영적 전쟁을 하는 자들로서 전쟁터에서 목숨 걸고 맡겨진 임무를 수행하며 서로의 목숨을 걱정하는 전우와 같은 존재이다. 또한 우리는 같은 꿈을 꾸는 사람들이다. 그러기에 한 곳을 바라보며 같은 길을 걸을 수 있는 것이다.

우리는 사랑 받기 위해 태어난 사람들이다. 우리가 서로 염려하고 격려하며 가족처럼 사랑하는 모습을 하나님께서 얼마나 기뻐하실까.

요한이 스스로를 "주께서 사랑하시는 제자"라고 부르던 것이 생각난다. 나의 동역자들은 하나님께서 가장 사랑하시는 자들이고, 내가 가장 사랑하는 사람들이기도 하다.

영하 17도로 내려가는 추운 겨울, 연료 값을 절약하기 위해 더운 물을 저녁에만 나오게 하고, 커피 값을 절약하느라 커피도 마시지 않기로 한 사역자들의 헌신된 사랑에 가슴이 찡해 올 때가 한두 번이 아니었다.

오랜만에 미국으로 들어와서 밀린 일들을 정리하는 사이 육신이 말을 듣지 않아 한바탕 몸살을 앓고 겨우 정신을 차린 적이 있었다. 열이 오르고 온몸이 쑤셔 견딜 수가 없었지만 사랑하는 동역자들의 헌신과 뜨거운 마음을 생각하면 저절로 힘이 솟아 자리를 훌훌 털고 일어났다.

이 부족한 사람이 능력이 모자라 동역자들을 마음 편하게 해주지 못하고 항상 어려운 환경에 있게 하는 것이 가슴 아프지만, 임마누엘 그분이 오늘도 그들을 위로하시고 격려하시는 것을 믿는 고로 나 또한 위로를 받는다.

'사랑의 왕진버스'가
달려가는 곳곳이
내가 살아가는 이유입니다.

북한에서 환자들이 오면 우리 의료진들은 더욱 정성껏 치료를 해준다. 그리고 그들을 병원 4층에 있는'작은 만물상 백화점'으로 인도한다. 각처에서 우리에게 보내 준 옷, 신발, 내의, 장갑 등의 생필품, 식량, 의약품들을 모아 둔 곳이다. 그들은 이곳에 있는 물건들을 보고 필요한 만큼 마음껏 가지고 갈 수 있다. 어떤 사람은 이웃 조선족들을 모두 데리고 와서 한보따리씩 가져가기도 한다. 이렇게 생활에 필요한 물품들을 선물로 주면서 틈틈이 복음의 메시지를 전하고 있다. 우리가 거칠고 앙상한 그들의 손을 꼭 잡고 함께 기도하면서 뜨거운 포옹을 한 후 짧게 복음을 전하면 그들은 거의 모두 우리가 시키는 대로 "아멘"으로 대답한다. 그것이 일시적인 것이라 해도 그들 입으로 "아멘"을 외친 것은 우리에게 커다란 기쁨이다.

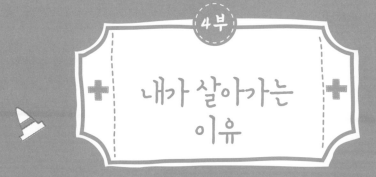

4부

내가 살아가는 이유

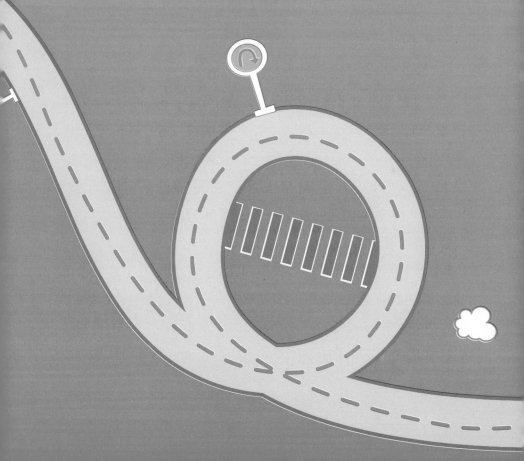

내 인생의 특별한 달

참으로 묘한 하나님의 인도하심이다. 만세 전부터 택하신 하나님의 사랑이 그분의 마스터플랜에 따라 한 치의 착오도 없이 차곡차곡 이루어짐에 놀라움을 금할 길이 없다.

우리 집의 종합 기념일

나는 일 년 열두 달 중에서 2월을 가장 좋아한다. 추운 지방인 미시간에서 살 때도 겨울만 되면 늘 2월을 손꼽아 기다렸다. 2월이 되면 자연스레 봄소식이 기다려지기 때문이다. 그래서인지 2월은 내게 평생 잊지 못할 많은 기념일들이 있다. 어머니의 생신, 아내의 생일, 우리 부부의 결혼기념일, 그리고 내가 의과대학을 졸업하고 올챙이 의사가 되던 날 등 내가 잊지 못할 날들이 참 많다.

오랜 세월이 지나면서 매년 이 모든 기념일을 기억하기가 쉽지 않아 내 나름대로 지혜를 짠 것이 2월 14일 발렌타인데이를 종합기념일로 정하고 그날 한꺼번에 축하하기로 한 것이다. 그래서 우리 가족은 지금까지 발렌타인데이를 우리집의 종합기념일로 지키고 있다. 얼마 전에 어떤 분이 우리 부부의 결혼기념일을 물었는데, 그만 "2월 14일입니다" 하고 대답할 뻔했다. 이제는 진짜 결혼기념일 날짜는 기억 저편으로 사라져 버렸다. 그저 아내에게 미안할 뿐이다.

2월에 시작된 소중한 일들

2월에 일어났던 일들은 나에게 가장 귀중한 것들이요, 오늘의 나를 만든 원동력이 되었다. 내가 태어나고, 의사가 되고, 사랑하는 아내와 가정을 이루고, 또 하나님께서 불러 주셔서 지금의 사역을 하기까지 그 과정마다 시작이 된 일들이 2월에 일어났다. 이 모든 일이 하나님의 크신 은혜요 축복임을 알게 된 것은 많은 세월이 흐른 후였으니 세상을 지혜로 살지 못하고 지식으로 살아 온 나의 잘못 때문이다.

이런 사실들이 원동력이 되어 지금까지 살아서 하나님의 일을 하고 있고, 이제는 하나님께서 살아서 역사하심을 순간순간 체험하는 영의 눈을 뜨게 되었다. 그리고 예수님의 피 값으로 나의 삶이 구원받은 사실에 매번 감격하고 감사하는 것이다. 하나님께서 같이하심을 확신해야 하나님이 주신 능력을 십분 발휘할 수 있고, 그렇게 순종하면 모든 일이 기쁘고 신나고 즐거워진다. 참으로 묘한 하나님의 인도하심이다. 만세 전부터 택하신 하나님의 사랑이 그분의 마스터플랜에 따라 한치의 착오도 없이 차곡차곡 이루어짐에 놀라움을 금할 길이 없다.

이렇게 보면 하나님이 나를 위해 세우신 모든 계획의 시작이 2월이 되니, 매해 2월을 맞으면 새로운 일의 시작을 주실지 모른다는 기대감에 마음이 설레곤 한다.

사실 많은 일들이 우리 앞에 놓여 있다. 2007년부터 시작된 단동병원 활성화가 아름답게 열매를 맺을 것이고, 평양제약공장 운영, 영천제약공장 건설, 그리고 병원 대지 구입, 순회 이동진료 사업인 '사랑의 왕진버스'까지 우리의 수고와 헌신을 쏟아 부어야 할 일들이 줄을 서서 기다리고 있는 것이다.

하지만 지레 겁먹거나 초반부터 주눅 들지 않을 것이다. 하나님이 우리의 든든한 후원자가 되시기 때문이다. 이제 우리가 할 일은 여유롭게 기지개를 펴고 앞으로 달려 나가는 것이다.

우리 스스로가 하나님께서 기뻐하시는 모습으로 변해 간다면, 여호와께서 기뻐하실 것이고, 우리를 젖과 꿀이 흐르는 땅으로 인도하실 것이다.

그 시작이 2월이다.

"주여, 기쁨으로 충만하여 죽도록 충성하는 우리가 되게 하옵소서."

강을 건너 단동병원으로

우리가 거칠고 앙상한 그들의 손을 꼭 잡고 함께 기도하면서 뜨거운 포옹을 한 후 짧게 복음을 전하면 그들은 거의 모두 우리가 시키는 대로 "아멘!"으로 대답한다. 그것이 일시적인 것이라 해도 그들 입으로 "아멘!"을 외친 것은 우리에게 커다란 기쁨이다.

다시 병원을 찾는 사람들

그동안 심양과 단동 시내에 흩어져 있던 병원들을 단동병원으로 철수시키면서 단동병원이 더 활성화되었다. 처음부터 우리는 병원을 여러 곳으로 분산시켜 운영할 수 있는 재력도 인력도 없었다. 그러나 언제 쫓겨날지 모른다는 불안감에 이에 대한 강구책으로 병원을 분산시킨 것이다. 그런데 몇 년의 세월이 흐른 후 이제는 이곳의 관리들이 아무리 압력을 가해도 쫓겨날 것 같지 않다는 자신감이 생겼다.

병원의 수술실, 임상병리실을 새 장비들로 완비하고 그 외 최신 초음파, 골밀도 검사기, 유방암 검사기, 위장내시경 등을 보강하였다. 우리 병원의 빨간색 대형버스가 동북삼성(동베이)을 누비고 다니고, 단동 시내는 물론 심양까지 셔틀 버스가 정기적으로 운행되어 환자들 수송을 감당하게 되었다.

단동으로 모인 의료진들과 봉사자들은 병원으로 올 수 없는 환자들을 직접 찾아다니면서 치료해 주고 있다. 하지만 곧 간단한 수술 장비와 엑스레이를 갖춘 이동진료차인 '사랑의 왕진버스'가 완성되면 순회 진료가 더욱 활성화될 것이다. 중국 조선족 인턴 3명이 훈련받고 있고, 전주 예수병원에서도 인턴들이 단기로 파견되어 오고 있다.

병원 시설과 의료진들을 보강하자 그동안 소원했던 환자들이 다시 병원을 찾기 시작했다. 우리는 더 많은 환자들에게 혜택을 주기 위해 진료비를 감당할 수 없는 환자들을 돕는 복지과를 설립하고 도움이 필요한 모든 환자들을 무상으로 치료하기로 했다. 이것이 궁극적으로 하나님이 원하시는 일이라 믿었기 때문이다. 돈이 없어서 간단한 치료도 받아보지 못한 채 죽어가야 했던 수많은 사람들을 생각하며, 앞으로는 단 하나의 생명도 이렇게 허무하게 보내선 안 되겠다는 다짐이 내 마음 안에서 불끈 솟아올랐다.

"아멘"을 외치는 조선족들

매년 강변 진료소와 단동병원에는 단기의료봉사 팀들의 방문이 끊이지 않는다. 우리 사역에 관심을 가지고 봉사하기로 작정하고 오는 팀들이 그저 반갑고 고맙다. 하지만 매달 50-100명의 방문자들을 맞아 안내하고 봉사활동을 인도하는 일이 결코 쉽진 않다. 우리 사역자들은 병원 일을 하면서 동시에 단기의료봉사 팀원들을 안내하느라 늘 분주하고 바쁘다. 그 와중에도 우리는 천 명이 넘는 시력장애인들을 진료하여 개안수술을 하고, 또 오랜 세월을 불구자로 살던 환자는 대구 한미병원으로 보내 무릎과 골

176

반 이식 수술을 받은 후 4개월째 재활 치료를 받게 했다.

놀라운 것은 북한 환자들이 꾸준히 늘어 이제는 매달 50-100여 명의 북한 동포 환자들이 단동병원을 방문하여 치료를 받고 간다는 것이다. 압록강 근처에서는 어려운 환자들이 생기면 단동병원에 가서 치료를 받고 오라고 도강증을 발급해 준다는 소식까지 전해 들었다. 특히 형편이 어려운 환자들에게는 "꼭 박 원장에게 치료를 받고 오라"고 일러 준다고 했다.

북한에서 환자들이 오면 우리 의료진들은 더욱 정성껏 치료를 해준다. 그리고 그들을 병원 4층에 있는 '작은 만물상 백화점'으로 인도한다. 각처에서 우리에게 보내 준 옷, 신발, 내의, 장갑 등의 생필품, 식량, 의약품들을 모아 둔 곳이다. 그들은 이곳에 있는 물건들을 보고 필요한 만큼 마음껏 가지고 갈 수 있다. 어떤 사람은 이웃 조선족들을 모두 데리고 와서 한보따리씩 가져가기도 한다. 이렇게 생활에 필요한 물품들을 선물로 주면서 틈틈이 복음의 메시지를 전하고 있다. 우리가 거칠고 앙상한 그들의 손을 꼭 잡고 함께 기도하면서 뜨거운 포옹을 한 후 짧게 복음을 전하면 그들은 거의 모두 우리가 시키는 대로 "아멘!"으로 대답한다. 그것이 일시적인 것이라 해도 그들 입으로 "아멘!"을 외친 것은 우리에게 커다란 기쁨이다. 그래서 오히려 우리가 감사하는 마음으로 그들을 끌어안는다.

"하나님의 사랑으로 사랑합니다."

황무지처럼 메말라 있는 그들의 마음에 단비를 내리는 일이 우리 단동병원이 할 일이라 믿고 지금까지 달려왔다. 우리가 이곳에 있는 이유는 그것뿐이다.

"원장님, 건강하십시오."

단동병원 정문 모습. 유난히 푸른 하늘이 우리의 사역을 축복하는 듯하다.

"네, 또 오세요."

오랜만에 그들 얼굴에 비친 미소를 보니 내 마음이 환해진다. 가볍게 손을 흔들며 그들을 떠나보내면서 고단했던 하루의 피로가 싹 풀리는 느낌이 든다.

즐거운 비명을 지르다

우리의 정규사역인 '사랑의 왕진가방'과 임산부들과 어린아이들을 위한 비타민과 특별 영양소를 보급해 그들의 생명을 살리기 위한 제약공장이 완공된 후 사역은 더 탄력을 받아 활발히 움직였다. 또한 강변 진료실들을 통해 매년 5-6회씩 이루어지는 제자양육과 강 건너에 복음을 전하는 사역들도 하나님의 은혜 가운데 순조롭게 진행되고 있다. 머지않아 북한 땅이 하나님의 복음을 전파시키는 사역지로 우뚝 솟을 것만 같다.

나 역시 중국과 평양은 물론 미국의 각 지역, 한국의 전역, 호주의 여러 곳 등 거의 전 세계를 누비면서 하나님이 맡겨 주신 사역들을 감당할 수 있는 것은 하나님께서 주신 강건함 때문이다. 그리고 늘 헌신적으로 나를 돌봐준 아내의 힘도 컸다. 이젠 아무리 몸이 고단하고 힘들어도 단동병원으로 몰려오는 환자들을 치료하다 보면 즐거운 비명을 지르게 된다.

얼마 전에는 한국 베다니감리교회 대예배당에서 한국 선교대회를 가졌다. 부흥전도단의 찬송과 천여 명의 후원자들이 모인 가운데 은혜롭게 대회를 마쳤다. 놀랍게도 그날 헌금이 1억 4천만 원이 넘었다. 늘 풍성하게 채워 주시는 하나님의 은혜에 또다시 감격하는 순간이었다.

역시 하나님은 나를 버리시지 않고 늘 내 옆에 계셨다. 그리고 내가 이끄는 이 사역이 나의 의로움으로 되는 것이 아니라 전적인 하나님의 인도하심이고 그분의 은혜임을 다시금 깨닫게 하셨다.

하나님께
내어드릴
마음의 공간

나는 머리를 성경에 얹고 엉엉 울고 말았다. 나는 경건의 모양은 있었지만 경건의 능력은 없었다. 하나님의 사랑을 마치 나의 능력인 것처럼 착각하며 살았다. 그러느라 내 마음과 머릿속에는 교만으로 가득 차 하나님을 모실 공간이 없었다.

단동병원 영성수련회

2008년 2월, 우리 선교사들을 위한 여덟 번째 영성수련회가 열렸다. 마침 수련회 기간이 중국의 춘절(한국의 설날)과 겹쳐서 마음 놓고 기도하고 예배드릴 수 있는 절호의 기회였다. 춘절은 중국 사람들이 일 년 중 가장 크게 여기는 명절이라 일주일에서 열흘 동안 전 시가가 철시를 하고 쉬기 때문이다. 우리는 병원 문을 닫고 중국 현지 사람들의 눈치를 보지 않아도 돼서 너무나 마음이 편했다. 마음껏 말씀으로 재무장할 수 있는 가장 좋은 때였다.

맨 처음 영성수련회는 박은조 목사님(샘물교회)이 집회 인도를 해주셨다. 그 뒤를 이어 2차는 임택권 목사님(아시아연합신학대학 총장), 3차는 최승일 목사님(시드니 갈보리교회), 4차는 김승욱 목사님(남가주 사랑의교회), 5차는 김병삼 목사님(만나교회), 6차는 고신일 목사님(기둥교회), 7차는 김병삼, 고신일, 곽주환(베다니교회), 한상호(주안감리교회), 임학순(대원감리교회) 이렇게 다섯 분의 목사님이 함께 오셔서 수련회를 인도해 주셨다.

이번 8차 수련회에는 한국 중앙교회의 임석순 목사님이 최복규 원로 목사님과 동행하여 이곳 단동을 찾아 주셨다. 첫날은 최복규 목사님의 말씀으로 시작되었다.

평균 기온보다 훨씬 따뜻한 날씨에 모처럼 한자리에 모인 사역자들은 매 시간마다 내려 주시는 은혜에 감사하고 감격하여 눈물의 기도를 드렸다. 중국 경찰의 사나운 감시 아래, 우리 병원 교회에서 강사님들을 모시고 이렇게 은혜의 시간을 가질 수 있는 것이 기적과도 같았다.

갑작스럽게 찾아온 두통

은혜 가운데 8차 영성수련회가 시작되었는데, 예상치 못하게 찾아온 두통이 나를 괴롭혔다. 두통은 영성수련회를 위해 미국에서 출국할 때부터 시작되었다. 평생 동안 두통이라고는 앓아본 적이 없는 나였기에 적잖이 당황이 되었다.

'좀 참다 보면 나아지겠지' 하는 생각으로 견뎌냈다. 하지만 두통약을 먹어도 나아질 기미가 보이지 않았다. 계속되는 두통으로 살짝 움직이기만 해도 머릿속의 모든 것이 그대로 쏟아질 것처럼 아팠다.

한국에서 며칠 동안 밀린 사무를 보고 단동으로 들어온 날에는 두통이 극도로 악화되어 더 이상 참을 수 없는 지경까지 이르렀다. 심양에 내려 세

시간 동안 버스를 타고 단동병원에 도착할 때쯤에는 눈앞이 흐릿하고, 주변이 빙글빙글 도는 것처럼 느껴졌다.

그래도 수련회에는 참석해야겠기에 눈을 부릅뜨고 앉아서 간신히 말씀을 듣는데, 점점 눈이 가물가물해지면서 앞사람이 잘 보이지 않고, 온몸의 근육이 마비된 듯 움직여지질 않았다. 빨리 방에 가서 눕고 싶다는 생각밖에 없었다. 하지만 몸이 뜻대로 안 움직여서 혼자 조용히 일어날 수도 없었다. 옆 사람의 도움을 청하려고 해도 목사님의 설교에 방해가 될까 봐 망설이고 있었다.

'아! 이렇게 정신을 잃고 쓰러지는구나!' 하는 생각과 함께 순간적으로 큰일이 벌어질 것 같은 안 좋은 예감이 들었다. 나는 자꾸 약해지는 마음을 단단히 부여잡았다.

'그래, 이러다가 쓰러져도 난 후회 없다. 하나님께서 원하시는 대로 따를 뿐이다. 그래, 이 순간을 담담히 받아들이자.'

지금 내가 할 수 있는 것은 하나님께 맡기고 순종하는 것 이외에 다른 방법이 없었다.

마침 목사님은 '하늘'에 대해 말씀하고 계셨다. '하늘'은 궁창, 즉 빈 공간을 뜻하는데 우리 마음 가운데 하나님이 계실 공간이 바로 궁창이라 하셨다. 이 공간이 우리의 지식, 건강, 교만 등으로 꽉 차 있고 하나님께서 들어오실 공간이 없다면 우리의 기도는 나의 기도요, 하나님이 들으실 수 없는 기도라고 했다. 어쩐지 이 말씀이 나의 가슴을 쾅 하고 내리쳤다. 나의 마음에 애통하고 청결하고 가난한 빈 공간이 있는지 생각해 보게 만들었다.

나는 없고 하나님만 있습니다

목사님의 말씀이 끝나고 모두 찬송가 495장을 부르기 시작했다.

> 내 영혼이 은총 입어 중한 죄 짐 벗고 보니
> 슬픔 많은 이 세상도 천국으로 화하도다
> 할렐루야 찬양하세 내 모든 죄 사함 받고
> 주 예수와 동행하니 그 어디나 하늘나라.

나는 순간 스스로 놀랄 만큼 목소리가 크게 열렸다. 그리고 성경 위에 내 머리를 올려놓고 기도했다.

"하나님, 제 머리가 너무 아픕니다. 터질 것같이 아픕니다. 저를 살려 주세요."

하나님께 살려달라고 매달리는 기도를 드리는데, 갑자기 울컥 하고 눈물이 나왔다. 내 머리와 마음속에 온통 나의 지식과 능력과 자만심으로 가득 차 있었음을 비로소 깨달은 것이다.

특히 평양제약공장 개원식을 위해 북한을 다녀 온 후에는 큰 성취감을 느꼈다. 하나님께서 쓰시는 사람이라는 자신감도 생겼다. 그 어떤 단체나 개인도 우리처럼 앞장서서 열심히 하는 사람들이 없을 것이라 단언했다. 그런데 그 모든 생각들이 인간적인 자만심이자 교만이었음을 알았다.

"오, 하나님, 제가 또 어리석은 생각에 빠졌습니다. 용서하세요."

내가 그동안 하나님께 가장 많이 던졌던 질문은 "왜 나입니까?"였다. 어렵고 힘든 때는 물론이고, 모든 일이 잘 풀려 놀랍고 감사할 때도 같은 질

단동병원 4층 예배실
이곳에서 현지 사역자들이 매일 눈물을 뿌리며 기도하고 있다.

문이 내 마음속에 있었다. 이것은 내가 선택될 수밖에 없다는 교만한 마음이 있었기 때문이다.

　어디를 가든지 남부럽지 않게 잘 살 수 있었는데, 모든 것을 포기하고 하나님이 맡겨 주신 사역에 헌신하여 여기까지 왔다. 이런 나의 인생 때문에 내 간증이 훨씬 더 설득력이 있는 것은 사실이다. 겉으로 보기에는 많은 것을 포기하고 희생한 것처럼 보인다. 하지만 사실 잃은 것보다 얻은 것이 더 많다. 이전보다 더 값진 삶을 살고 있는 것이다.

　나 같은 부족한 사람을 구원하시고, 하나님의 일에 사용하시는 것은 내가 잘나서가 아니라 온전히 하나님의 사랑 때문이다. 나 아니면 안 되는 일이 아니지만, 그래도 나를 쓰시는 것이다. 그리고 늘 동행하시며 보호해 주신다.

　하나님께서는 나로 하여금 약하고 병든 자들을 사랑하게 하시고, 섬기게 하시고, 하나님 나라 건설에 한 몫을 감당하게 하셨다. 그리고 은혜를 베풀어 주셔서 기적을 체험하게 해주셨다. 앉은뱅이가 일어나고 눈 먼 자가 눈을 뜨는 것 이외에도 순간순간 숨 쉬는 것부터 말하는 것까지 어느 것 하나 기적이 아닌 것이 없다. 돌이켜 보면 이 모든 것이 미리 짜인 계획에 따라 움직인 것이나 마찬가지였다. 마치 철로를 따라 달려가는 기차처럼 말이다.

　나는 머리를 성경에 얹고 엉엉 울고 말았다. 나는 경건의 모양은 있었지만 경건의 능력은 없었다. 하나님의 사랑을 마치 나의 능력인 것처럼 착각하며 살았다. 그러느라 내 마음과 머릿속에는 교만으로 가득 차 하나님을 모실 공간이 없었다.

얼굴이 온통 눈물범벅이 되도록 가슴 아픈 회개를 했다. 실컷 울고 났더니 그렇게도 쑤시고 아프던 머리가 싹 나았다. 나도 모르게 교만으로 꽉 차 있던 내 모습을 깨닫게 하신 주님께서 나를 어루만져 주신 것이다.

"얼마나 피곤하고 힘들었을까. 혼자 감당하는 것처럼 외로웠겠구나. 그러나 네가 아니고 내가 하는 것이란다. 모든 것을 내려놓아라."

하나님께서 내 귀에 대고 속삭이시는 말씀이 들렸다. 그렇다. 하나님이 하시기 때문에 나는 모든 것을 내려놓고 그분의 인도하심을 따르기만 하면 되는 것이다. 나를 따뜻하게 감싸안아 주시는 하나님이 계시기에 나는 더 이상 외롭지도 힘들지도 않다.

고귀한 나눔의 사역

나눔은 '일방통행'이 아니라, 주는 사람과 받는 사람이 같이 은혜를 받는 '쌍방통행'이다. 특히 '지극히 작은 자'를 돕는 일은 예수님께 한 것과 같은 것이라 했다.

강변의 사내 녀석들

"가지고 갈 수 있겠니?"

"문제 없습네다."

쌀부대를 하나씩 나누어 지고 씩 웃는 네 명의 사내 녀석들이 동시에 큰소리로 외쳤습니다.

처음 그 아이들을 보았을 때 녀석들의 꼴이 말이 아니었습니다. 살기 위해 강을 건너와서 쓰레기통을 뒤지며 겨우 연명했다고 말하는 아이들을 바라보면서 가슴이 아려 왔습니다. 길거리에서 자고, 시장 바닥에서 등쳐먹으며 살고 있는 아이들의 삶이 충격으로 다가왔고, 부모 사랑 받으며 한없이 맑고 밝게 자라야 할 어린아이들이 이렇게 산전수전 다 겪으며 어렵게 살아야 한다고 생각하니 깊은 한숨이 새어 나왔습니다.

겨울 내내 한 번도 씻은 적이 없고, 갈아입은 흔적도 없이 마치 태어날 때부터 입고 있었던 것처럼 몸과 하나가 된 허름한 옷을 보니 그 아이들의 형편이 어땠을지 짐작이 가고도 남았습니다.

아이들이 더 이상 쓰레기통을 뒤지며 버려진 음식, 상한 음식을 먹지 않도록 모두에게 쌀부대를 나눠 주었습니다. 그리고 손에 인민폐를 꼭 쥐어 주었습니다. 그러자 사내 녀석들이 참았던 눈물을 떨어뜨리기 시작했습니다. 한 녀석이 흐느끼며 말을 잇지 못했습니다.

"고맙소…이…. 고…고…맙…. 흑흑흑."

한 녀석이 울자 나머지 세 명도 덩달아 울음을 터뜨렸습니다. 지금껏 꾹 참아왔던 설움이 한순간에 터진 것이었겠지요. 어린 마음에 자신들의 삶이 얼마나 한탄스럽고 괴로웠겠습니까.

"얘들아, 집에 가서도 건강하길 바란다. 아무리 어려워도 하나님이 너희들을 도와주실 거야. 그러니 희망을 잃지 말고 꿈을 키우며 살아가렴. 하나님께서는 너희들을 정말 소중하게 여기고 사랑하신단다."

저는 말로라도 상처투성이인 그 아이들의 마음을 달래 주고 싶었습니다. 시간이 허락된다면 그 아이들에게 복음을 더 자세히 가르쳐 주고 싶은 마음이 굴뚝같았습니다.

쌀부대를 등에 메고 강둑을 따라 걸어가는 아이들을 향해 다시 한 번 손을 흔들었습니다.

"조심해라."

"고맙소이, 잘 계시라요."

아이들이 저쪽 강둑으로 무사히 건너간 것을 보고서야 돌아설 수 있었습니다. 뼈만 앙상했던 그 아이들의 뒷모습이 눈에 박혀 사라지지 않았습니다. 저는 마음이 울적하여 하늘을 향해 외쳤습니다.

"예수님, 빨리 이곳에 오셔서 저들에게 긍휼을 베풀어 주시옵소서."

이는 2008년 3월 A진료실에서 온 편지이다. 이 편지를 받고 마음이 얼마나 아팠는지 모른다. 북한 땅에도 분명히 예수님을 기다리는 이들이 있을 것이다. 그들은 하루 속히 북한에도 오셔서 자유롭게 하나님을 믿고 사람답게 살기를 기도할 것이다. 주님께서 그들의 기도를 하루 빨리 들어주시기를 간절히 바랄 뿐이다.

북한을 위한 나눔 사역

나눔의 삶은 가장 고귀한 삶이다. 우리의 가장 귀한 사역은 작은 정성을 나눔으로써 헐벗고 굶주린 사람들의 생명을 구하고 영혼을 살리는 일이다. 사랑을 나누고 영혼을 구해야 할 대상은 세상 어디에도 많은데 왜 하필이면 북한이냐고 질문을 던지는 사람도 있을 것이다.

보통 대부분의 나라들은 도와주겠다고 발 벗고 나서면 대환영을 한다. 하지만 북한은 오랫동안 공산주의 체제 아래서 지내왔고, 관리들은 자신들의 체제유지와 그 속에서 살아남기에만 급급할 뿐이다. 북한 주민들의 생명 살리기에는 도통 관심이 없다. 그래서 그들을 돕는 일이 더 까다롭고 어렵다. 도움을 주면 감사해하는 것이 인지상정인데, 북한은 오히려 고자세로 나오면서 도무지 이해가 안 되는 엉뚱한 요구를 하고 조건들을 내세우기 일쑤다. 그러니 올바르고 투명한 도움과 구제는 거의 불가능한 것이 사실이다.

물론 선진국에도 도움을 필요로 하는 사람들이 있다. 그러나 그것은 분배와 구조의 문제일 뿐 그 나라 스스로가 해결할 수 있는 힘을 가지고 있다. 그러나 북한은 스스로 도울 수 있는 힘도 없다. 오히려 밖으로부터의 도움을 방해하고 막아 버린다. 그래서 아무 죄 없는 북한 주민들은 그 누구에게서도 도움을 받을 수 없다.

이들을 돕는 일은 언론에 노출되어서도 안 되고, 세상에서 인정받기를 원하는 사람들은 할 수도 없는 일이다. 빛도 없고 이름도 없는 일인 것이다. 북한 사역은 하나님의 말씀에 붙잡혀 사명감으로 일하는 사람들이 나서서 해야 할 민족적 사명이자 신앙적인 책임이다.

드디어 평양제약공장에서 비타민제와 항생제가 생산되었고, 실제로 필요한 임산부들과 어린아이들에게 전달되었다. 선천성 기형아를 예방하고 아이들의 건강을 도와줄 이 공장은 매달 재료를 보내는 대로 10만-15만 명의 임산부들과 어린아이들에게 비타민과 항생제를 전달하게 될 것이다. 이렇게 북한 주민들에게 필요한 의약품과 물품들을 전하면서 우리의 기쁨이 더 커지는 것은 아마도 나눔의 매력이 아닐까 싶다.

이와 더불어 무엇보다도 귀한 것은 말씀의 나눔이다.

지난 평양제약공장 개원식에 참가하면서 주일날 칠골교회에서 드린 '눈물의 성찬식'과 '통성기도'를 통해 북한 사람들의 눈에서 흐르는 눈물을 볼 수 있었고, 우리 모두가 사랑으로 하나 되는 것을 경험했다. 강변 제자양육 프로그램도 시작되었고, 이것을 통해 많은 조선족들이 제자양육을 받고 헌신하여 강 건너 북한 땅에 복음이 퍼지게 하는 역할을 할 것이다. 복음의 나눔이 그 어떤 나눔보다도 더 귀하고 힘이 있기 때문이다.

지극히 작은 자를 도우라

지금 전 세계가 불투명한 미래로 인해 움츠러들고 있다. 내가 어려운데 남을 돕는다는 것은 쉬운 일이 아니다. 단순한 선행은 사람들에게 칭찬을 받지만, 희생과 헌신이 있는 나눔은 하늘나라에 상달되어 하나님으로부터 칭찬을 듣고 더 큰 복을 받을 것이다.

이래서 나눔은 '일방통행'이 아니라, 주는 사람과 받는 사람이 같이 은혜를 받는 '쌍방통행'이다. 특히 '지극히 작은 자'를 돕는 일은 예수님께 한 것과 같은 것이라 했다. 지금 굶주림에 허덕이며 병들어 죽어 가는 그들이 불쌍하고 이 세상에서 가장 작은 자들임에는 틀림없다. 그럼에도 불구하고 북한 당국은 겉으로 더 강직한 척하며, 낭떠러지 끝에 서서 체면을 따지고 있다.

북한을 상대로 수많은 사역들을 감당해 내기란 쉽지 않았다. 어떻게 지금까지 이 일들을 해낼 수 있었는지 놀라울 따름이다. 그러나 우리 뒤에는 항상 하나님이 계시니 지극히 당연한 일이기도 하다.

너희 하나님 여호와가 너의 가운데 계시니

그는 구원을 베푸실 전능자 전능자시라

그가 너로 인하여 기쁨을 이기지 못하시며

너를 잠잠히 사랑하시며

즐거이 부르며 기뻐 기뻐하시리라

추운 겨울 동안 기도로 준비한 강변의 진료실들과 단동의 모든 팀들의 결의는 그 어느 때보다도 강했다. 새 봄이 오기를 기다리며 부활의 감격을 다시금 떠올리면서 말씀으로 우리 모두가 하나 되기를 기도드렸다. 우리의 뜨거운 기도가 하나님의 보좌를 움직일 것이고, 하나님께서 기뻐하시면 이루어 주실 것이다.

울부짖는 영혼의 생명 살리기

산이 무너지고 길이 파손되어 버스가 갈 수 없으면 내려서 걸어 산 넘고 물 건너 현장까지 가는 우리 팀들의 모습이 참으로 아름다웠다. 무엇이 이 사람들에게 이런 열정과 사랑을 갖게 만들었는지, 성령님의 역사가 아니면 그 무엇으로도 설명될 수 없는 일이었다.

중국을 뒤흔든 대지진

2008년 5월 12일 중국 쓰촨성 지역에서 강도 7.9의 강진이 온 천지를 흔들었다. 추정되는 사망자 수가 6만 명이나 되었고, 앞으로 더 늘어날 것이라는 보도가 여기저기서 흘러나왔다. 강진이 있은 후 곳곳에서 여지진이 계속 강타하고 있어 더 위험한 상황이었다. 이 때문에 산사태가 일어나고 근처 저수지 수위가 급격하게 상승하여 댐 범람의 위험까지 도사리고 있었다. 환자들을 두고 긴급 대피하라는 지시까지 내려졌고, 생존자를 찾기 위한 노력도 여의치 않아 맨손으로 잔해를 해치는 생지옥이라는 보고가 잇따랐다. 게다가 시신 썩는 냄새 때문에 훈련된 개들의 후각이 마비되어 시체 발굴을 하지 못하고 있다고 했다.

총 6천 9백 개나 되는 학교 교실도 모조리 함몰되어, 자식들을 잃은 부모들은 땅에 털썩 주저앉아 하염없이 눈물을 흘렸다. 중국의 인구 억제 정책인 '한 아이 정책'으로 하나밖에 없는 자식이어서 주위를 더욱 안타깝게 했다.

"여러분 모두 중국 쓰촨성 대지진 소식을 들었을 겁니다. 지금 상황이 매우 안 좋은 듯합니다. 그곳에서는 단 한 사람의 도움도 절실히 필요할 겁니다. 우리가 나서서 조금이나마 보탬이 되고, 아픔과 절망 가운데 있는 이들을 돕도록 합시다."

나는 당장 병원 스태프들을 모아 놓고 말했다. 아비규환인 쓰촨성을 그냥 넋 놓고 바라볼 수는 없었다.

우선 시급한 것이 의료팀 급파였다. 중국 정부가 자신들의 국립병원 이외에 어느 병원도 현장 방문을 금지하고 있었다. 특히 외국인 병원의 방문은 일체 금지되었고, 통행증 발급도 어려웠다. 현지와의 연락망과 도로가 모두 끊어진 상태여서 접근이 불가능했고, 앞으로 상황이 어떻게 변할지 알 수 없는 노릇이었다. 그런 가운데 우리 단동병원은 현지 적십자병원의 초청을 기다리며 10명의 의료팀을 구성하여 언제든지 떠날 준비를 하고 있었다.

그러나 그들의 정치적인 목적이 많은 생명을 살리는 것보다 우선이었기 때문에 생각보다 오랜 시간을 기다려야 했다. 그들에게 있어서 한 사람의 생명은 아무것도 아니었다. 오로지 중국 정부의 모양새와 그들의 자존심이 더 중요했다. 이런 답답한 상황을 보니 분통이 일었지만, 내가 할 수 있는 일은 없었다. 그래서 더 속상하고 안타까웠다.

기다리는 동안 수액, 항생제, 소독약, 진통제, 응급처치를 위한 모든 의료품과 생필품, 텐트 등을 챙겼다. 그리고 우리가 갈 수 없다면 필요한 물품이라도 보내자는 심정으로 현장에 전달할 수 있도록 만반의 조치를 취했다. 특별히 쓰촨성 지진 피해를 위한 캠페인을 벌여 더 많은 양의 구호품들을 준비해 몇 차례에 걸쳐 보내 주었다. 이것이 우리가 할 수 있는 전부였다. 고통 속에서 울부짖고 있을 주민들의 몸과 마음의 상처를 조금이라도 싸맬 수 있기를, 그리고 하나님의 사랑을 전할 수 있기를 간절히 기도했다.

그 후 다행히 안병호 본부장님, 우군자 선생님, 박승철 선생님 등 우리 샘차이나(SAM-China) 팀들이 현장을 직접 방문할 수 있는 길이 열렸다.

기차로 꼬박 이틀이 걸려 청두에 도착하고, 그곳에서 다시 중국식 장거리 버스를 타고 14시간을 들어가서 다시 현장까지 걸어서 들어가는 대장정의 여행이 시작된 것이다. 산이 무너지고 길이 파손되어 버스가 갈 수 없으면 내려서 걸어 산 넘고 물 건너 현장까지 가는 우리 팀들의 모습이 참으로 아름다웠다. 무엇이 이 사람들에게 이런 열정과 사랑을 갖게 만들었는지, 성령님의 역사가 아니면 그 무엇으로도 설명될 수 없는 일이었다.

아비규환의 현장에서 우리는 온 힘을 다해 환자들을 돌보고, 필요한 생필품과 의약품을 전달했다. 그곳을 뒤로 하고 떠나는 순간에도 발길이 떨어지지 않았다. 그저 그들의 고통과 상처가 하루 빨리 아물고, 그 자리에 주님의 사랑이 가득 채워지기를 마음속으로 바랄 뿐이었다.

친구들아, 고맙다

늘 마음으로 보고 싶고 만나면 반가운 친구들이 십시일반으로 모아 헌금을 보내 주었다. 이 헌금은 중국 쓰촨성 현장을 돕는 데도 요긴하게 쓰였다. 사실 예전보다 사역의 규모가 점점 커져서 "내 코가 석자"라는 말을 여러 번 내뱉기도 했다. 그만큼 내 능력의 한계를 느낀 것이다. 그래도 감사한 것은 주위에서 나를 항상 좋게 봐 주고 격려해 주기 때문에 새 힘을 얻어 앞으로 달려 나갈 수 있다는 것이다.

내가 서울의과대학을 졸업한 지도 어언 45년이 되었다. 이제는 체력의 한계를 느끼지만, 전 세계에 퍼져 있는 1만여 명의 회원들, 특히 지금도 중국과 북한의 오지에서 희생과 헌신으로 봉사하고 있는 100가족이 넘는 우리 봉사자들을 생각하면 도무지 쉴 수가 없다.

이러한 때에 친구들에게 받은 격려의 선물은 나에게 정말 큰 의미로 다가왔다. 역시 하나님께서는 우리를 실망시키지 않으시고, 적절한 때에 필요한 만큼 채워 주시는 분이다.

지금도 눈만 감으면 대학 시절 문리대 정원에 아름답게 핀 마로니에 꽃과 함춘원의 라일락 꽃향기가 내 코끝을 감미롭게 만든다. 그리고 친구들과 옹기종기 모여 앉아 낭만과 꿈을 키워 가던 그때의 모습들이 눈에 선하다. 지금은 많은 세월이 흘러 모두가 백발의 모습들로 변했지만 마음만은 그때와 다름없는 좋은 친구들이 있기에 나도 그들 안에서 숨 쉬며 살고 있다.

재미서울대 동창회에서 성금을 보내오고, 한국 총동창회에서는 여러 가지 방법으로 사역을 도와주고 있으니 늘 고마운 마음이 들었다. 그런데 동기들까지 나서서 성금을 모아 보내 주니 내가 더 열심히 사역에 임해야 겠다는 다짐을 새로이 했다.

젊은 시절부터 서로 잘 알고 지낸 친구들, 그래서 나의 밑바닥까지 훤한 40년지기 친구들이 보낸 성금이니 나에게는 더욱 의미 있고 귀했다. 모두들 각자의 분야에서 리더로서 바쁘게 살아갈 텐데, 한 친구의 사역에 관심을 가지고 도와주고 직접 병원으로 찾아와 봉사까지 해주니 더없이 고마웠다.

그들이 보내 준 성금은 40만 개의 아이템을 포함한 '사랑의 왕진가방' 재 보충을 위해 쓰일 것이다. '사랑의 왕진가방'은 홍역, 성홍열 등의 2차 감염 을 예방, 치료함으로써 생명을 살리는 일에 요긴하게 쓰이고 있다. 또한 우 리가 설립한 평양제약공장에서 생산하는 임산부와 어린아이들을 위한 비 타민과 특별 영양소를 보급하여 그들의 생명을 살릴 것이다.

중국 쓰촨성 대지진으로 6만 명의 사망자가 생겼는데, 계속해서 올라오 는 현장 보고를 보니 아직도 끝을 볼 수 없는 '생지옥'이었다. 이제는 '사랑 의 왕진가방'이 북한뿐 아니라 중국에도 생명을 살리는 일에 귀하게 쓰일 차례가 되었다. 전 세계 어느 곳이든 어렵고 위기에 처한 이들에게 생명을 살리는 도구로 '사랑의 왕진가방'이 보급되기를 바랄 뿐이다. 모두의 따뜻 한 마음이 세계 여러 곳에 전달되어, 생명 살리기와 영혼 구원의 아름다운 열매 맺기를 소원한다.

사랑의 영양버터

"살려 주시라요, 꼭 살려 주시라요. 나는 죽어도 좋으니 이 아이를 살려 주시라요." 엄마가 한 의료진을 붙들고 애절하게 말했다. 우리는 모두 숙연해지면서 눈시울이 붉어졌다. 의사가 손가락으로 지혜의 입에 영양버터를 조심스럽게 넣었다. 그러자 지혜가 모기만한 소리로 힘겹게 울었다.

기아에 허덕이는 아이들

전 세계가 곡물 가격 상승과 품귀 현상으로 곡물을 구하는 것이 쉽지 않게 되었다. 그동안 부족한 양의 80퍼센트를 중국에서 들여왔던 북한도 식량 공급이 완전히 중단되어 극심한 식량 부족으로 어느 때보다도 어려운 위기에 처하게 되었다.

세계 기아와 굶주림의 대명사처럼 되어 있는 아프리카, 특히 소말리아에서는 전 인구 822만 명 중 60만 명이 굶어 죽었고, 에티오피아에서는 총 인구 5천 8백만 명 중 100만 명이 굶어 죽었다는 소식이 들려왔다. 북한은 인구 2천 3백만 명 중 250-300만 명이 굶어 죽었다는 세계식량계획(WFP)의 보고는 그 현장의 어려운 참상을 여실히 말해 주고 있었다. 우리가 모른 척한다는 것은 동족으로서 있을 수 없는 일이었다.

이런 사정이 전 세계에 알려지자 유니세프, 세계식량계획 등의 유엔 기관과 머시코(Mercy Corps)와 같은 세계구호기관들이 평양으로 들어갔다. 하지만 그들의 비협조적인 태도와 까다로운 제약으로 결국 북한에 들어갔던 여러 기관들이 활동을 포기하고 철수하는 상황이 벌어졌다.

이런 가운데서 가장 심각하게 타격을 받은 것은 어린아이들이었다. 국제사회에서는 세계 어린아이들의 기아문제를 해결하기 위해 땅콩, 우유, 설탕, 비타민 등을 혼합하여 특별 영양제(영양버터)를 만들어 아프리카 지역에 공급하고 있다. 이것은 이미 세계 소아과협회에서 그동안 아프리카의 기아 아동들을 치료하여 뛰어난 효과를 인정받은 바 있다.

이 영양버터는 5살 이하의 극심한 기아 아동(negative 3 zone by WHO : 한 달 이내에 대대적인 치료를 받지 못하면 생명을 잃을 수밖에 없는 상태)들을 살릴 수 있는 강한 치료 식품이다. 영양보충제가 아니고, 영양치료제인 것이다. 또 여기에 비타민과 항균작용이 있는 오일 등을 배합해 치료와 예방에 쓰고 있다. 이것은 냉장보관이 필요 없고 실내에서도 최소 1개월은 보관할 수 있으며, 정수된 물이 필요 없기 때문에 수인성 전염병의 위험도 거의 없다.

그래서 이 영양버터는 1940년대 페니실린이 발견되어 많은 생명을 살릴 수 있었던 것에 비견할 만큼 큰 역할을 할 것이라는 기대를 모으고 있다.

샘 의료복지재단에서는 우선 국제기구로부터 이미 만들어진 완제품 4.5톤을 긴급 수송하고, 샘 케어에 속한 미국 의료팀들을 파견하여 극심한 기아 상태에 있는 어린아이들 300명을 3개월 간 먹여 생명을 살리는 일을 시작했다. 이 첫 단계 실험이 우리의 계획대로 이루어져 좋은 결과를 얻게 되고, 또 우리의 요구 사항이 관철되면, 이 공장을 북한의 다른 여러 곳으로도 확대 실시할 것도 약속 받았다.

생명을 살리는 영양버터

2008년 8월, 우리 의료팀은 평양에서 약 2시간 거리에 있는 황해도 구월산 근처 산골농장 마을 두 곳을 찾았다. 외부에 한 번도 노출된 적이 없는 오지 중의 오지였다. 그곳을 3차에 걸쳐 방문하면서 극심한 기아로 생명이 위험한 아이들을 영양버터로 치료하는 활동을 벌였다. 특히 세 번째 방문 때는 감사하게도 의료팀 7명이 들어가 시골 마을에서 100여 명의 환자를 치료하는 의료봉사도 함께하는 기회를 가질 수 있었다.

극심한 기아 상태에 있어 한 달 내에 집중적인 치료를 받지 않으면 생명을 잃을 수밖에 없는 아이들 70명을 3개월 동안 치료한 결과, 3명은 정성어린 치료에도 불구하고 이미 때가 늦는 바람에 생명을 잃고 말았다. 그러나 나머지 67명은 평균 5-7킬로그램의 몸무게가 늘어났고 모두 건강을 되찾게 되었다.

그중에 특별히 우리 의료팀의 관심을 받았던 아이가 있었는데, 이름이 지혜였다. 지혜 역시 3개월 정도가 지나자 그 나이 또래의 아이 모습으로 돌아왔다.

목숨을 건 모정

미국에서 온 의료진들과 우리 단둥병원 의료진들에게 치료를 부탁하기 위해 북한 관리들이 120명의 어린아이들을 모아 데리고 왔다. 하지만 아이들의 입성을 보니 특별히 심각한 병을 앓는 아이들 같지 않았고, 큰 어려움 없이 사는 아이들임을 금세 알 수 있었다. 아이들은 명절도 아닌데 저마다 색동저고리를 입고 길게 줄을 서 있었다.

북한의 어려움을 세상에 알리지 않기 위해 건강한 아이들만 뽑아 우리에게 보낸 것이 틀림없었다. 아무것도 모른 채 이곳으로 동원되어 나온 아이들을 바라보는 우리 팀의 마음은 안타깝고 서글펐다.

'아, 이 아이들은 무슨 고생인가. 그리고 진정으로 우리의 도움이 필요한 아이들은 어디 있단 말인가.'

바로 그때 한 엄마가 아이를 들쳐 업고 의료진을 향해 황급히 달려왔다.

"의사 선생님, 우리 아이를 살려 주시라요!"

연거푸 살려달라고 처절하게 외치는 엄마의 얼굴에는 두려움과 비장함이 뒤섞여 있었다. 순식간에 일어난 일이라 북한 관리들도 당황한 기색을 감추지 못하고 어찌하지 못한 채 그저 쳐다보기만 했다. 오랜 굶주림으로 자신의 딸이 죽어가는 것을 차마 볼 수 없었던 아이의 엄마가 용기를 내어 우리에게 달려온 것이다. 여기까지 달려오는 동안 아이를 살리고 싶은 모정과, 잘못하다가 자신도 죽을지 모른다는 두려움 사이에서 얼마나 많은 갈등을 했을까 싶었다. 명령을 어긴다면, 강제 수용소로 끌려가는 것은 불을 보듯 뻔했다. 그러나 결국에는 강한 모정이 이겨서 아이를 살리기만 하면 자신은 죽어도 상관없다는 마음으로 달려온 것이다.

우리는 아이의 안전을 위해 그 아이 이름을 지혜라 부른다. 미국에서 실력 있는 의사들이 와서 굶어 죽어가는 아이들을 치료해 준다는 말을 듣고,

뼈만 앙상하게 남은 지혜를 업고 달려온 엄마는 말을 잇지 못하고 계속 눈물만 흘렸다. 외국인들에게 험한 꼴을 보이면 안 된다는 관리들의 당부도, 사납게 감시하고 있는 관리들의 눈초리도, 지혜를 살려야 되겠다는 모정을 붙들어 맬 수는 없었다. 지혜를 가슴에 안고 뛰고 또 뛰어 의료진들의 팔에 던지듯 안겨 주었다.

"살려 주시라요, 꼭 살려 주시라요. 나는 죽어도 좋으니 이 아이를 살려 주시라요."

엄마가 한 의료진을 붙들고 애절하게 말했다. 우리는 모두 숙연해지면서 눈시울이 붉어졌다. 의사가 손가락으로 지혜의 입에 영양버터를 조심스럽게 넣었다. 그러자 지혜가 모기만한 소리로 힘겹게 울었다. 아이의 고통스런 울음소리에 의사도, 간호사도, 엄마도, 그리고 주위 사람들 모두가 함께 흐느꼈다.

잠시 후 지혜 엄마는 자신이 무슨 짓을 했는지 깨닫고 얼굴이 새파랗게 질렸다. 하지만 그녀의 용기 있는 태도에 기회만 보고 안타까워하던 다른 엄마들도 힘을 얻어 자신의 아이를 안고 하나둘 달려 나왔다.

"나는 죽어도 좋습네다. 이 아이만 살려 주시라요."

순식간에 일어난 일이라 어느 누구도 그것을 막을 수 없었다.

두 살짜리 아이의 팔이 엄지손가락처럼 앙상하게 야위었고, 얼굴을 보니 울고 있는데 우는 소리가 들리지 않을 정도로 약하고 숨 쉬는 소리도 매우 힘겹게 들렸다.

우리 의료팀들은 재빠르게 손을 움직여 아이에게 영양버터를 먹여 주고, 한 달 동안 치료에 필요한 모든 조치를 엄마에게 상세히 일러 주었다.

지혜 1차 상태
2008년 8월
생명이 매우 위험한 상태였다.

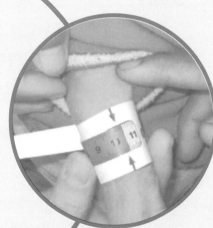

지혜 2차 상태
2008년 9월
서서히 건강을 회복하고 있다.

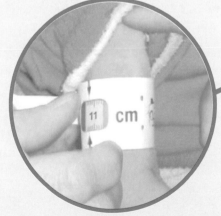

지혜 3차 상태
2008년 10월
거의 정상 상태가 되었다.

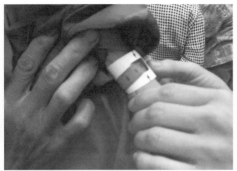

생명이 매우 위험한 상태였던 지혜
(1차 방문)

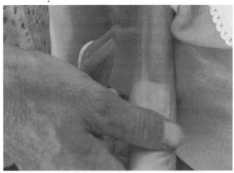

지혜의 건강 상태를 알 수 있는 팔
(2차 방문)

서서히 건강을 회복하고 있는 지혜
(2차 방문)

정상 상태에 가까워진 지혜
(3차 방문)

영양버터 덕에 건강해진 지혜
(4차 방문_1년 후)

너도 나도 자신의 아이를 의료진에게 보였다. 모든 아이들이 극심한 기아로 한 달 이내에 집중적인 치료를 받지 못하면 생명을 잃게 될 심각한 상태에 있었다. 우리 의료팀은 있는 힘껏 영양버터를 먹이고, 아이들이 지속적으로 영양 보충을 하며 건강을 되찾을 수 있는 방법들을 알려 주었다.

이렇게 해서 그날 우리 팀은 죽어가는 아이들 70명을 치료했고, 그 후로도 그 아이들을 3개월간 집중 치료해 그중 67명이 건강을 되찾게 되었다.

하루 종일 아이들을 치료하는 사역을 마치고 돌아온 우리 의료팀은 혹시나 아이들을 업고 달려 나온 엄마들이 나중에 큰 화를 입으면 어쩌나 걱정이 되었다.

'아, 그 엄마들에게 별 일이 없어야 할텐데….'

나중에 2차 방문을 하면서 그 엄마들의 모습을 볼 때까지 우리 의료팀과 모든 기도회원들이 매일 마음을 놓지 못하고 그들을 위해 기도했다. 다행히도 건강한 모습으로 우리를 맞이하고 아이들 역시 살이 올라 어려운 시기를 넘기게 된 것을 보고 안도의 한숨을 내쉬었다. 하나님께서는 이번에도 우리의 기도를 외면치 않으시고 들어주셨다.

이번 일을 통해 다시 한 번 어머니의 마음에 대해 생각하게 되었다. 하나님께서는 어머니에게 특별한 마음과 힘을 주셨다. 어머니의 사랑이 이렇게 큰데, 하나님의 마음은 얼마나 크겠는가. 우리의 생명은 하나님께서 주셨고, 주신 생명을 관리하고 보존하는 것에 쓰이는 가장 큰 도구가 바로 어머니다. 자식을 살리기 위해 자신의 목숨을 던지는 어머니들이야말로 참사랑의 화신들이다.

생명을 살리는 왕진버스

세상살이에 찌든 그의 얼굴에 미소가 가득 번졌다. 거의 다 빠져버린 앞니 사이로 목구멍이 훤하게 들여다보였다. 그를 안고 같이 기뻐하다가 나도 모르게 눈물이 핑 돌았다. 이들에게 다시 살 수 있는 힘을 주었다는 생각에 감격이 북받쳐 오른 것이다.

왕진버스를 기다리는 사람들

새로 준비한 대형 이동진료차 '사랑의 왕진버스'가 처음 찾아간 곳은 시골 산골 마을이었다. 아침부터 이동 진료를 준비하느라 몸은 바쁘지만 마음은 자꾸 설레었다. 우리가 중국 사람들과 접촉하는 것을 중국 경찰들이 집요하게 감시할 것이 분명하기 때문에 긴장되는 부분도 있지만 그렇다고 그것이 두려워 이동 진료를 그만둘 수는 없었다.

'주님, 오늘도 많은 사람들을 치료하고 그들에게 살아갈 희망과 웃음을 선물하고 올 수 있도록 인도하여 주옵소서.'

나는 마음속으로 기도하고 병원을 나섰다.

구불구불 험한 길을 간신히 지나 작은 개울을 건너 다 쓰러져 가는 작은 오막살이 집 마당 앞에 도착했다. 벌써 온 가족이 모여 우리를 기다리고 있었다. 그들은 우리를 보자마자 함박웃음을 지으며 반갑게 맞이해 주었다.

목소리 큰 아주머니는 고음의 소리와 큰 웃음소리가 뒤섞여 고맙다는 말을 연발했다. 그 가운데로 한 남자가 두 팔을 벌리고 걸어 나오면서 "선생님, 저를 보세요!" 하고 외쳤다. 가까이서 보니 지난 달 병원에 입원해 치료를 받은 환자였다. 그때만 해도 그는 걷지도 못하고 도움을 받아야만 돌아누울 수 있었다. 그런데 그가 마치 언제 그랬느냐는 듯이 다시 걷고 있는 것이다. 곁에 있는 아주머니는 "기적"이라는 말을 쉬지 않고 반복했다.

부엌이 방이고 방이 부엌인 그들의 삶의 공간은 보는 사람이 민망할 정도였지만, 오늘만은 세상 그 누구보다도 행복한 모습들이었다. 진료를 위해 환자를 누이고, 그들이 미안해할까 봐 나도 그 옆에 털썩 주저앉았다. 이곳저곳 몸 상태를 살피고 모든 것이 정상임을 알려 주었더니, 그는 벌떡 일어나 나를 덥석 안고 눈물을 흘렸다.

"정말 고맙습니다. 선생님이 아니었으면 저는 평생 걷지도 못하고 드러누워 죽기만을 기다렸을 겁니다."

세상살이에 찌든 그의 얼굴에 미소가 가득 번졌다. 거의 다 빠져버린 앞니 사이로 목구멍이 훤하게 들여다보였다. 그를 안고 같이 기뻐하다가 나도 모르게 눈물이 핑 돌았다. 이들에게 다시 살 수 있는 힘을 주었다는 생각에 감격이 북받쳐 오른 것이다. 꼭 식사를 하고 가라는 아주머니의 간청을 뒤로하고 걸어 나오는데 파란 하늘이 눈에 들어왔다. 하늘의 푸름이 나의 마음을 나타내 주는 것 같았다. 맑고 깨끗하고 개운한 나의 마음을….

나는 서둘러 다음 집을 향했다. 그 집에는 당뇨병 합병증으로 입원했던 여자 환자가 살고 있었다. 그녀의 남편은 나의 손을 꼭 잡고 "죽었던 사람을 살려 주셨습니다" 하며 감사의 말을 전했다. 주름살이 깊게 패인 그의 얼굴을 타고 눈물이 주르륵 흘러내렸다.

합병증으로 고생하던 그녀는 훨씬 건강해져서 이제는 밭일도 나간다고 했다. 혈당, 혈압 모두 정상으로 돌아왔고, 무엇보다도 어지럼증이 없어져 이제는 살 만하다고 웃으며 말했다.

나는 환한 웃음으로 작별 인사를 하고 좁은 시골 길을 덜컹거리며 차를 타고 나왔다. 단동병원을 퇴원한 두 환자를 보기 위해서 좁은 길을 따라 다른 마을로 달리고 달렸다. 그 마을에 도착하자 이미 우리가 온다는 소문을 듣고 많은 사람이 모여 있었다. 두 환자를 살펴보고 건강이 나아진 것을 확인한 후 마을 촌장과 잠깐 이야기를 나누었다.

"촌장님, 정말 죄송합니다. 저희가 오늘 여러 환자들을 보아야 하는 스케줄이 있어서 지금 저희를 만나기 위해 오신 분들을 모두 진료해 드릴 시간이 없을 것 같습니다. 가까운 시일 내에 꼭 이곳을 다시 들러서 주민 여러분들을 봐 드리겠습니다."

"네, 알겠습니다. 원장님, 꼭 와 주시기를 부탁드립니다."

사실 중국 경찰은 우리가 이렇게 중국 사람들과 개인적으로 접촉하는 것을 민감하게 여기고 철저히 감시해 왔다. 그러나 이제는 마을의 촌장과 당 서기들이 우리를 초청하고 진료를 요청하는 일들이 생기고 있으니, 결과적으로 합법적인 활동이 가능하게 된 것이다.

"오, 하나님, 이젠 '사랑의 왕진버스' 프로젝트가 가능하게 됐습니다!"

이제는 숨어서 비밀리에 동네들을 방문하고 환자를 찾아다니며 진료하지 않는다. 중국 경찰이 외국인, 특히 기독교인들이 그들의 주민들과 개인접촉을 하는 것을 제일 싫어해서 철저하게 감시하는데, 이제는 오히려 와서 도와 달라는 그들의 초청을 받고 간다. 하나님의 크신 은혜다.

취엔에게 기적을 선물하다

모든 진료를 마치고 병원으로 돌아오니 취엔이 와 있었다. 26살의 이 젊은 아가씨는 선천적 퇴형성 관절질환으로 대퇴부와 무릎 관절이 제대로 생기지 못한 채 걷지도 못하고 몸 전체가 구부정하여 보기에도 회복되기 어려운 기형이었다. 나는 취엔의 처지가 너무나 딱해 한국으로 보내서 인공관절 수술을 받을 수 있게 해주었다. 약 한 달간의 수술과 회복을 기대하고 조선족 간호사와 함께 보냈는데, 예상보다 더 많은 관절들을 이식하느라 6개월이라는 긴 시간이 걸렸다.

그런 어려운 수술을 받고 고통을 이겨낸 취엔이 바로 내 앞에 서 있는 것이다. 이제는 키가 10센티미터나 더 커지고, 예전과는 다른 건강한 미모의 여인이 되어 있었다.

"선생님, 그동안 잘 지내셨어요?"

"오, 그래, 취엔. 몰라보게 예뻐졌구나. 다리는 많이 좋아졌니?"

"네, 이제는 걷는 데 아무 문제가 없어요. 교회 봉사도 열심히 하고 있는 걸요."

취엔은 해맑은 웃음을 지어 보였다.

구부러진 다리를 부여잡고 걷지 못해 괴로워하던 취엔이 건강해진 두 다리로 교회를 다니며 하나님 안에서 꿈을 키울 수 있게 되어 내 마음까지 행복해졌다.

오늘은 하나님께서 베풀어 주신 기적의 연속이었다. 우리 사역자들의 눈물의 기도와 사랑의 수고를 하나님께서 어여쁘게 보시고 이런 기적들을 보여 주신 것이라는 생각이 들었다. 우리를 통해 하나님께서 일으키신 기적들을 보는 것으로 우리의 삶이 채워진다면 그보다 보람 있는 일이 어디 있을까.

앉은뱅이가 일어나고, 걷지 못하던 여인이 뛰고, 혈우병을 앓아 삶을 포기했던 여인이 살아나는 등 예수님 때에 일어났던 기적들이 오늘도 부족한 우리를 통해 이루어지고 있다. 이런 기적들을 마음 깊이 간직하고 함께하시는 하나님의 은혜를 잊지 않을 것이다. 그분의 영광이 온 세상에 가득하고 오늘도 그것에 감격하는 이 종과 함께하심을 감사드린다.

사회복지공동모금회인 '사랑의 열매' 지원으로 마련하게 된 '사랑의 왕진버스'

'사랑의 왕진버스'에서 산부인과 진료를 기다리는 여인들

무의촌 진료 '사랑의 왕진버스'를 통해 만난 환자와 반갑게 포옹하는 박세록 장로

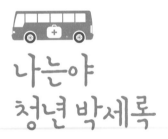

나는야
청년 박세록

칠십 평생을 살아오면서 매순간마다 열심히 살려고 노력했는데, 아직까지 선한 열매를 맺지 못한 것 같아 아쉬움이 남는다. 그러나 우리 스태프들의 헌신과 사랑이 있는 고로 나도 자극을 받아 용기 내어 보리라 스스로 다짐해 본다.

인생은 70부터

2008년 7월, 나는 70세를 맞이했다. 이 세상에 태어나서 산 지 70년이 된 것이다. 누가 들으면, 인생의 막다른 길로 달려가는 늙은이라고 생각할지 모르겠지만, 나의 마음은 여전히 청춘이다. 그래서 70년이라는 세월이 얼마나 긴지 전혀 실감이 나지 않는다. 이것은 주책 맞은 한 노인의 착각일까?

언제부터인가 '인생은 60부터'라는 말이 회자되고 있는데, 이제 '인생은 70부터'라는 표현으로 갈아치워야 되지 않나 하는 생각을 해본다. 70세가 되었지만 여전히 365일 하루도 빠짐없이 새벽 5시부터 밤 12시까지 할 일들이 수북히 쌓여 있어 쉴 틈이 없는 나를 보면 더더욱 그러하다.

그러기에 칠순잔치 같은 것을 챙겨 먹으려는 생각도 전혀 없었다. 그저 아내와 함께 조용히 여행이나 다녀오자 마음먹고 있었는데, 일 년 내내 얼굴 한 번 보기 힘든 부모를 생일에도 보지 못하는 것은 양보할 수 없다며 아들, 딸, 며느리, 사위들이 강력하게 항의했다. 결국 자식들의 성화에 못 이겨 대가족이 한자리에 모여 파티를 열기로 했다.

어머니께서 병상에 누워 계시는데 자식 된 도리로 생일상 받는 것이 민망했지만, 아이들이 서운해하니 어쩔 수 없이 어머니가 계신 곳에서 모이기로 했다.

샌프란시스코에 사는 첫째, 디트로이트에 사는 둘째, 뉴욕에 사는 셋째, 로스앤젤레스에 사는 막내 그리고 며느리들, 손자 손녀, 또 하와이에 사는 동생 내외, 로스앤젤레스에 사는 여동생 내외 이렇게 모두 15명이 모였다.

로스앤젤레스 근교에 있는 바닷가 아름다운 식당에서 사랑하는 가족과 시간 가는 줄 모르고 즐겁게 보냈다. 모두들 오랜만에 만나는 것이라 서로 부둥켜안고 뺨을 비비며 서로의 따뜻한 체온을 느꼈다. 키울 때는 그렇게도 힘들더니 이제는 모두 커서 각자 자기 몫을 감당하며 열심히 가정을 이끌어 가는 모습이 참으로 대견해 보였다.

내가 사랑하는 가족들

돌이켜 보면 나는 아이들을 키우는 데 열심이지 못한 못난 아빠였다. 그래서 더욱 후회가 많이 남는다. 낯설고 물 설은 먼 이국 땅 미국으로 와서 수련과 연구과정을 거치면서 부족한 잠과 싸우며 공부하느라 가족은 항상 뒷전이었다. 그러다 보니 육아를 비롯한 집안 대소사는 모두 아내의 몫이었다.

나는 단칸방에서 공부하느라 밤샘을 하고, 아내는 공부에 방해가 될까 봐 부엌 바닥에 담요를 깔고 아이들을 돌보면서 같이 밤을 새웠다. 그 덕분에 나는 전문의도 되고, 학위도 받고, 의과대학 교수도 되었다. 하지만 아이들에게 잘해 주지 못한 것이 늘 마음에 걸리고 미안했다. 이제는 모두 잘 성장하여 전문인으로서 사회 속에서 잘 살아가고 있으니 그저 고마울 따름이다.

이제는 네 명의 자식이 각자 일가를 이루어 며느리, 사위, 손자 손녀까지 늘어나 대가족이 되었으니 너무나 든든하고 더 이상 큰 복이 없다는 생각이 들었다.

문득 내가 젊었을 때의 사랑하는 가족을 떠올려 보았다. 그 가운데는 늘 어머니가 자리 잡고 계셨다. 아버지가 젊은 나이에 일찍 돌아가시고, 어머니는 어려운 살림을 도맡아 힘겹게 자식들을 키우셨다. 그러다 보니 첫째인 내가 결혼하고 나서는 나와 아내가 동생들의 생활과 학비, 결혼까지 뒷바라지를 해야 했다. 그런데 이제는 동생 넷이 모두 잘되어 자기 나름대로 아들딸들 결혼시키고 잘 살고 있으니 이것도 큰 복이다. 모두가 건강하고, 만나면 한없이 좋고 헤어지기가 아쉬울 정도이니 형제끼리 이렇게 화목한 것도 하나님의 은혜가 크기 때문이라는 생각을 했다.

나에게는 사랑하는 가족이 또 있다. 바로 나와 함께 일하는 샘 스태프들이다. 한국, 미국, 호주에 있는 스태프들과 봉사자들, 그리고 세계 각 처에 있는 후원이사들과 후원자들이 모두 나의 사랑하는 가족이다. 단동에서는 미리 나의 칠십 번째 생일을 축하해 주었다. 하얀색 '사랑의 왕진버스'가 도착하던 그날, 스태프들이 진료차에 생신을 축하드린다는 메시지를 크게 붙이고, 환한 얼굴로 나의 생일을 축하해 주었던 것이다. 그 '사랑의 왕진버스'가 나의 생일 선물이 된 셈이었다.

나이를 거꾸로 먹다

칠십 평생을 살아오면서 매순간마다 열심히 살려고 노력했는데, 아직까지 선한 열매를 맺지 못한 것 같아 아쉬움이 남는다. 그러나 우리 스태프들의 헌신과 사랑이 있는 고로 나도 자극을 받아 용기 내어 보리라 스스로 다짐해 본다. 다행인 것은 이렇게 부족한 나를 하나님께서 불러 주시고 귀한 사역까지 맡겨 주셨다는 사실이다. 감사하는 마음으로 생명이 다하는 날까지 그분의 사역을 열심히 감당할 것이다. 그리고 나의 지나온 삶과 경험이 많은 이들에게 조금이라도 도움이 되고 변화를 일으키는 시발점이 된다면 더 바랄 것이 없겠다.

사랑은 말로 하는 것이 아니다. 진정한 사랑은 사랑을 받은 사람이 그 사랑에 감사할 때이다. 그렇지 않다면 그것은 단지 일방적인 사랑일 뿐이다. 우리의 헌신과 수고가 상대방의 마음을 움직이고 그 안에 감사와 사랑이 자라게 해서 하나님께 영광 돌릴 수 있기를 기도한다. 이 각박한 세상, 촌음을 아껴 서로 사랑하면서 살아야 할 것이다. 모든 것이 하나님의 은혜이기 때문이다.

이제부터 나는 나이를 거꾸로 먹기로 했다. 내년은 69세, 후년은 68세…. 그러다 보면 곧 젊은 봉사자들과 동갑내기가 될 것이고, 나의 사역 역시 활기가 넘치지 않을까? 이것이 칠십 청년 박세록이 생일에 빌어 본 소원이다.

물이 바다 덮음 같이

우리는 캄캄한 어둠 가운데에서 방황하는 나약한 존재이다. 그런데 하나님께서는 그분의 영광을 위해 우리를 한 순간도 놓지 않으신다. 오히려 용기를 북돋워 주시고 어루만져 주신다.

숨 가쁜 시간들

단동에서의 지난 며칠은 참으로 복잡하고 숨 막히게 돌아가는 바쁜 나날이었다. 중국, 미국 관리들과 한치 앞을 내다볼 수 없는 심각한 대화를 나누며 연신 줄다리기를 했고, 중대한 결정을 앞두고 불안해하는 우리 스태프들과 현지 고용인들의 모습을 지켜보는 것도 큰 부담이 되었다. 그러면서도 시간에 쫓기는 스트레스는 여전했고, 오랜만에 나와 만나 할 이야기가 많은 사람들이 목을 길게 빼고 기다리고 있으니, 잠시도 쉴 틈이 보이지 않았다. 결국 입안이 쩍쩍 갈라지고 목소리에서는 쉰 소리가 나기 시작했다. 옆에서 보다 못한 동역자들이 나섰다.

"원장님, 이러다가 쓰러지시기라도 하면 어떡합니까. 잠시 일을 내려놓고 어디 조용한 데 가서 쉬다 오시는 게 좋겠어요."

그들은 나의 옷깃을 잡아끌며 차에 억지로 태웠다. 그러고는 바다가 보이는 대려도 섬으로 데려갔다. 워낙 썰물과 밀물의 차이가 심해서 배가 뜰 수 있는 시간이 정해져 있는데, 그날은 바람이 많이 불어 아침 시간에는 배가 뜨지 못하는 상황이었다. 할 수 없이 우리는 바람의 세기와 썰물 들어오기를 살피면서 꼬박 9시간을 기다려야 했다. 병원에서 아침 9시에 나섰는데, 오후 6시 정도가 되어서야 배가 떴으니 허비한 시간이 아까울 정도였다. 게다가 배를 타고 앉아서 기다린 시간이 3시간, 그것도 사정없이 불어대는 초가을 바닷바람을 맞으며 앉아 있었으니 고문이 따로 없었다.

나를 위해 시간을 내고 먹을 음식까지 준비해 따라온 안 장로님과 우 선생님은 자신들이 추운 것은 뒤로 하고 계속 내 걱정을 하며 챙겨 주니 너무 고마워 몸 둘 바를 몰랐다.

춥고 기나긴 기다림 끝에 드디어 배가 떠났다. 좀 전까지는 그렇게 살을 에는 듯한 차가운 바닷바람이었는데, 이제는 내 마음의 답답함을 말끔히 씻어 바다로 던져 주는 것 같아 후련함마저 느껴졌다.

외딴 섬에서의 안식

바로 오늘이 우리 병원 토지와 건물 경매 신청 마지막 날이다. 그래서 나의 스트레스는 어느 때보다 극도로 치달았고, 입안이 바짝 마를 수밖에 없었다.

'과연 하나님께서 이 일을 어떻게 인도하실까.'

나는 마음속으로 궁금해하며 우리가 할 수 있는 노력을 다했는지 하나하나 짚어보았다. 이제는 우리가 하는 것이 아니라 하나님께서 하실 것이라는 생각으로 마음의 부담감을 조금이나마 덜 수 있었다.

새벽에도 기도하면서 "전쟁은 여호와께 속한 것"이란 말씀으로 확답을 받고 오히려 하나님께서 어떻게 이끌어 가실 것인지 설레는 마음이 생기기도 했다. 하나님께서 기적을 일으켜 주시고, 우리가 그 기적에 감격하고 감사해하는 상상을 하니 가슴이 마구 뛰었다. 그래서 걱정과 부담을 내려놓고 동역자들의 권유에 응하여 대려도까지 따라나선 것이다.

"주님, 저는 아무것도 할 수 없는 무능한 인간입니다. 주께서 원하시는 대로 하시옵소서. 저는 다만 순종할 뿐입니다."

찬 바닷바람이 내 마음에 불타오르는 감사의 불꽃을 더 불타오르게 만들었다.

한 시간 정도 뱃길을 타고 드디어 섬에 도착했다. 그런데 그곳에서 또 버스를 타고 약 30분가량 산을 넘어 가야 했다.

이렇게 해서 어렵게 찾아온 대려도 섬은 칠흑과 같은 암흑세계였다. 외딴 섬의 암흑은 도시의 암흑보다 훨씬 더 짙었다. 섬 전체에 불빛이라고는 두 개의 상점에서 켜 놓은 촛불 빛이 전부인 것 같았다. 우리는 빛이 없는 캄캄한 섬 안에서 한 발자국도 자유롭게 움직일 수가 없었다. 고픈 배를 채우지도 못하고, 길바닥 아무 데서나 노숙을 해야 할 것 같았다.

다행히도 버스가 우리가 묵을 호텔에 무사히 데려다 주었지만, 호텔도 암흑이기는 마찬가지였다. 호텔에서 손전등 하나를 얻어 짐을 내려놓고 저녁 요기를 할 수 있는 식당을 찾으러 나섰다. 우리는 서로 손을 잡고 조심스레 발길을 옮기다가 우연히 밤하늘을 쳐다보았다. 하늘에 뿌려진 무수히

많은 별들이 저마다 빛을 발하고 있었다. 이런 하늘을 본 지도 참 오랜만이라는 생각이 들었다.

'아, 주님께서 창조하신 아름다운 자연이다.'

밤하늘의 별빛은 피곤에 지친 우리의 마음을 어루만져 주었다. 모두 어릴 적으로 돌아간 기분으로 하나둘 별을 세면서 한 걸음 한 걸음 조심스럽게 발을 내딛었다. 그렇게 한참을 가니 자그마한 생선가게가 우리 눈앞에 나타났다. 그곳은 다행히 활어들을 살리기 위해 발전기를 돌려 불을 밝히고 있었다. 우리는 음식을 시켜 밥그릇에 코를 박고 허겁지겁 먹었다. 배가 든든해지니 슬슬 졸음이 몰려왔다. 호텔로 다시 돌아온 우리는 아무 걱정 없이 푹 잠이 들었다. 깜깜한 밤에 찬란한 별들을 보게 하신 하나님을 생각하며 항상 내 곁에 계심을 확신하고 편안하게 잠자리에 들 수 있었다.

아침 바다 풍경에 젖다

아침이 되자 눈이 번쩍 떠졌다. 외딴 섬의 아침 풍경은 어떨지 갑자기 궁금해진 나는 벌떡 일어나 창문을 드르륵 열었다. 창문을 연 순간 나는 "와" 하고 탄성을 질렀다.

바로 눈앞에 푸른 바다가 끝없이 펼쳐져 있었다. 드넓고 시원한 바다 위로 떠오르는 붉은 해가 푸른 바다를 점점 붉게 물들였다. 화려하게 수를 놓은 레드 카펫을 깔아 놓은 것처럼 바다 한가운데 생긴 붉은 대로가 넘실거리며 마치 나에게 이리 오라고 손짓이라도 하는 것 같았다.

물이 바다 덮음 같이, 물이 바다 덮음 같이! 하나님의 영광이 온 세상뿐 아니라 바로 내 앞에서 나를 안고 품어 주시는 감격에 벅차올랐다.

그리고 "어제 저녁 암흑 속에서 고생했지? 그러나 나의 영광이 너와 같이 하니 안심하라. 세상의 그 어느 고난도, 핍박도 두려워하지 말라. 겁내지 말라. 나의 영광이 너와 함께 하느니라" 하고 말씀하시는 하나님의 사랑의 음성이 나를 감동시켰다.

"감사합니다. 하나님, 보여 주시고 가르쳐 주시니 감사합니다."

어젯밤 우리가 식당을 찾아 걸어갔던 길은 바로 바다에 접해 있는 길이었다. 마침 밀물 때라 물이 빠져 나간 상태여서 그곳이 바다와 닿아 있는 길인지 전혀 몰랐던 것이다.

보지도, 듣지도, 알지도 못하고 불과 한 걸음 밖에 있는 것이 바다인 줄도 모르는 우리를 안전하게 인도하시고, 캄캄한 가운데서도 먹여 주시고 편하게 쉬게 하신 하나님. 그리고 아침에는 넓고 아름다운 바다를 통해 하나님의 영광을 보게 하신 하나님. 나는 "하나님, 사랑합니다!"를 외치며 감격의 눈물을 흘렸다.

우리는 캄캄한 어둠 가운데에서 방황하는 나약한 존재다. 그런데 하나님께서는 그분의 영광을 위해 우리를 한 순간도 놓지 않으신다. 오히려 용기를 북돋워 주시고 어루만져 주신다. 그리고 너무 늦지 않게 하나님의 인도하심과 사랑을 깨닫게 해주신다.

'물이 바다를 덮음 같이 여호와의 영광을 인정하는 것이 세상에 가득하리라.'

섬에서 조용히 보낸 하룻동안 나는 모처럼 나 자신을 되돌아볼 수 있는 시간을 가졌다. 온 세상에 여호와의 영광이 넘치는데, 그동안 나는 어리석게도 그것을 잊은 채 세상의 무거운 짐을 혼자 지고 있는 것처럼 끙끙대며 헤매고 있었다. 나는 사랑 받기 위해 태어난 사람임을 다시 한 번 깨달았다. 바로 하나님의 무조건적인 사랑 때문에 나는 오늘도 그 어디라도 그분이 인도하시는 대로 갈 수 있다.

오늘도 나는 꿈을 꾸며 환하게 비추이는 거울 속의 나를 본다.
부족한 죄인을 불러 주시고, 오래 참으시며 기다리셨다가 이제 조금 영의 눈을 뜨게 하시고,
감당할 수 없는 사랑과 은혜를 베풀어 기적을 이루게 하셨다.
세상이 아무리 나를 핍박해도, 아무리 큰 고난을 받는다 해도 두렵지 않게 하시고 오히려 새 길을 열어 가시는
예수님의 인도하심에 가슴 떨린다. 그래서 오늘도 감격하며 눈물을 흘린다.
그분의 무한하신 사랑 때문에….
　"예수님, 사랑합니다."

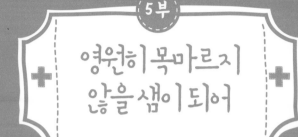

5부

영원히 목마르지
않을 샘이 되어

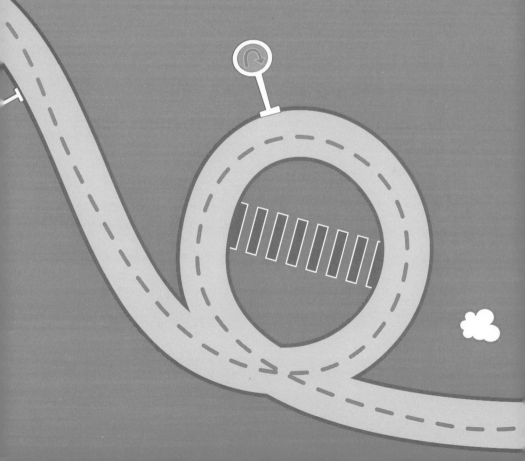

고난은 지금도 진행 중

지난날의 사역을 돌이켜 보면 참으로 많은 고비들을 겪었다. 물론 지금도 고비의 장애물은 있고, 그것을 넘기 위해 우리는 고군분투한다. 그러나 이러한 고비들도 사역의 한 부분이라 생각한다.

병원을 지켜내기 위한 사투

단동병원을 세운 후 나는 늘 마음속으로 간절히 기도했다.

'하나님, 제발 이 병원이 단동 땅에서 오래오래 많은 사람들의 생명과 희망을 살릴 수 있는 곳이 될 수 있도록 도와주시옵소서.'

하지만 세상은 나의 기도와 바람대로만 움직여 주지 않았다. 갑자기 단동 땅이 중국의 개발정책에 따라 요지로 급부상하면서 상황이 급변했다. 단동시 정부 관리들은 예측할 수 없는 갖은 술수로 단동병원을 없애려 했고, 속을 알 수 없는 그들의 음흉함에 한 치 앞도 내다볼 수 없었다. 이제는 막대한 돈을 끌어들여 횡포를 일삼는 재벌 기업까지 우리 단동병원에 눈독을 들이고 있어서 그들과 맞서 싸우는 것이 쉽지 않은 일이었다. 나는 미국에서의 빡빡한 집회 스케줄을 미루면서까지 단동에 남아 병원을 지키기 위한 사투를 벌였다. 단동 지역의 끊임없는 변화에 자리를 비울 수가 없었던 것이다.

사실 단동병원이 세워지기까지의 과정을 생각하면 지금도 눈물이 앞을 가린다. 1998년도에 단동 땅을 처음으로 밟았는데, 그때의 단동은 마치 버려진 황무지와 같았다. 그러나 그 땅으로 정해야 하는 분명한 두 가지 이유가 있었다.

단동은 우리나라 역사에서 중요한 의미를 가지고 있는 곳이다. 고려 때부터 명, 청, 원나라에 사신을 보내거나 볼모로 잡혀 가는 왕족들이 압록강을 건너 첫 날을 쉬고 가는 곳이었다. 그래서 박지원의 《열하일기》를 보면 이곳에 있는 벽돌공장을 처음 보고 벽돌 만드는 법을 배워 갔다는 이야기가 나온다. 그 벽돌 공장이 아직도 남아 있는 것이 참으로 신기했다.

또한 병원이 세워진 곳은 단동 시내에서 조금 떨어진 한적한 곳이라 주위에는 농가들밖에 없었다. 그래서 더욱 우리가 원하는 사역과 교회생활을 하기에는 적합한 곳이라 판단되었다. 병원 4층 강당에 교회를 세워 매일 예배도 드리고, 매달 50-100여 명의 단기선교 팀과 비전트립 팀들이 방문해 예배드리고 은혜 받는 곳으로 안성맞춤이었다.

물론 중국 경찰에서 우리가 하는 일을 손바닥 보듯 훤히 꿰뚫고 있었지만, 특별히 자기들의 법을 어기지 않는데다 주민들에게 의료봉사로 크게 도움을 주고 있었기 때문에 주위에서 신고만 들어가지 않으면 살짝 눈 감아 주고 있는 상태였다.

그런데 중국의 눈부신 발전과 함께 고속도로가 뚫리면서 단동병원이 있는 넓은 땅이 개발지로 떠오르게 되었다. 한편 중국 정부는 정책적으로 새로운 도시를 건설하면서 이곳에서 나오는 천연 온천물을 이용해 좋은 휴양지를 만들기로 결정을 내린 상황이었다. 이러니 땅 값이 천정부지로 뛸 수밖에 없었다.

나는 이런 기미를 미리 눈치 채고 단동병원의 대지 구입을 위해 재빠르게 움직였다. 단동시도 우리에게 대지와 건물을 팔기로 약속했다. 하지만 외국인 법인에게 자기들의 신 개발지에 있는 대지의 소유권을 넘겨 주는 것은 그들 역사에 없는 일이었고, 이것이 큰 문제로 불거지게 되었다.

게다가 우리의 종교 활동과 신앙생활을 갑자기 문제 삼아 더 이상 이 지역에 머물 수 없다고 주장하며 돌변한 태도를 보였다. 결국 단동 땅은 불합리하게 경매되어 높은 가격에 신흥 재벌 그룹에 팔리고 말았다.

이 대지의 새 주인이 된 중국 굴지의 재벌 그룹은 10일 이내에 건물을 비우라는 통첩을 보내왔다. 그들은 그 넓은 대지에 있는 농민들은 물론, 심지어 외국인들이 주재하는 모든 사무실, 주택까지도 순식간에 밀어 버렸다. 끝까지 버티고 있는 우리 단동병원만 덩그러니 남게 되었다. 물론 처음에는 병원까지 하루 빨리 쫓아낼 계획이었지만, 의외로 우리가 완강하게 버티며 저항하고 미국 정부까지 나서서 강력하게 항의하자 단동병원만큼은 함부로 어쩌지 못했다.

나는 이렇게 당할 수만은 없다는 생각에 미국 총영사관과 대사관, 그리고 미국 국무성, 하원의원(2003년도에 내가 미국 하원 사회봉사상을 받았던 위원회였다) 사무실 등을 두루두루 다니며 이 사실을 보고했다. 그리고 그들이 적극적으로 나서서 단동시 시장, 요녕성 성장 등에게 외교적 채널을 통하여 압력을 가하기 시작했다.

예기치 못했던 국제적인 문제로까지 번질 조짐이 보이자 중국 정부는 한 발짝 물러나, 우선 20년 계약 중 남은 계약기간인 12년 동안 건물과 이에 속한 대지의 사용권을 보장하겠다는 약속을 하고 현지 법원에서도 이것의 적법성을 인정해 주었다.

그런데 원래 계약에 포함되지 않은 병원 앞의 정원이 계속 문제가 되었다. 우리는 비록 계약서에 들어 있지 않더라도 정원이 없는 병원이 제대로 환자를 치료할 수 없다는 주장을 강력하게 하여 시 정부와 합의를 보았다. 하지만 재벌 그룹은 이에 불만을 품고 병원 정원에 있는 나무 열 그루를 뽑아 다른 곳으로 옮기려다가 결국 우리와 마찰을 일으키게 되었다.

그 사건이 일어났을 때에는 미국 집회 일정 때문에 내가 자리를 비운 상태였다. 서로 밀치고 떠미는 와중에 물리적인 다툼이 일어났다는 사실을 뒤늦게 상황 보고를 받고 알게 된 나는 원통하고 분한 마음까지 일었다. 이렇게 답답하고 안타까운 일이 어디 있단 말인가.

'아, 우리 동역자들이 그곳에서 몸싸움까지 하며 병원을 지키려고 애쓰고 있었구나.'

내가 그 자리에 없었다는 사실에 괜히 미안하기도 했다.

불과 2주 전만 해도 이미 약속이 되었으니 앞으로 구체적인 문제들을 풀어나가기만 하면 된다고 했는데, 난데없이 자기들 마음대로 나무를 뽑아가고, 그러는 가운데 물리적인 힘을 사용하였다는 것이 내 상식으로는 전혀 이해가 되지 않았다. 그들의 일방적이고 무례한 행동에 할 말을 잃고 말았다.

특히 동역자 가운데 한 사람이 얼굴을 연거푸 맞았다는 말을 듣고는 당장 단동으로 날아가고 싶었다. 그들이 행한 일은 도저히 용납할 수 없는 비천한 행동이었다. 다행히도 그분이 크게 다치지는 않았고, 또 너그러운 마음으로 모든 것을 덮어 두겠다고 해서 그저 고마울 뿐이었다.

어떤 동역자는 뽑아가는 나무를 둘러 안고 몸으로 막기도 했고, 또 어떤 이는 그 현장을 증거로 남기기 위해 사진을 찍고, 여자 동역자들도 몸을 사리지 않고 직접 그들에 맞서 대응했다. 이처럼 단동병원을 사랑하는 마음과 한마음으로 뭉친 동역자들의 모습에 나는 계속 "고맙다"는 말을 되뇌었다.

고비를 인내로 견뎌내는 사역

중국 재벌 기업과 싸움을 하면서 병원 부지를 지켜낸 사건 이후로 나는 이런저런 생각에 잠겼다. 이제 얼마 안 있으면 다시 미국으로 돌아가야 하는 상황에서 함께하는 동역자들에게 이번 사건에 대한 나의 생각을 말해 주어야겠다는 마음이 들었다. 책상 앞에 앉은 나는 하얀 종이에 글을 써 내려가기 시작했다.

사랑하는 동역자 여러분,
이번 일로 많이 상심하고, 마음의 상처도 받고, 절망적인 생각이 들기도 했을 것입니다. 그래도 끝까지 병원을 위해 자신의 몸을 기꺼이 던진 여러분의 사랑과 헌신에 너무 고마워 어떤 말로도 표현이 안 될 것 같습니다.

이번 일을 겪으면서 저 또한 여러 생각이 들었습니다. 맨 처음 든 생각은 이것이 끝이 아니라 시작에 불과하다는 것입니다. 중국은 앞으로 계속적인 도발 행위와 방해 공작을 일으킬 것이 분명합니다. 그러나 절대로 물리적인 충돌은 피해야 합니다. 하나님의 일을 하면서 누구든 다치거나 상처 입는 일이 일어나서는 안 되기 때문입니다.

중국은 예측 불가능하고 상식이 통하지 않는 곳입니다. 그러나 물리적 맞대응을 피하면서 우리의 권리를 분명히 주장하고 지킬 수 있는 방법을 하나님께서 마련해 놓으셨을 것입니다. 우리가 하나님만 믿고 따르며 그 방법을 구하다 보면 이 일이 명쾌하게 해결될 것이라 믿습니다.

이런 혼란의 때일수록 우리는 말씀 안에서 하나가 되어야 합니다. 누구의 잘, 잘못을 따지는 일은 자체 붕괴를 가져올 수 있는 사탄의 술수입니다. 서로를 격려하고 손잡고 기도하며 반드시 승리한다는 확신을 가지고 한마음으로 기도해야 어려움을 극복해 나갈 수 있는 것입니다. 우리의 싸움은 중국 재벌 S그룹과의 싸움일 뿐만 아니라, 궁극적으로는 단동시와 위생국 등 중국 관리들과의 싸움이기도 합니다.

이번 일이 미국 총영사에게도 보고가 되었고, 앞으로의 대처 방법에 대해서도 긴밀히 의논 중에 있습니다. 또 미국 국무성과 하원 국회의원에게도 보고를 했습니다. 우리는 그저 한마음으로 매일매일 환자 보는 일에만 전념하면 됩니다. 병원에 환자들이 꽉 차 있으면 이것이 최대의 방패가 될 것입니다.

병원의 활발한 활동을 보여 주고, 또 침입을 하면 함께 뭉쳐 반대를 명확하게 주장하면 됩니다. 이런 일들로 괜히 마음 아파하고 실망하고 좌절하지 맙시다.

하나님께서 늘 우리와 함께하십니다.

사실 최대로 보상 받고 다른 곳으로 병원을 옮겨 다시 시작할까도 생각한 적이 있다. 하지만 이곳 단동이 주는 의미와 지금까지 일구어 왔던 노력이 물거품이 되는 것 같아 상황이 허락하는 한 끝까지 지켜 가기로 결심했다.

중국 관리들을 상대하는 일은 내가 나서서 해야 할 일이었다. 그들을 이겨 내려면 참고 참고 또 참아야 했다. 참고 견디며 인내하는 의연함을 보여야 하는 것이다. 중국 내의 미국 영사관에서 단동 시장과 위생국장에 대한 엄중한 항의를 하고, 이것을 빌미 삼아 S그룹의 최고영도자와도 담판을 지을 것이다.

우리의 사역은 정원 하나 없어진다고 끝나는 것이 아니다. 어떤 일이 생겨도 우리의 생명 살리는 일은 계속될 것이다. 물이 바다를 덮음 같이 여호와의 영광이 온 세상에 가득한 것을 믿기 때문이다.

지난날의 사역을 돌이켜 보면 참으로 많은 고비들을 겪었다. 물론 지금도 고비의 장애물은 있고, 그것을 넘기 위해 우리는 고군분투한다. 그러나 이러한 고비들도 사역의 한 부분이라 생각한다. 사역의 장에서는 매 순간이 우리를 핍박하는 원수들과의 전쟁이다. 편하고 모든 것이 착착 진행되는 것은 사역의 현장이 아니다.

힘들고 어려운 일이 생길 때마다 좌절하고 원망한다면 어떤 사역도 감당해 낼 수 없을 것이다. 그래도 항상 결론을 보면 하나님께서 가장 선한 길로 인도해 주시는 것을 체험하고 믿기 때문에 우리는 다시 용기를 내어 달려갈 수 있다. 그 가운데서 하나님께서 항상 같이 하시고 역사하시는 큰 은혜를 받게 되니 감사하고 감격할 뿐이다.

어느 누가 루머를 퍼뜨리고 과장된 비방과 시기를 하더라도 우리는 건재할 것이다. 하나님께서 일하시기 때문이다.

앞으로도 하나님께서 가장 선한 길로 인도하실 것을 믿는 고로 기대하며 인내할 수 있다.

민중의 지지를 받는 단둥병원

중국의 '공회'라는 기관은 한국이나 미국으로 치면 노동조합과 같은 곳이다. 하지만 그 성격은 전혀 다르다고 보면 된다. 한국처럼 사업체 단위로 모인 기관이 아니고, 중국 농민과 불우한 사람들을 돕기 위해 정책적으로 만든 기관이다. 공산주의 사회는 이론적으로 농민과 노동자가 중심이 되는 사회다. 그리고 공산당이 정부이고, 국가를 다스리는 기관이다. 그러므로 공산당에서 노동자와 농민들을 돕고 보호하는 것은 당연하다.

이 중국 공회와 우리 단둥병원이 손을 잡는 의미 있는 일이 일어났다. 단둥병원에 입원했던 환자들을 통해 병원의 친절함과 헌신적인 봉사가 입에서 입으로 전달된 것이다. 우리 병원을 변호하는 중국 변호사가 우리의 사역에 감동하여 '공회'에 보고하고, 또 '공회'도 좋게 생각하여 단동병원이 공회 지정병원으로까지 임명되는 쾌거를 이루었다.

우리는 도움이 필요한 노동자와 농민들을 성의껏 치료해 주고, '공회'는 최신 시설을 갖추고 친절하게 치료해 주는 외국인 병원이 있어 서로 윈윈하는 일이었다.

이제는 단동병원이 중국 공산당 기구인 '공회'를 통해 중국 정치인들에게 가장 중요한 노동자와 농민들을 치료해 주는 공식 병원으로 자리매김했다. 현지의 텔레비전과 일간 신문 등에서는 우리 병원을 대대적으로 소개했고, '공회'에서는 군중 행사 때마다 우리 단동병원을 통해 의료봉사를 했다. 이처럼 우리는 점점 중국 사회 속에서 당당하게 인정받는 병원으로 거듭나고 있고, 무엇보다 노동자와 농민의 크나큰 지지를 받게 되었다.

지금까지는 미국 정부의 힘으로 그들의 불공평하고 부당한 대우 가운데서 살아남을 수 있었다. 하지만 이제 우리는 중국 내부에서 비록 권력 기관은 아니지만 정치인들이 함부로 하지 못하는 막강한 민중의 힘을 얻을 수 있게 되었다.

물론 아직도 하나님께서 앞으로 어떻게 인도하실지 알 수 없다. 그러나 하나님은 지금까지도 그러하셨고, 지금도 역사하고 계시니 앞으로도 가장 선한 길로 인도하실 것을 믿기에 우리는 승리를 확신할 수 있다.

병원의 주인은 하나님이시고, 우리는 하나님의 일꾼이다. 그러므로 앞으로 되는 모든 일은 하나님의 몫이다. 오늘도 나에 대한 하나님의 계획을 알게 해달라고 무릎 꿇고 기도한다.

"주여, 순종하게 하옵소서."

단동병원 전경
100개의 병상을 갖춘 이곳이 사역의 최전선이자 전초기지다.

이 시대에
주어진
우리의 사명

우리는 사랑의 하나님이 아름다운 열매를 맺으실 것을 믿는 사람들이다. …우리는 하나님의 선은 반드시 이루어진 다는 결론을 아는 자답게 그들에게 위안과 축복을 주고 교회와 같은 세상을 만들어 가는 본보기의 역할을 해야 한다.

쌍방통행의 사랑

어떤 사람이 자신의 고난에 대해 불평하고 좌절한다면, 나는 이렇게 말해 주고 싶다.

"고난 가운데서 더 큰 비전을 발견할 수 있습니다. 숨어 있는 비전을 찾으십시오."

아무리 힘들고 어려운 고난이라 해도 언젠가 그 고난은 지나간다. 고난에 끌려 다니면서 죽지 못해 사는 사람이 있는가 하면, 고난 가운데서 은혜를 받고 반드시 좋은 일이 있을 것이라는 긍정적인 마음으로 고난을 끌고 가는 사람도 있다. 후자처럼 살 수 있으려면 나름대로 미래에 대한 소망이 있어야 한다.

"굶주린 배를 움켜쥐고 죽어 갈 형편인데, 무슨 소망이 있겠는가"라고 한

탄하는 사람이 있을지 모르겠다. 하지만 이런 최악의 경우에도 '천국의 소망'은 반드시 있다. 아름다운 천국의 모습을 떠올리면, 죽음도 두렵지 않게 된다.

3년 전에 터키 성지 순례를 하면서 갑바도기아를 방문한 적이 있었다. 그곳에서 로마시대부터 비잔틴 제국, 오스만 제국에 걸쳐 약 천 년 동안 핍박을 피해 지하 8층 깊이의 동굴을 파고 그 속에서 먹고 자고 아이들을 낳아 교육하며 죽을 때까지 신앙을 지켜 갔던 믿음의 선조들의 생생한 발자취를 볼 수 있었다. 그들이 있었기 때문에 오늘날 우리에게까지 그 신앙의 뿌리가 내려온 것이 아닌가 싶다.

전 세계적으로 경제 공황의 공포에 짓눌려 있다. 매일 늘어나는 것은 직장이나 사업체를 잃고 생계를 위협받는 자들이요, 집을 잃고 갈 곳 없어 방황하는 선량한 서민들이다. 이런 상황에서 경제 전문가들은 인플레이션의 가능성이 높아 얼어붙은 경제가 풀리려면 아직도 갈 길이 멀다고 말한다.

그러나 사실 이러한 현상은 경제적인 문제도 아니요, 정치적인 문제도, 지식이 부족해서 생긴 것도 아니다. 경제 공황의 시작은 인간적인 문제요, 삶의 문제요, 종교적인 문제다. 더 큰 것, 더 편한 것, 더 비싼 것을 찾아 물불을 가리지 않는 인간들의 욕구와 삶의 태도가 오늘의 경제 위기를 자초했다.

하나님께서는 인간을 창조하시면서 뚜렷한 목적을 갖고 계셨다. 그것은 바로 인간이 하나님께 영광을 돌리기 위한 존재가 되는 것이었다. 그런데 세월이 흐를수록 인간은 하나님으로부터 점점 멀어지고, 심지어는 그리스도인들조차도 세상에서 환영받지 못하는 상태에까지 이르렀다. 갑바도기아에서 신앙만을 붙들고 살았던 그 순수한 모습들이 이제는 까마득한 옛이야기가 되어 빛을 잃고 있는 것이다.

이럴 때일수록 우리는 "기본으로 돌아가자!(Go back to the basic!)"라고 외치며 그 가운데서 살길을 찾고, 하나님과의 올바른 관계를 다시 세워야 한다. 예수님만이 길이요 진리요 생명이 되시기 때문이다. 그래서 우리는 세상에 길을 보여 주어야 한다. 예수님 안에서 올바른 소망을 가져야 한다.

지쳐서 주저앉았다면, 이렇게 외쳐 보자.

"할 수 있다! 살 수 있다! 이길 수 있다!"

왜냐하면 예수님이 우리와 함께 계시기 때문이다.

나는 세상 사람들이 우리 그리스도인들을 보고 위로와 감동을 받아야 한다고 생각한다. 아무리 교회가 크고 많은 프로그램을 가지고 있어도, 세상을 변화시키지 못하고 우리만의 잔치로 끝난다면 세상은 우리를 고운 시선으로 보지 않을 것이다.

'생명 살리기'와 '복음 전하기'는 나눔 생활의 가장 좋은 샘플이 될 것이다. 이것은 우리의 사랑을 나누는 일이다. 힘이 있어서, 남아서 나누는 것이 아니다. 우리 역시 부족하고 넉넉하지 않지만 주는 것이 기쁘고, 나눔으로써 한 사람이 희망을 얻기에 그 일을 실천하는 것이다. 상대가 사랑을 받고 그 사랑에 감사하며 새사람으로 변화되는 일을 생각하면 마구 가슴이 뛴다. 이런 나눔이 바로 참된 나눔일 것이다. 사랑을 나누었다고 떠들고 다니는 것은 진정한 사랑 나눔이 아니다. 진실된 마음을 나누었다면 그것으로 족하기 때문이다.

사랑을 나누다 보면 주는 사람이 오히려 더 큰 사랑을 받는다는 진리를 깨닫는다. 작은 사랑을 나누고 더 큰 은혜를 받는 것은 나누지 않은 사람이라면 알 수 없는 경험이다.

눈을 맞추고 웃어 주는 기도

2009년 5월 북한이 2차 핵실험을 단행했다. 이로 인해 UN 안전보장이사회에서는 만장일치로 '북한제재'를 결정하였고, 미국 군함이 무기를 실은 것으로 추정되는 북한 배를 추적하는 일도 벌어졌다. 북한 핵실험의 규모가 예전보다 훨씬 커지고 일정 수준의 핵무기 제조 능력을 보여 준 2차 핵실험은 전 세계를 깜짝 놀라게 했다.

한국은 북한 핵실험에 대한 기사가 연일 터지면서 사회적으로 불안과 혼돈에 빠져 다른 나라로의 이민을 고민하는 사람들까지 나타나기 시작했다. 이때를 놓칠세라 동남아 지역 이민 광고가 여기저기서 대서특필되기도 했다. 이런 때 가장 불안해하는 사람들은 그날그날 근근이 살아가는 서민들이다. 안 그래도 살기 힘든데, 사회적으로 불안을 일으키는 일들이 터지면서 그들의 고난의 짐은 한층 더 무거워진다.

하지만 이렇게 희망이 보이지 않는 가운데서도 우리 그리스도인들은 여유 있는 미소를 지을 수 있다. 왜냐하면 우리는 결론을 이미 아는 자들이기 때문이다. 대학 합격을 보장받은 학생처럼 우리는 아무것도 걱정할 필요가 없다. 우리는 끝 날을 보장받은 사람들이다. 이 세상은 나그네 세상이고, 잠시 이 땅에서 살다가 영원한 나라로 갈 것이다.

하나님은 우리를 사랑하셔서 독생자 예수님을 보내 주셨고, 예수님은 바로 나를 위해 모든 짐을 지고 돌아가셨으니, 우리는 세상 사람들처럼 아옹다옹하며 살 필요가 없다. 오히려 이러한 때에 세상 사람들에게 화평과 평안의 모습을 보여 주고 그런 삶을 가르쳐 주는 빛과 소금의 역할을 감당해야 할 것이다.

우리는 사랑의 하나님이 아름다운 열매를 맺으실 것을 믿는 사람들이다. 그러기에 이러한 위기의 때에 우리가 세상을 향해 올바른 소망이 있음을 보여 주어야 한다. 세상 사람들은 불안과 두려움에 떨며 우왕좌왕하고, 문제의 책임을 서로에게 전가한다. 그러나 우리는 하나님의 선은 반드시 이루어진다는 결론을 아는 자답게 그들에게 위안과 축복을 주고 교회와 같은 세상을 만들어 가는 본보기의 역할을 해야 한다. 바로 모두가 한마음으로 기도하면서 말이다.

전쟁은 없고, 생명은 살아나고, 사랑을 나누는 사회가 곧 올 것이다. 그런데 이것은 정치가, 군인, 그리고 학식 있는 사람들만의 몫이 아니라, 믿음으로 희생과 사랑을 나눌 수 있는 그리스도인들이 해야 가능하다. 특별히 잃을 것도, 슬퍼할 것도, 손해 볼 것도 없기에 오직 복음만을 붙들며, '승리는 우리 것'이란 확신을 가질 수 있는 것이다.

그러므로 우리 그리스도인들과 교회는 변해야 한다. 엄청난 큰 건물로 세상 사람들에게 이질감을 주는 일은 자제하고, 봉사하고 헌신하고 내가 더 가지는 것보다 내 이웃이 가질 수 있도록 섬기는 모습을 보여야 할 것이다.

우리 아이들이 결혼을 하고 가정을 이루었다. 아기가 태어났는데, 젊은 부부여서 처음에는 어쩔 줄 몰라 하며 힘들어 하더니, 곧 부모 노릇을 잘 하면서 아기를 그렇게도 사랑하고 아낀다.

우리 부모들이 보기에는 아직도 어설픈 젊은이들이지만, 자기 자식을 향한 부모의 사랑은 참으로 큰 것임을 알게 되었다. 밤이 새도록 아기를 돌보느라 눈은 다 감겨 있어도, 슬쩍 아기가 한 번 웃으며 눈이라도 맞춰 주면 모든 것을 다 주어도 모자랄 것 같은 행복한 미소를 짓곤 한다.

눈을 맞추고 웃어 주는 것, 이것이 바로 우리의 기도이다. 그러면 하나님 아버지께서는 세상을 다 주고라도 우리를 안아 주실 것이다. 이 사랑을 내 이웃과 동족에게 나누는 것이 우리가 할 일이다.

어머니의 기도, 아버지의 사랑

이 시간 나를 위해 기도하는 누군가가 있기에 오늘의 내가 있는 것이다. 어렸을 때에는 부모님의 희생이 있었고, 장성한 후에는 아내의 기도가 있다. 또한 많은 동역자들이 나를 위해 기도해 주고 있다. 그리고 이 모든 것을 처음부터 주관하시는 분은 하나님이시다.

어미를 잃은 새끼의 슬픔

2009년 1월, 92세의 나이로 나의 어머니는 훌쩍 이 세상을 떠나가셨다. 평안한 얼굴로 눈을 감으신 어머니를 바라보며 천국환송예배를 드리고 로스앤젤레스 전 시가지가 내려다보이는 조용하고 아름다운 묘지에 어머니를 모셨다.

매일 밤낮을 이 못난 아들을 위해 무릎이 닳을 정도로 기도하신 어머니. 어머니의 기도 덕분에 나는 그 숱한 고통과 시련 속에서도 용케 이 자리까지 달려올 수 있었다.

아버지를 먼저 떠나 보내시고 홀로 올망졸망한 오 남매를 키우시면서 그 수많은 밤을 외롭게 보내셨을 어머니를 생각하니, 나도 모르게 가슴이 저며 왔다. 밤마다 잠든 우리를 내려다보시며 내쉬었던 어머니의 깊은 한숨

소리가 지금도 내 귓가에 들려오는 것 같다. "휴우" 하고 내쉬는 그 한숨에 어머니의 고단한 삶이 고스란히 묻어 있었다.

대학생 시절 나는 어머니의 마음을 다 안다고 자신했다. 그러나 지금 돌이켜 보면 어머니의 삶의 100분의 1도 알지 못한 채 잘난 아들이라고 자부하며 살았던 것 같다. 나의 어리석음이 부끄럽다.

어머니는 성실히 아르바이트를 하며 공부하는 큰아들을 자랑스러워하셨다. 그러면서 아들 뒷바라지를 번듯하게 해주지 못한 것에 대해 평생을 미안해하시고, 마음 걸려 하셨다. 군의관을 마치고 미국으로 건너가 의학 공부를 할 때에도 꼬박꼬박 부쳐 드린 용돈을 한 푼도 안 쓰고 고이 모아 놓으셨던 어머니. 큰아들, 큰며느리에 대한 고마움과 미안함에 차마 돈을 쓰지 못하셨던 것이다. 미국에서의 생활이 안정되자 나는 어머니를 당장 미국으로 모시고 왔다. 그리고 30년이라는 세월이 흘렀다.

관 속에 조용히 잠들어 있는 어머니의 모습을 바라보았다. 누군가 40대 초반에 아버지를 먼저 보내시고 우리 오 남매를 키우신 인생이 고달프고 외로운 것이라고 말해도, 지금 어머니의 얼굴을 보면 그런 말을 하지 못할 것이다.

큰며느리가 장만해 드린 핑크빛 치마저고리를 입고 마치 여학교 교장 선생님처럼 단아한 얼굴로 누워 계신 어머니의 표정은 평안하고 화사했다. '천국환송예배'라는 말이 실감 나도록 어머니의 모습이 그토록 아름다울 수가 없었다. 마치 천국으로 들어가시는 모습이 이런 것이라고 가르쳐 주시는 것 같았다.

평화롭게 잠든 어머니의 모습을 보니 참으로 큰 위로가 되었다. 결코 쉽지만은 않았던 삶을 사셨음에도 불구하고 신앙으로 올바른 곳에 소망을 두고 사신 분이셨다.

살았을 때도 잘 살아야 하고, 죽을 때도 잘 죽어야 한다는 생각이 문득 들었다. 우리의 얼굴 표정, 말 한마디를 스스로 책임질 수 있다면 살든지 죽든지 올바른 신앙인이었음을 다른 사람들이 알아줄 것이기 때문이다. 예수님과 동행하는 사람이 다른 사람들에게도 그런 모습으로 인정을 받는다면 그것이 바로 전도요, 선교일 것이다.

어렸을 적 어머니는 신앙이 없으셨다. 아버지가 배 타고 멀리 나가셨을 때는 어린 나를 데리고 원산 앞바다에 가서 창호지를 불태우며 아버지의 무사 귀환을 빌기도 하셨다. 두 손이 닳도록 "비나이다, 비나이다"를 읊조리시던 어머니의 모습이 아직도 생생하다. 그런 어머니께서 큰며느리의 전도로 복음을 전해 들으시고 구원 받아 그때부터는 철저한 기도와 성경 읽기로 남은 생을 하나님께 바치셨다.

주위 분들은 언제나 "권사님은 아들 잘 두어서 좋겠어요" 하면서 '아들이 의사요, 교수요, 돈도 잘 벌고 명성도 있으니 권사님은 참 복 받은 사람'이라고 어머니를 부러워했다. 그런데 그것은 어머니의 진짜 속을 모르고 하는 말이다. 그 잘난 아들이 모든 것을 내려놓은 채 목숨 걸고 북한을 드나들며 사역을 하니, 어머니는 아침저녁 앉으나 서나 "큰아들 죽지 않고 무사히 살아 나오게 해주세요" 하고 마음 조리며 기도하는 것이 일이셨다. 그것을 생각하니 이 큰아들 때문에 한시도 마음 편히 계시지 못했을 어머니에게 죄송한 마음이 들었다.

어머니께서는 늘 내 이름 앞에 주소를 붙여 기도를 하셨다. 나중에는 기억이 흐려지니 주소를 써 놓고 손가락으로 한 자 한 자 짚어 가며 기도하곤 하셨다.

그런데 돌아가신 후 보니 오른손 엄지손가락과 둘째손가락이 합쳐져 한 곳을 향하고 있었다. 평소에 한 자씩 꼬박꼬박 짚어 가시던 그 모습 그대로 였다. 돌아가시는 순간까지 아들을 위해 기도하셨을 어머니를 생각하며 나는 목놓아 울었다. '어미를 잃은 새끼의 슬픔'이란 게 이런 것일까.

나이가 아무리 들어도 역시 '자식은 자식'이었다. 지금까지 나를 지탱해 온 것이 어머니의 기도였다. 그 기도 소리를 이제는 들을 수 없다는 사실에 슬프고 허전한 마음을 가눌 길이 없다. 다 늙은 칠순의 아들이 우는 모습을 보며 유난스럽다고 할지 모르겠지만, 내 눈물샘에 있는 모든 눈물을 쏟아 낸다 하더라도 어머니에 대한 사랑과 그리움을 다 표현할 수 없으리라.

그래도 이제는 천국에서 아버지와 만나 그동안 밀린 이야기를 나누며 반가워하실 두 분의 모습을 그려 보면 조금이나마 마음에 위로가 된다.

"아버지, 어머니를 세상 속에서 모시고 있다가 보내 드립니다. 이제부터는 아버지가 잘 돌봐 주세요."

육신의 아버지의 사랑을 깨닫다

참 오랜 세월이 흘렀어도 내 마음속에 늘 자리 잡고 있는 분이 계시다. 그 분은 바로 나의 육신의 아버지다. 하나님의 섭리 가운데서 보잘것없는 자식을 위해 희생의 삶을 사시다가 46세의 나이에 돌아가신 아버지…. 그렇게 고생만 하시다가 서둘러 일찍 돌아가신 아버지가 가끔씩 생각나곤 하는데,

요즘에는 어머니마저 돌아가시고 부쩍 두 분에 대한 생각에 젖어 든다.

'아버지, 어머니는 만나셨어요? 두 분이서 오순도순 지내고 계신가요?'

무심코 하늘을 쳐다보며 나도 모르게 그런 생각이 들었다. 이렇게 백발이 성성한 늙은이가 되었음에도 불구하고 아버지, 어머니가 보고 싶다.

아버지가 돌아가신 때가 문득 떠올랐다. 대학교 2학년 때였는데, 그 해 겨울은 뼛속까지 추울 정도로 매서웠다. 그 어려운 피난살이 끝에 한 칸짜리 셋방을 마련했건만 아버지는 허망하게 숨을 거두셨다. 제대로 된 장례를 치를 수 있는 형편도 못 되어서 나는 학교 친구들의 도움을 받아 산소 만들 장소를 물색하고, 손수 돌을 날라 비석을 세웠다. 그때 맞았던 매서운 겨울의 칼바람을 지금도 잊을 수가 없다. 살을 에는 듯한 추위와 싸우며 아버지의 산소를 만들려 했던 나는 오기와 눈물로 그 아픔을 이겨 내려 애썼다.

'아, 세상은 왜 공평치 못한 것일까…'

가난한 자의 삶은 이렇게 계속 궁상맞고 처절해야만 하는지 의문이 들면서 마음속에 한이 맺혔다. 아마도 그 한과 오기로 똘똘 뭉쳐 혹독한 시련 앞에서도 뒤로 물러서지 않고 끝까지 살아남아 공부에 매달릴 수 있었던 것 같다.

생전에 아버지는 그 한 많은 세상을 언제나 술로 달래셨다. 세상에 나오기도 전에 할아버지가 돌아가셔서 유복자로 태어나셨고, 생활고를 이기지 못하고 재혼하신 어머니를 제대로 어머니라 부르지도 못하면서 지내셨던 우리 아버지… 배가 고프면 몰래 어머니를 찾아가 누룽지를 얻어먹고 큰 누님 손에서 자라셨다는 말씀을 귀에 딱지가 앉을 정도로 하셨던 아버지…

아버지는 늘 첫째 아들에 대한 무한한 사랑과 애정을 보이셨다. 그리고 서울대 의대에 합격했을 때 난생 처음 아버지의 환한 미소를 보았다. 갚을 수 없는 돈을 여기저기서 빌려 등록금을 마련해 주시고 나를 대학에 보내신 2년 후 아버지는 46세란 젊은 나이에 홀연히 세상을 떠나셨다.

철없는 나는 아버지의 진정한 사랑을 깨닫는 데 오랜 시간이 걸렸다. 그러나 아버지의 사랑을 깨닫게 된 때부터는 나처럼 힘없고 돈 없는 사람들을 도와야겠다는 사명감에 불타올랐다. 춥고 배고픈 사람들을 보면 눈물부터 쏟아졌고, 그냥 가만히 지켜보고만 있을 수가 없어서 적은 돈이라도 꼭 쥐여 주며 용기를 북돋워 주었다.

이제 세월을 돌이켜 보니 이것이 모두 하나님의 섭리이며 사랑임을 깨닫게 된다. 오늘날의 내가 있기 위해 그동안 하나님이 모진 사랑으로 훈련시키신 것이다. 그 훈련의 일부가 육신의 아버지를 통한 훈련이었다. 아버지는 나를 훈련시키는 하나님의 한 부분을 맡아 자신을 희생하시는 도구의 역할을 하셨다.

'아, 나 때문에 아버지가 그런 희생을 하셨구나.'

하나님께서는 아버지를 통해 고통과 고난을 배우게 하시고, 사랑을 배우게 하셨다. 그리고 사랑을 몸소 실천할 수 있도록 나를 가르쳐 주셨다.

비록 지금의 내 모습이 아버지의 기대에는 못 미칠 수 있겠지만, 전 세계를 누비며 어렵고 가난한 사람들을 돕고 그들을 가슴에 품는 나의 모습을 더 기쁘게 생각하시지 않을까?

나는 좀 더 일찍 아버지의 사랑을 깨닫지 못한 어리석음을 후회했다. 아마도 평생 후회하면서 살게 될지 모르겠다. 육신의 아버지의 사랑이 이 정도인데, 하물며 우리를 창조하시고 영원토록 책임져 주시는 영의 아버지의 사랑은 얼마나 높고, 깊고, 넓을지 내 지식과 생각으로는 상상조차 할 수 없다. 다만 내가 할 수 있는 것은 이러한 하나님의 무한하신 사랑을 깨닫고 그분을 바라보며 세상을 긍정적으로 사는 것이다.

　지금까지 살아오면서 여러 사람에게 참으로 많은 사랑을 받았다.

　이 시간 나를 위해 기도하는 누군가가 있기에 오늘의 내가 있는 것이다. 어렸을 때에는 부모님의 희생이 있었고, 장성한 후에는 아내의 기도가 있다. 또한 많은 동역자들이 나를 위해 기도해 주고 있다. 그리고 이 모든 것을 처음부터 주관하시는 분은 하나님이시다.

　"주여, 나도 누군가를 위해 오늘도 무릎 꿇고 기도하게 하옵소서!"

네 번의 출입금지를 넘어서

누구는 말한다. 왜 그런 수모와 핍박과 오해를 받고도 그 사역을 계속 하느냐고. 물론 북한을 나의 동족으로 생각하기 때문이기도 하지만, 그보다 더 큰 이유는 하나님께서 불러 주시고 맡겨 주신 사역이기 때문이다.

포교를 통한 체제 문란죄

나는 지난 20여 년 동안 북한 사역을 해 오면서 네 번에 달하는 출입금지 명령을 받았다. 이 기록이 계속 남아 있어서, 북한을 들어갈 때마다 문제가 되곤 했다. 출입국에서 몇 시간씩 허비하는 일이 비일비재했고, 공항 출입국 직원들은 의심의 눈초리로 나를 위아래로 훑어보았다. 항상 팀들을 인도해 가는 나로서는 무척 난처한 일이었고, 무엇보다도 같이 간 사람들이 나 때문에 불안감에 시달릴까 봐 더 걱정이었다.

첫 번째 출입금지는 평양 제3병원을 도와 개원하고 외국인 의사로는 처음으로 개복 수술을 하여 북한 정부에 강한 인상을 남긴 무렵이었다. 이 일 때문에 나를 시기하는 사람들이 생겨났고 나의 활동에 반기를 들고 일어나는 일이 벌어졌다. 그들은 내가 북한 사역을 시작한 초창기에 나를 통해 북

251

한을 방문할 수 있는 기회를 얻고, 50년 넘도록 생사를 몰랐던 부모 형제들도 만난 이들이었다. 그런 그들이 나중에 나를 배신하고, 궁지로 몰아넣는 자들로 변절한 것이다.

1997년 나는 웨인주립대학교 의과대학에서 북가주에 있는 UC 데이비스 의과대학 교수로 자리를 옮겼다. 그때 내가 자리를 비운 틈을 노려 나를 모함하는 사람들이 생겼다. "너만 하냐, 나도 할 수 있다." 이런 것이었다.

가뜩이나 현지 언론에 나의 사역이 보고되는 것을 불안해하며 촉각을 곤두세우고 있는 북한 관리들에게 그들은 나의 간증 테이프와 사진 등을 넘겼다. 이로 인해 북한은 '나'라는 존재를 큰 위험부담으로 생각하게 되었다.

또한 북한은 처음에 우리가 하는 사역이 순수한 생명 살리기와 사랑 나누기임을 알고 고마워했다. 그러나 점차 한국 정부가 직접 도움을 주고, 현대 그룹의 자금이 대대적으로 들어오기 시작하자 우리 사역에 대한 고마움과 관심이 점점 소원해졌다.

더군다나 우리가 모금하여 준비한 생필품과 의약품을 주면서 북한 주민들의 생명을 살리게 해달라, 북한에서 예배를 드리게 해달라, 예배 드릴 수 있는 장소를 마련해 달라, 구호 물품과 의료 기자재를 직접 분배하도록 해달라 등등 여러 가지를 요구하니 이참에 우리의 도움을 끊고 대신 한국 정부와 현대의 도움을 받으면 된다고 생각했던 것 같다. 그들은 이제 나를 필요 없는 인물로 여겼다. 결국 북한은 나에게 '포교를 통한 체제 문란'이란 죄목을 붙이고, 병원도 빼앗고 출입금지까지 시켜 버렸다.

북한어 성경 번역

두 번째는 강변에서 북한 말씨로 번역한 사복음서를 전달하다가 이것이 북한 정부에 보고가 되어 출입금지 명령을 받았다. 1997년 북한에서 쫓겨나온 이후 나는 중국 땅에서 강변사역을 하며 자리를 잡고 있었다. 그곳에서 환자들을 돌보다가 2000년 4월에 단동병원을 설립하고 연이어 장백, 집안 그리고 우스리스크에 진료실을 개원하는 등 활발히 외부사역에 힘을 쏟았다.

의료 사업뿐만 아니라 탈북자들을 도우면서 제자양육을 하기도 했다. 탈북자 일곱 명을 데리고 6개월을 훈련시키고 성경을 암송하게 했지만, 서로 사용하는 말이 너무 달라서 같은 한글임에도 불구하고 문장의 뜻을 몰라 성경 내용을 이해하지 못했다. 그때부터 나는 사복음서를 북한 말씨로 고쳐 쓰는 작업에 착수했다.

'그래, 이것 역시 하나님께서 나에게 맡기시려 했던 임무인지도 모른다. 목숨을 걸고 아프리카 오지에 들어가서 그들의 언어로 성경을 번역하는 선교사도 있는데, 여기서 북한 말로 성경을 옮기는 것이 무슨 큰일이겠는가. 그래, 열심히 해보는 거야.'

나는 갑자기 가슴이 벅차올랐다. 북한 말로 옮긴 성경이라…. 이것이 북한 사람들에게 복음을 더 쉽고 확실하게 전달할 수 있는 도구로 쓰일 수만 있다면, 이보다 보람 있는 일이 어디 있을까 싶었다.

이렇게 해서 '북한 말씨로 쓴 성경, 사복음서'가 나오게 되었다. 한 페이지에 평균 2-5개의 낱말들을 북한 단어로 고쳐 썼다. 예를 들면, '원수'는 '원쑤', '위에'는 '우에', '기이히 여기더라'는 '감격하였다', 무리는 '군중', '진노'는

'진로', '장터'는 '장마당', '염려'는 '넘려'로, '도우사'는 '방조하사', '의논하여'는 '공작하여', '이처럼'은 '극진히', '유대인'은 '유태인', '심판'은 '단죄', '아내'는 '안해', '목자'는 '방목공', '추수꾼'은 '겨울걷이꾼' 등이다.

밤잠을 설쳐가며 북한 말로 옮겨 쓴 성경책을 먹을 것과 입을 것을 찾아 우리 진료실로 오는 사람들에게 전해 주었다.

이 사역은 두 가지 면에서 매우 의미 있는 일이다. 우리 민족 전체가 살고 진정한 의미의 남북화해를 이루는 유일한 방법이라 믿기 때문이다. 정치 경제는 절대로 하나가 될 수 없다. 오직 신앙만이 한마음, 한 목표, 한 사랑 이 될 수 있다.

또 북한 내의 모든 구호나 정책을 보면 대부분 성경의 논리들을 그대로 사용한 것이다. 가장 빈번하게 쓰이는 구호인 "어버이 수령은 우리와 영생 하신다"가 그 한 예이다.

그들이 성경을 옳게 알고 예수님을 영접하기만 하면 복음 전파는 순식간 에 이루어질 수 있고, 이것이 그들이 복 받고 살 수 있는 길이다. 참 진리요, 생명의 빛이신 예수님을 알기만 하면 그들의 삶은 하루아침에 바뀌게 될 것이다.

하지만 나는 이 의미 있는 사역을 감행하다가 결국 북한 당국에 발각되어 또 한 번의 출입금지를 당하게 되었다.

감시의 틈바구니

세 번째 출입금지는 누군가가 나의 간증과 설교를 담은 테이프를 북한 측에 넘기면서 일어났다. 지금도 알 수 없는 이에 의해 테이프가 북한에 계속 전달되고 있다는 말에 나는 심장이 멎는 듯했다. 내가 가는 곳이면 어디든 지 따라다니며, 작은 것 하나까지 녹음테이프에 담았다는 사실이 믿어지질 않았다. 한번은 북한에 들어갔을 때 한 북한 관리가 어떤 사람을 가리키며 이렇게 말했다.

"저 사람이 당신의 간증을 테이프에 녹음해 갖다 주는 사람이오."

나의 일거수일투족을 감시하고 보고하는 이들이 내 주변에 있다는 것이 몹시도 소름끼쳤다.

'도대체 누구를 믿고 의지할 수 있단 말인가.'

북한 관리는 나와 관련된 신문기사는 한국 신문이든 미국 신문이든 모조리 알고 있었고, 그 내용 또한 훤히 꿰뚫고 있었다.

네 번째 출입금지는 더 황당했다. 인터넷 기사로 뜬 '인간 사파리'라는 내용에 대해 몇 번 언급하며 울분을 터뜨린 사실 때문이었다. 그 기사는 중국 사람들의 압록강 관광에 대한 이야기였는데, 한 집회에 가서 "이런 일이 하루 속히 없어지도록 우리 한마음으로 열심히 기도하자"고 말했던 것이 화근이 된 것이다. 북한 관리는 내가 여기저기 다니며 북한의 열악한 상황을 떠벌린 것처럼 말했다. 나의 의도와는 상관없이 잘못 전달된 보고 때문에 나는 또다시 출입금지자로 낙인 찍히고 말았다.

누구는 말한다. 왜 그런 수모와 핍박과 오해를 받고도 그 사역을 계속 하느냐고. 물론 북한을 나의 동족으로 생각하기 때문이기도 하지만, 그보다 더 큰 이유는 하나님께서 불러 주시고 맡겨 주신 사역이기 때문이다. 그들이 어떻게 하든 나는 이 사역을 할 수밖에 없다. 그러기에 나는 하나님만 바라본다. 다른 것은 어떤 것도 나에게 문제가 되지 않는다.

기쁘게 감당할 십자가의 길

가끔씩 나는 이런 불평을 털어 놓을 때가 있다.

"하나님, 왜 저에게 이런 힘들고 어려운 사역을 맡기셨습니까? 핍박 없이 생명을 살리는 일에 전념할 수 있는 곳도 많습니다. 그런 곳에서 일했다면, 지금보다 더 넓은 사역지를 오가며 수많은 동역자들과 큰 사역을 함께할 수 있었을 텐데, 왜 하필이면 북한 사역입니까?"

이렇게 옹졸한 마음으로 하나님께 투덜대다 보면, 문득 이런 생각이 든다.

'그런데 세상에 나보다 덜 똑똑하고 덜 현명한 사람이 어디 있을까?'

세상에 똑똑한 사람들은 힘든 사역을 감당하기보다는 전시 효과를 기대하며 눈에 띄는 일들을 찾아 할 것이다. 하지만 나는 세상 물정 모르고 아둔하여 그저 어떤 일이든 한번 잡으면 놓지를 못한다. 그래서 하나님께서 이런 나를 선택하셨는지도 모른다. 오히려 어리석은 나를 들어 쓰셔서 북한 사역의 디딤돌로 거듭나게 하는 복을 주신 것이다.

그래서 나는 투정이 가득한 어린아이 같은 마음을 고쳐먹고 하나님의 부르심과 그 은혜에 감사하며, 보내신 자의 사명과 책임을 다하리라 다짐하게 된다.

예수님의 마지막 고난의 길을 생각해 보면, 나의 고통은 비할 바가 아니다. 찢기고 피 흘리며 무거운 십자가를 지고 골고다 언덕을 올라가시던 그 모습을 생각하면 저절로 눈물이 흐른다. 그것이 바로 '십자가의 길'인 것이다. 사도 바울도 환상 중에 마케도니아 사람이 부르는 것을 보고, 배를 타고 네압볼리로 가서 빌립보에 이른 길이 '선교의 길'이 되었다.

이와 같이 단동 땅 역시 경의선이 연결되면 계속 실크로드를 타고 세계로, 그리고 미전도 종족이 가장 많은 10/40 창으로까지 뻗어가 '세계선교의 길'이 될 것이라 믿는다.

하나님께서 나를 불러 주셔서 이 아름다운 사역을 맡겨 주셨다. 나에게는 그분의 사역을 잘 감당할 의무가 있다. 그런데 나 혼자 고군분투하는 것이 아니라 예수님이 동행해 주시기에 두렵다가도 용기를 갖게 된다.

영원히 샘솟는 샘을 꿈꾸며

예수님이 언제, 어떤 방법으로 북한의 복음화를 이루실지 알 수 없지만, 그때까지 우리에게 주어진 '생명 살리기'와 '복음 전하기'는 때를 얻든지 못 얻든지 최선을 다해야 할 것이다.

전천후 사역

샘(SAM)은 'Spiritual Awakening Mission'의 약자이다.

'영혼을 깨우는 사역', 즉 예수님의 지상명령을 따라 복음을 전파하여 다른 사람의 영혼을 구원하기 위한 사역이다. 하지만 그에 앞서 나부터 영적으로 각성되어야 가능한 사역이기도 하다. 이 운동은 내가 웨인주립대학교 의과대학에서 UC 데이비스 의과대학으로 옮긴 해에 오클랜드를 중심으로 발족했다. 영어의 의미는 이렇지만, 한국말로 봤을 때 '샘'은 빈부귀천의 차이 없이 누구든지 마시기만 하면 영원히 목마르지 않는 '생명의 샘'이라는 의미를 갖기도 한다.

샘은 지난 12년 동안 끊임없는 발전을 하여 이제는 국제본부 산하에 미주 본부(오클랜드), 한국 본부(서울), 호주 본부(시드니)가 있고, 미국만 해도 로스앤젤레스, 오렌지카운티, 필라델피아, 시애틀, 뉴욕 등에 지부를 두고 있다. 각 본부마다 그 나라의 법에 근거한 공익법인으로 정식 등록되어 있다.

2008년부터는 영어권 2세들과 미국인들을 위한 CMMW((Christian Medical Mission and Welfare, 샘 케어)가 새로 발족하여, '사랑의 영양버터'(Nutri-Care:영양치료제) 프로젝트를 주관하고 있다. 우리의 2세들과 우리 민족과는 아무런 관련이 없는 미국인들이 주축이 되어 영양버터 치료 활동을 이끌고 있는 것이다.

샘은 날로 변모하여 이제는 1만여 명의 기도 회원들과 270여 개의 교회가 동참해 기도하는 어엿한 국제기관으로 발전했다. 이것은 언제 어떻게 변할지 모르는 북한을 상대로 사역할 때 큰 이점이 된다. 그들의 요구에 따라 그때그때 최상의 활동을 할 수 있는 사람들이 나설 수 있는 여건이 갖추어진 셈이다. 이로써 우리 샘 사역은 어떤 상황에서도 문제없이 계속될 수 있다.

끌려가는 사역, 끌고 가는 사역

북한 내부에만 사역지를 두고 활동하는 것은 큰 위험 부담이 따르는 일이다. 변화무쌍한 세계정세와 예측을 전혀 불가능하게 만드는 것이 바로 북한이기 때문이다. 그래서 누군가 북한에 올인한다고 하면 팔을 걷어 붙이고 말리고 싶은 게 내 심정이다. 지금껏 북한을 상대로 사역하면서 터득하게 된 노하우라고 할까. 위험 부담도 크지만, 기도와 헌금으로 동참한 여러 교회와 성도들에게 자칫 실망감과 좌절을 줄 수 있기에 늘 샘 사역은 신중

할 수밖에 없다. 그래서 평양에 '평양제약공장' 그리고 단동과 평양, 두 곳에 각각 식품공장(영양치료제공장)을 지은 것이다.

또한 우리는 생명을 살리는 일 이외에도 그들의 영혼을 살리는 일에 신경을 써야 한다. 그것이 궁극적인 사역의 목표이기 때문이다.

동족의 생명을 살리기 위해 여러 단체와 개인들이 최선을 다하고 있지만, 역시 북한 관리들의 이해할 수 없는 요구와 서로 경쟁을 붙이는 전술 등에 휘말려 본의 아니게 그들에게 끌려가는 형국이 되기도 한다. 이렇게 되면 사역의 투명성과 구호 물품의 직접 분배가 매우 어려워지게 된다.

물론 우리도 완전히 예외일 수는 없다. 그러나 우리는 북한 내부뿐만 아니라 북한과 근접해 있는 중국 땅에도 사역지의 근거를 마련해 유기적으로 움직인다. 압록강과 두만강 강변을 따라 지어진 진료실과 100여 개의 처소교회를 운영하고 있는 우리는 동시에 내부와 외부에 사역지를 갖추고 양면 작전을 펼친다.

다행히 우리의 요구 조건이 받아들여지면 북한 내부를 중심으로 사역을 진행하지만, 그렇지 못할 경우에는 강변 사역지에서 우리를 찾아 강을 건너오는 사람들을 직접 돌볼 수 있는 길이 있어서 언제나 당당할 수 있다. 이것이 바로 '끌고 가는 사역'이 아닐까 싶다.

지금 대북사역을 하는 사람들에게 가장 큰 어려움은 모든 결정권이 북한 사람들에게 있다는 것이다. 이것을 극복하지 못한다면, 언제나 북한이 주도권을 쥐고 우리를 흔들어댈 것이다. 끌려가는 사역이 아니라 끌고 가는 사역이 되어야 한다.

예를 들어 보자. 북한 동포들의 어려움을 호소하고 생명을 살리자는 간증을 한 뒤 1만 달러의 헌금이 모였다. 우리 샘은 이 헌금으로 최대한 많은 의약품과 영양제를 구입해서 북한에 들어가 환자들을 치료하고 나누어 주고자 했다.

"다들 어려운 형편이지만 우리 동족이 힘을 합하여 이렇게 많은 사랑을 전달해 주었습니다."

그러면 "수고했습니다. 고맙습니다. 생명을 살리겠습니다" 이러는 것이 인지상정이다.

그러나 북한 관리들은 뜬금없이 이렇게 묻는다.

"이것이 모두 얼마 치입니까?"

"아, 그건… 모두 1만 달러에 달하는 물품이지요."

"아니, 지금 다른 곳에서는 1만 5천 달러 치 물품을 가지고 왔는데, 당신네들은 고작 1만 달러 치로 환자를 치료하겠다, 물품을 직접 분배하겠다며 요구하는 겁니까?"

받아야 할 사람들이 받지 않겠다고 하니 우리만 난감해진다. 내가 거짓말쟁이가 되지 않으려면 어떻게 하든지 건네 주어야 한다. 지금까지의 모금이 헛된 것이 될 수도 있기 때문이다.

결국 5천 달러를 더 모금해 1만 5천 달러 치 물품을 채워서 들고 가면 그때서야 선심 쓰듯이 받는다. 물론 우리의 요구사항도 전달하지 못한 채 말이다.

그래서 우리 샘은 이중 사역지를 가지고 있다. 북한이 구호물품을 받지 않는다 해도 우리 강변 진료실들과 처소교회들을 통해 전달하고 도울 수 있는 길이 열려 있기 때문이다.

개성공단과 같은 문제도 같은 맥락에서 생각하면 난관을 헤쳐 나갈 수 있다. 그래서 나는 "개성공단을 설립하고 남북이 같이 잘 살 수 있는 길을 찾아보는 것은 참으로 좋은 일입니다. 그러나 항상 최악의 경우를 생각해서 보호 장치를 만들어 두십시오"라고 권하기도 했다. 예를 들면 공장은 북쪽에, 일부 본부 요원들이나 또는 공장 관리소는 남쪽에 설치하여 북쪽 사람들도 남쪽 땅에 거주하도록 해야 하는 것이다. 그리고 점차적으로 공장과 투자를 늘려 가도 늦지 않는다.

북한 땅에 복음의 씨앗을 뿌리다

북한에도 복음이 들어가 그들의 영혼이 구원되고 복음을 바탕으로 하는 진정한 의미의 남북화해와 통일이 이루어지는 것이 우리가 바라는 궁극적인 소원이다. 그렇지만 북한에 복음을 전하는 것은 참으로 힘든 일이다.

북한 내부에서 복음을 직접 전하는 것은 현재로서는 불가능하다. 물론 그들에게 사랑을 베풀고 따뜻한 마음을 주어 그들의 마음을 감동시키고 이것이 예수님의 사랑이라는 것을 가르쳐 줄 수는 있다. 하지만 그들의 빈틈없이 세뇌된 사상 교육의 장벽을 깨뜨리기에는 역부족이다.

우리가 강변에서 만나는 사람들에게 복음을 전하고 말씀으로 훈련시켜 예수님을 영접하는 경우는 종종 있지만, 그들이 과거의 모든 사상과 관념, 생활 습관을 씻어 버리고 하나님의 자녀로 거듭나기까지는 오랜 시간이 필요하다. 이런 신앙을 그 어려운 환경과 주위의 엄중한 감시 속에서 이어간다는 것은 쉽지 않다. 그러므로 이것은 예수님만이 하실 수 있는 과제다.

탈북자(엄마와 아이)에게 처음 세례식을 하던 날

간혹 실제로 이런 기적들을 이루어 가는 북한 형제자매들의 모습을 목격하기에 우리의 사역을 멈출 수가 없다. 분명한 것은 예수님이 언제, 어떤 방법으로 북한의 복음화를 이루실지 알 수 없지만, 그때까지 우리에게 주어진 '생명 살리기'와 '복음 전하기'는 때를 얻든지 못 얻든지 최선을 다해야 한다는 것이다.

우리 강변 진료실들은 약 100여 개가 넘는 조선족 처소교회들을 돕고 있다. 사정이 허락하는 대로 2개월마다 한국과 미국의 목회자들과 평신도 지도자들이 그들을 방문하고 제자양육을 시킨다. 그 가운데서 북한선교를 위해 헌신하는 자들도 나온다.

또 이곳에 살고 있는 조선족들은 친척 방문이나 장사를 목적으로 북한에 들어가는 것이 우리보다 훨씬 쉽다. 자주 왕래하는 사람들 중 선교에 헌신하겠다고 하는 경우도 있다.

처음에는 양식과 생필품을 얻기 위해 우리를 찾아오는 사람들에게 북한 말씨로 번역한 사복음서를 전해 주었다. 그러다가 발각되어 더 이상 북한어 성경책을 쓸 수 없게 되자, 지금은 조선족들을 통하여 성경을 찢어서 몇 장씩 품에 넣고 북한에 들어가게 한다. 그리고 만나는 북한 주민들에게 성경 말씀을 외우도록 권한다. 그 다음에 들어가서는 그 페이지를 외운 사람들에게 생필품과 의약품을 전해 준다. 이것이 소문이 나서 이제는 이것을 기다리는 사람도 있고, 두 장씩 달라는 사람도 있다. 비록 적은 숫자이긴 하지만, 조금씩 말씀을 외우는 사람들이 늘어가고 있다. 현재로서는 이것이 유일하게 북한에 복음을 전하는 길이다.

생명 살리기 사역

샘은 고통 받는 자들의 질병을 치료하고 사랑을 나누는 의료선교단체이다. 예수님이 우리를 위해 몸소 십자가에 달려 돌아가시고 어제나 오늘이나 늘 우리와 함께하심에 감복하여 작은 목숨이라도 바치기 위해 이 사역을 시작했다. 이것이 내 삶의 목표요, 이 사역의 힘의 원천이다.

매해 거르지 않고 1만 개의 '사랑의 왕진가방'을 채우는 일이 지속되고 있다. 올해에는 가방 전체를 새로 만들어 적십자 마크의 길이도 2밀리미터 길어졌다. 어서 빨리 십자가의 형상을 띠는 그날이 오기를 바랄 뿐이다.

'사랑의 영양버터' 사역 역시 만들 재료의 일부가 한국에 도착하여 통일부의 승인을 받았고, 평양영양치료제공장도 마지막 완공 단계에 이르렀다. 특히 이 모든 일들이 지난 번 황해도 어린아이들의 치료를 맡았던 현지 미국인들을 중심으로 이루어졌다. 앞으로도 우리 한국뿐만 아니라, 미국, 유럽, 호주 등 전 세계 사람들이 함께 동참하고 봉사하는 사역으로 발전해 나가리라는 확신이 들었다.

분명한 것은 바로 지금이 생명을 살리기 위해 우리 모두가 두 손 모아 기도할 때라는 것이다.

오는 겨울이 북한에게는 그 어느 때보다 추운 겨울이 될 것이다. 경제 봉쇄와 핵 물질 확산을 방지하기 위한 해상봉쇄 그리고 이번에는 중국마저 봉쇄에 가담하니 얼마나 어려움이 클지 짐작하고도 남는다. 죽는 길 외에는 더 이상 잃을 것도 없고 나빠질 수도 없는 강변의 사람들에게 우리는 어떤 힘이 되어 줄 수 있을까.

세계식량계획은 1990년 중반에 200-300만 명의 북한 사람이 굶어 죽었고, 그중 대부분이 어린아이, 고령자, 임산부라고 보고했다. 6세 이하의 어린아이의 37퍼센트가 영양실조이고 임산부의 3분의 1이 심한 빈혈이라고 한다. 어린아이들이 제대로 자라지 못해 체격이 왜소하고 지능이 제대로 발달하지 못한다면 이것은 민족의 미래에도 엄청난 손실이 된다.

강변의 힘없고 불쌍한 주민들은 외부의 봉쇄와 고립정책으로 더 큰 고통에 시달릴 것이다. 우리가 벌이는 여러 사업을 통해 그들이 조금이나마 위로를 받고 힘을 얻을 수 있다면 얼마나 좋을까.

나는 정치, 사상 같은 것은 잘 알지 못한다. 단지 나에게 중요한 것은 하나님의 말씀이요, 그분이 모든 것을 치리하시고 가장 선한 길로 인도하시리라는 믿음이다. 예나 지금이나 나의 이 생각에는 변함이 없다. 하나님의 때가 올 때까지 북한 주민들을 죽지 않고 살 수 있도록 돕는 것이 우리 그리스도인들의 몫이다.

북에서 피어나는 복음의 꽃

"내가 비록 사는 게 어려워서 중국에 오게 되었지만, 하나님을 알기 위해 이곳을 오게 되었는지 모르겠습니다." 그는 〈나 이제 주님의 새 생명 얻은 몸〉이라는 찬송을 나지막하게, 그러나 또렷한 음정으로 불렀다.

어느 할머니의 사연

하루는 팔십이 넘은 그야말로 뼈대만 앙상한 할머니가 진료실을 찾아왔다.

"원장님 뵙기를 소망하며 지난 5년이란 세월을 지냈습니다."

눈물을 글썽이며 내 손을 꼭 잡는 할머니의 손을 내려다보니 그동안 얼마나 고생하며 살아왔을지 그분의 인생길이 눈앞에 선했다. 그 옆에는 50대로 보이는 아들이 덩달아 눈물을 훔치며 말없이 서 있었다.

이 할머니는 이화여고를 졸업하고 서울의 한 교회에서 피아노 반주를 하다가 평양의 청년과 결혼을 하여 슬하에 지금의 아들을 두었다고 했다. 전쟁이 일어나자 남편은 남쪽으로 피난을 갔고 할머니만 아들과 함께 북한에 남게 되었다. 월남 가족이라 온갖 핍박을 다 받고 결국은 아들이 탄광에서 30년 넘게 일하다가 후두암에 걸려 말을 못하는 지경에까지 이르렀다.

할머니는 지난 5년 동안을 꼬박 평안북도 당서기를 찾아다니며 호소하고 사정하여 결국 어렵게 단동 방문증을 발급받고 황급히 나온 것이었다.

"원장님, 제 아들 병을 고쳐 주시라요. 이 아들놈과 죽지 않고 살 수 있도록 좀 도와 주시라요. 그리고 월남한 남편이 새 부인과 함께 미국으로 이민 가서 살다가 죽으면서 얼마의 돈을 그 사촌에게 남겨 두고 북한에 있는 저에게 전해 달라고 했다는데, 그 돈을 좀 찾아 주시면 안 되겠습네까?"

이 할머니의 간곡한 청이었다.

"알겠습니다, 할머니. 저희가 당장 알아볼게요."

나는 할머니의 딱한 사정에 차마 거절하지 못하고 우리가 할 수 있는 데까지 알아봐 드리기로 했다. 김종수 본부장님이 주축이 되어 미국 영사관, 중국 은행, 한국 대사관을 오가며 그 사촌과 연락을 해보려 갖은 시도를 해보았지만 연락처조차 찾을 수가 없었다. 그저 시간만 속절없이 흘러갔고 우리는 할 수 없이 그 일을 포기해야 했다.

후두암에 걸린 아들도 암을 치료하기에는 시기를 놓친 터라 우리가 할 수 있는 일이라고는 더 심해지지 않도록 약을 처방하는 일뿐이었다. 눈만 껌벅거리며 노모의 옆에 말없이 서 있던 그 아들의 모습이 지금도 눈앞에서 지워지지 않는다. 그 모자의 쓸쓸한 뒷모습을 바라보고 안타까운 가슴을 쓸어내리며 얼마나 눈물을 흘렸던가.

그 후 단동병원에서는 그 노모와 아들에게 생필품과 의약품을 넉넉하게 보내 주었다. 그러면 그 모자는 자신들이 쓰고 남은 물품을 동네에 있는 '꽃제비 수용소'(부모를 떠나 떠돌아다니는 아이들을 모아 둔 곳)로 보낸다고 한다. 없는 형편에도 서로 나누려는 따뜻한 온정이 여기에도 살아 있었다.

이 할머니는 여고 시절에 배웠던 찬송가를 희미하게 기억하고 있었다. 처음 단동병원에 왔을 때 성경을 손에 쥐어 주며 읽기를 권했는데, 나중에 편지에 써서 보내기를 성경책을 열심히 읽고 있다고 했다. 그리고 이제는 그 누구도 미워하거나 원망하는 마음은 없고, 아들의 건강을 위해 기도하다가 죽는 것이 소원이라고 했다.

나도 그 노모와 나이 든 아들을 위해 엎드려 기도했다.

"주님, 그분들이 남은 생을 주님을 알아가는 기쁨으로 보낼 수 있도록 도와주시옵소서. 천국 가는 그날을 소망하며 살아갈 수 있는 힘을 주시옵소서."

복음을 갈망하는 사람들

샘의 여러 사역자들을 통해 가끔씩 복음 사역에 대한 보고를 받는다. 그때마다 목숨 걸고 하나님에 대한 믿음을 고백하는 북한 사람을 만나게 되면 "할렐루야!"를 외치며 그들을 위해 간절히 기도하게 된다.

얼마 전에도 탈북한 한 형제가 말씀으로 양육되고 세례를 받았다. 이 형제는 결국 붙잡혀서 북으로 강제 압송되었는데, 아버지와 외삼촌이 볼모로 잡히고 다른 탈북자들을 잡기 위한 특무요원의 임무를 받아 다시 중국으로 나왔다.

이 형제를 어렵게 만난 우리는 그의 담대한 고백을 들을 수 있었다.

"내가 비록 사는 게 어려워서 중국에 오게 되었지만, 하나님을 알기 위해 이곳을 오게 되었는지 모르겠습네다."

269

그는 〈나 이제 주님의 새 생명 얻은 몸〉이라는 찬송을 나지막하게, 그러나 또렷한 음정으로 불렀다. 우리도 그와 함께 찬송을 부르며 뜨거운 눈물을 흘렸다. 비록 탈북자를 잡기 위한 요원으로 나온 것이지만 하나님을 만나고 거듭나면서 오히려 그 복음을 탈북자들에게 전할 수 있는 계기가 되지 않을까 생각해 보았다. 이렇게 아이러니한 상황에서도 하나님께서는 복음의 꽃을 피우고 계셨다.

우리 단동병원에는 형편에 따라 차이는 있지만, 매달 약 50-100명의 북한 환자들이 찾아와 치료를 받고 간다. 우리는 눈물을 흘리며 감사하는 그들을 부둥켜안고 같이 울었다. 무엇이 우리를 이렇게 갈라 놓고, 무엇 때문에 이들이 참혹한 고통 가운데 살아야 하는 것일까. 가슴이 쓰리고 아파 왔다. 돌아가는 그들에게 우리는 꼭 성경을 전하며 복음에 대해 이야기를 했다. 그러면 그들은 나중에 꼭 인편으로 연락을 준다.

"마태복음을 다 베껴 썼습니다."

"마태복음을 다 외웠습니다."

그리고 성경을 읽다가 이해가 안 되어 답답하면 어떻게 해서든 다시 나와 우리 사역자들에게 훈련을 받고 돌아간다.

어떤 자매는 숨어서 세례를 받은 후 그 기쁨을 이렇게 표현했다.

"지금은 이렇게 숨어서 세례를 받지만 조국 통일이 되는 그날에는 조국의 모든 사람들과 함께 이 기쁜 마음을 큰소리로 노래하고 싶습네다."

복음만이 이들이 살길이요, 예수님만이 이들의 소망임을 믿기 때문에 우리는 오늘도 이 일을 기쁘게 감당한다. 그리고 지금은 조용히 복음의 씨앗들이 뿌려지고 싹이 나고 있지만, 언젠가는 북한 전체에 복음의 꽃이 흐드러지게 피어날 그날을 꿈꾸어 본다. 반드시 그날이 오리라 나는 확신한다.

시작점에
다시 서다

과연 하나님의 섭리는 놀랍고 위대하다. 나는 지긋지긋한 구로동의
추억을 저만치 밀어 놓았지만, 하나님께서는 그 추억조차 '오늘의
나'를 만드는 귀한 과정으로 활용하셨다.

한 많은 구로동

구로동은 나에게 특별한 인연이 있는 곳이다. 내가 의과대학에 다닐 때
아르바이트를 하러 집을 떠나 있었던 시기를 제외하고는 줄곧 구로동에서
학교를 다녔다. 그때는 구로동에 공영주택이란 간이주택들이 있었는데, 우
리 가족도 그곳에서 살게 되었다. 제대로 된 길이 포장되기 전이어서 비만
오면 진흙투성이의 길을 오가던 기억이 생생하다.

학교 첫 강의 시간에 맞추려면 통행금지가 풀리는 새벽 4시 30분에 떠나
는 버스를 타야 했다. 전쟁 통에 끊어진 한강 다리를 보수하는 동안에는 버
스를 타고 이쪽 끝에서 내려 도보로 임시 가설된 다리를 건너 저쪽 끝에 가
서 다시 버스를 타야 하는 불편함도 있었다. 거기가 끝이 아니었다. 서울역
앞까지 가서 퇴계로를 거쳐 종로 5가까지 가서 다시 연건동 학교까지 가려

면 세 시간 남짓 걸렸다. 아침에 어머니가 해 주시는 밥 한 그릇을 먹고 버스를 타면 그 버스 안에서 책을 펼쳐 들고 공부하는 것이 나의 일과였다.

가장 고통스러운 것은 아침에 화장실 가는 일이었다. 공영주택이다 보니 화장실이 한 곳에 몰려 있었다. 아침 출근 시간에는 줄을 서서 기다려야 하는 것이 큰 문제였다. 어떤 때는 학교까지 참고 가다가 버스 안에서 힘들게 버티느라 진땀을 흘리기도 했다.

이렇게 몇 년 동안 공영주택의 불편함을 감수하면서 살다가 군의관 복무를 마치고 미국으로 갔다. 그곳에서 빠듯한 살림살이에도 불구하고 어머니께 매달 돈을 부쳐 드렸고, 마침내 단독주택으로 전세를 얻어 들어갈 수 있었다. 그때까지 줄곧 어머니와 동생들은 구로동에서 산 것이다.

지금도 가끔 어머니와 동생들이 살 집이 없어 집을 장만하느라 안간힘을 쓰고 안절부절못하는 꿈을 꾼다. 그때 그것이 나에게는 마음의 큰 부담이었던 것 같다.

내가 한국을 떠날 때에 구로동은 그만큼 없는 사람들이 힘겹게 살아가는 곳이었다. 지금도 나는 구로동이란 이름만 들어도 그때의 고통을 잊을 수가 없다.

샘 코리아의 보금자리를 찾다

"원장님, 계약기간이 다 돼서 서초동 샘 코리아 사무실을 옮겨야 할 것 같아요."

권사님의 말에 나는 전혀 생각지 않았던 고민에 휩싸이게 되었다. 서울

어디로 사무실을 옮겨야 할지 까마득하기만 했다. 여러 곳을 다니며 알아보아도 도무지 우리 형편에 맞는 곳을 찾을 수가 없었다. 만료 기간은 점점 다가오는데, 옮길 만한 처소를 찾지 못해 애간장이 타던 때, 양 권사님이 한 가지 제안을 했다.

"알아보니 요즘 구로동에 현대식 건물들이 많이 들어서서 좋은 사무실들이 많이 있다고 해요. 구로동 쪽으로 알아보면 어떨까요?"

"권사님, 다른 곳은 다 좋지만, 구로동은 안 됩니다."

나는 질겁하고 구로동은 절대 안 된다고 반대하고 나섰다.

"아니, 왜요?"

"나에게 구로동은 한 많은 곳입니다."

그러나 권사님은 고개를 설레설레 흔들며 계속 나를 설득했다.

"원장님, 구로동은 원장님이 생각하시는 그런 곳이 아니에요. 얼마나 많이 바뀌었는데요. 한 번 가보세요. 옛날과는 완전 딴판일 테니…. 서울에서 제일 개발이 활발한 곳이라고요."

나는 선뜻 내키지는 않았지만 권사님의 강권에 못 이겨 구로동에 사무실을 알아보러 따라나섰다.

그런데 이게 웬일인가. 정말 권사님 말대로 구로동은 내가 생각했던 것과는 완전히 다른 모습으로 바뀌어 있었다.

"우아, 구로동이 이렇게 발전하다니!"

국가에서 구로동을 디지털 단지로 발전시켜 지금은 큰 현대식 빌딩들이 꽉 들어찼다. 구로동은 그 어느 곳보다 활기차고 복잡한 지역이 되어 있었다.

"와, 한국 만세! 구로동 만세!"

내 입은 이미 헤벌쭉 벌어져 있었다. 나는 구로동에 사무실을 얻는 것에 무조건 한 표를 던졌다.

이런 가운데 하나님께서는 우리 형편에 딱 맞는 아름다운 사무실을 마련해 주셨다. 우리가 둘러본 건물 지하층에는 아담한 세미나실이 있었는데, 아무도 이 공간을 쓰는 사람이 없어서 우리가 원하는 시간에 언제든지 예배실로 쓸 수 있었다. 그것도 아주 저렴한 사용료를 내고 말이다.

'이제 기도회도 마음 놓고 열 수 있게 됐어. 오, 하나님, 감사합니다.'

하나님 만세!

구로동에서의 시작은 고난과 힘든 삶이었다. 그리고 50년 동안 세계가 좁다 느껴질 정도로 미국, 유럽, 호주, 중국 등을 오가며 놀라운 사역을 펼치고, 이제 다시 구로동으로 돌아오게 되었다. 구로동에서의 추억이 가물거릴 때쯤 나를 시작점인 구로동으로 오게 하신 하나님의 뜻은 무엇일까? 그때의 한 많은 구로동이 오늘의 나를 있게 했다는 이야기를 하시려고 한 것이었을까? 과연 하나님의 섭리는 놀랍고 위대하다. 나는 지긋지긋한 구로동의 추억을 저만치 밀어 놓았지만, 하나님께서는 그 추억조차 '오늘의 나'를 만드는 귀한 과정으로 활용하셨다. 그때의 고난과 어려움을 이겨 내지 못했다면, 그 후 50년의 세월을 어찌 견뎌낼 수 있었을까. 이제 나에게 있어서 구로동은 한 많은 동네가 아니라 하나님의 훈련과 사랑이 녹아 있는 은혜의 장소다.

과거는 과거일 뿐이라고 했다. 그래서 빨리 잊으라고 말한다. 그러나 과거가 나의 오늘을 있게 했다. 과거에도 하나님의 인도하심이 있었던 것이다. 그래서 나의 미래에도 예수님께서 함께하실 것을 믿는다.

"하나님 만세! 할렐루야!"

1031 작전

단동병원에 있는 우리 사역자들과 단기선교팀 모두가 생명을 살린다는 일념으로 하나가 되어 땀을 흘리며 작업하는 모습에 중국 사람들도 감탄을 했다. 이렇게 1031 작전은 처음부터 하나님의 인도하심으로 길을 열어 나가기 시작했다.

우리가 취소한 북한 방문

2009년 10월 31일 새벽 5시에 일어나 오전 8시 20분 비행기를 타고 심양으로 가서 그곳에서 오후 3시 30분 조선항공 편으로 평양으로 들어가는 날이었다. 지난 밤을 거의 꼬박 새우면서 기도했던 탓인지 몸이 개운치 않았다. 그러나 사실은 여러 가지로 부담이 있어 오히려 마음이 편하지 않았다는 것이 더 적절한 표현일 것이다. 수십 번을 반복해서 북한을 방문했지만, 이번에도 역시 가벼운 마음은 아니었다.

이번 방문은 원래 지난 7월 22일에 계획된 것이었다. 하지만 상황이 좋지 않게 돌아갔다. 그 당시 2차 핵실험 이후 세계정세가 급속하게 얼어붙었고, 드디어 유엔에서는 북한 제재를 결의했다. 더욱이 두 명의 미국 여기자가 억류되어 있어서 미국 정부와 북한의 관계가 심상치 않았다.

그런 가운데 미국 국무성에서 우리의 방문을 막을 수는 없어도, 혹시라도 문제가 발생하면 미국 정부의 입장을 변경해야 될 상황이 올 수도 있다고 해서 우리는 계획했던 북한 방문을 스스로 취소했다. 지금까지는 늘 북한 정부가 방문 날짜에 임박해서 여러 번 취소하고 변경하여 우리를 어려움에 빠지게 했다.

그런데 이번에는 사정이 달랐다. 우리가 먼저 취소했고, 우리가 나중에 다시 결정한 방문 날짜를 그들이 받아들였다. 미국, 호주, 그리고 한국 대표자들의 방문에 합의한 것이다. 그러나 영어권 미국 사람들은 제외되었다. 미국과 북한의 관계가 여의치 않았던 것이다. 또 방문 6일 전에 한국 사람들도 제외되었다. 갑자기 방문 팀들을 만드느라 힘들었던 봉사자들이 잔뜩 기대했다가 취소 소식에 기운이 빠진 듯했다. 이런 우여곡절 끝에 재미, 재호주 동포 21명과, 한국인 2세 젊은이들과 미국인들로 이루어진 CMMW의 3명의 리더들을 포함하여 모두 25명이 들어가게 되었다.

CMMW는 2008년 황해도 구월산 근처에 있는 농장마을 두 곳을 방문해 극심한 기아상태로 죽어가고 있던 70명의 어린아이들을 영양치료제로 치료한 적이 있다. 그 가운데 이미 때를 놓친 3명의 아이를 제외하고 67명의 아이들이 건강하게 살아났는데 그 결과에 놀란 북한 관리들이 영양버터 공장을 전국 여러 곳에 설립하여 어린아이들의 생명을 살리자는 일에 합의하게 되었고, 이번에 드디어 평양에 어린이 영양치료제 공장인 '평양영양치료제공장'을 설립하고 그 개원식을 하게 된 것이다.

이 외에도 방문하게 된 또 다른 이유가 있었다. 황해도 현장을 방문하고 그곳 현 주민들을 치료하며 어린아이들과 주민들에게 미리 준비한 생필품 (비누, 치약, 양말, 장갑, 내의, 상비약, 영양제 등) 선물 가방을 직접 나누어 준다고 사전에 약속한 것이다. 시작은 1,000개의 선물 가방으로 했지만, 그 부피가 너무 커서 700개로 줄였다. 이것을 짧은 시간 내에 밤을 새워 구입하고 포장한 우리 단동병원 사역자들의 수고는 말로 다 표현할 수 없을 것이다.

생필품 선물 가방을 담은 큰 이민 가방 30개와 방문자 25명의 개인 짐 이외에 의약품 가방도 30개가 넘어 마치 공항 전체가 우리의 짐으로 꽉 차 버린 듯했다.

늘 그랬지만, 이번에도 나는 죽음을 각오할 정도로 마음에 큰 부담을 갖고 북한에 들어갔다. 특히 이번에는 아내와 큰 딸 수지(CMMW 사무총장)까지 함께 들어가니 더 걱정되고 불안했다. 그래서 나는 이번 방문을 '1031작전'이라 부르며 정신을 바짝 차렸다.

생필품 수송 작전

추위에 떨고 있는 북한 주민들에게 나누어 줄 생필품들이 심양 공항에 쌓이니 그 부피가 엄청나 비행기로 다 실어 나른다는 것이 쉽지 않을 것 같았다. 미리 협조를 부탁해 둔 당사자들도 막상 우리의 짐을 보고는 고개를 가로저었다. 우리가 부탁할 때는 그저 큰 여행 가방이 몇 개 더 있는 줄로만 알았던 것이다. 심양에서 떠나는 비행기는 작은 프로펠러 비행기라 이 물건을 다 싣게 되면 뜰 수가 없다고 했다. 결국에는 5천 위안의 짐 값을 따로 더 내고 제트 비행기에 모든 짐을 다 실어 나를 수 있었다.

평양영양치료제공장 내부 모습
껍질이 벗겨지고 볶아진 콩이 이 벨트를 통해 믹서기로 운반된다.

단동병원에 있는 우리 사역자들과 단기선교팀 모두가 생명을 살린다는 일념으로 하나가 되어 땀을 흘리며 작업하는 모습에 중국 사람들도 감탄을 했다. 이렇게 1031작전은 처음부터 하나님의 인도하심으로 길을 열어 나가기 시작했다.

여기서 시작된 수송 작전은 심양과 평양공항을 거쳐 북한의 산골 주민들에게 전달될 때까지 수많은 과정을 겪었지만, 그때마다 몸을 아끼지 않고 봉사하는 우리 팀의 노력으로 그 목적을 이룰 수 있었다.

봉수교회에서의 감격스러운 예배와 성찬식

2007년 11월 평양제약공장 개원식 때 칠골교회를 방문하고 성찬식을 행하며 눈물의 통성기도를 했던 경험이 있다. 이번에도 봉수교회에서 착실하게 예배와 성찬식 준비를 했다.

목사님의 말씀이 끝나고 우리가 준비한 예배가 시작되었다. 북한 성도들은 절반이나 나갔지만, 성가대는 그대로 남아 있었고 신도들도 여럿이 남아 성찬식에 같이 참여했다. 장동찬 목사님의 성찬에 대한 설교 말씀에 이어 곧 성찬식이 진행되었다. 남과 북의 성도들이 예수님의 살과 피를 같이 떼고 마시면서 거룩한 성찬식이 이루어졌다. 1년 사이에 평양의 두 교회에서 연이어 성찬식을 거행하니 참으로 감격스러웠다.

이번의 감격은 지난 번 칠골교회에서의 성찬식 때의 감격과는 또 달랐다. 한국 교회에서 도움을 주어 큰 건물도 세우고, 아름답고 은혜스럽게 부르는 성가대도 있어서 교회로서의 모든 면모를 갖추고 있었다. 칠골교회가 자그마한 시골 교회 같은 분위기라면 봉수교회는 한국의 중형교회의 면모와 분위기를 띠고 있었다.

하지만 여기저기에 감시의 눈길이 있는 것처럼 느껴졌다. 그래서인지 일반 교인들에게는 말을 건네도 대답을 하지 않았다. 모두들 우리를 경계하고 피하는 눈치였다. 이들이 참 그리스도인인지 아닌지는 알 수가 없었다. 그러나 이들이 찬양을 부르고 말씀을 듣고 기도할 때 우리는 이미 하나가 된 것을 알 수 있었다. 성령님께서 역사하시면 비록 그들이 지금은 아닐지라도 반드시 구원받은 신앙인이 될 것을 확신한다.

몰려드는 환자들

의료봉사는 평양에서 약 세 시간 거리인 황해도 구월산 근처에 있는 시골마을에서 하기로 되어 있어서 아침을 일찍 먹고 모두 버스를 타고 험한 산길을 달렸다. 오래전 큰 홍수와 해일이 났을 때 소금물에 다 절어 버린 문덕의 곡창지대에 갔던 일이 생각났다.

이번 단기선교팀 25명 가운데 8명이 의사였는데, 각 과의 의사들이 골고루 섞여 있었다. 2명의 마취과 의사들이 내과와 응급처치를 담당했고, 그 외 산부인과, 소아과, 치과 2명, 한의사, 약사 그리고 간호사들과 두 분의 목사님들까지 한 팀이 되어 넉넉히 준비해 간 의약품으로 환자들을 치료하니 제대로 갖추어진 외래 진료실과 다름없었다.

그곳은 3개월간 CMMW팀이 들어가 67명 어린아이들을 살려내어 큰 성과를 거두었던 곳이지만, 이번에 25명이나 되는 팀이 들어가니 그 마을의 관리들이 당황하고 부담을 느껴 사사건건 반대하고 저지했다.

그런 가운데서도 진료실 설치에 숙련된 우리는 마을회관 안에 환자를 돌볼 수 있는 시설을 마련했다. 점점 몰려드는 환자들을 보며 관리들의 얼굴이 점점 굳어 갔지만, 25명의 우리 팀은 한 사람도 빠짐없이 각자 맡은 일에 열심을 냈다. 그들의 망가져 가는 이를 치료해 주고, 그들의 아픔에 귀를 기울여 주고, 치료해 주면서 자세한 설명과 함께 약을 나누어 주었다. 치료하는 사람이나 치료 받는 사람이나 모두 손을 잡고 눈물을 글썽거렸다. 그들은 계속 "감사합네다"라고 인사했다. 평생에 이런 친절한 치료는 처음 받는다고 하면서 마음속에 맺혀 있던 한을 호소하려는 모습이 우리의 가슴을 울렸다. 그러나 그 사이에서 환자들의 말을 막고 감시하는 관리들의 모습은 더욱 경직되어 갔다.

특히 소아과 진료실은 눈 뜨고 보기가 민망할 지경이었다. 탁아소에 있는 어린아이들이나 진료실에 온 아이들 모두가 얼핏 보기에도 영양부족인데다 감기환자라 코와 입술 사이가 콧물로 연결되어 작은 도랑이 생겼고 대부분의 어린아이들은 머리에 버짐이 퍼져 머리카락이 듬성듬성 빠진 모습이 마치 지도를 그려 놓은 것 같았다.

소아과 전문의인 홍 박사의 눈에는 그 아이들 모두가 환자인데, 환자가 없다는 관리들의 말에 할 말을 잃었다고 했다. 지난 해 CMMW팀이 연이어 방문했을 때에 만났던 지혜도 다시 볼 수 있었다. 그런데 얼굴은 괜찮은데 배는 볼록 튀어 나와 아직도 영양상태가 심각함을 알 수 있었다.

이렇게 각 과마다 몰려드는 환자들로 정신없이 바쁘게 움직이다 보니 하루가 다 갔다. 그런데도 차례를 기다리는 환자들을 막고 돌려보내는 관리들이 원망스러웠다.

나도 산부인과 환자 약 30명을 진료했다. 내가 본 환자들은 세 그룹으로 나뉘었는데, 첫째는 아이를 낳지 못하거나, 유산이나 사산을 했거나, 아이를 낳았지만 태어난 지 얼마 안 되어 죽고는 다시는 아이가 생기지 않는 그룹이었다. 나는 아이가 태어난 지 6개월 만에 죽었다는 여인에게 물었다.

"아이가 왜 죽었습니까?"

"먹지 못하여 죽었시요."

그녀는 주위를 살피며 나지막한 목소리로 말했다. 이 여인도 영양실조라 월경도 없고 아기도 생기지 않는다는 것이었다.

둘째는 염증으로 인해 고통을 받고 있는 그룹이었다. 피임을 하기 위해 자궁 안에 장치를 했는데, 정기적으로 검사를 받거나 치료 받지 못하고 방치되어 염증이 만연한 것이다.

셋째는 계속되는 정신적 압박과 중노동(매일 아침 8시부터 밤 10시까지 집단 농장에서 일을 한다고 했다)으로 스트레스를 받아 여러 가지 부인병에 시달리는 그룹이었다.

한 번의 치료로 그들을 완쾌시킬 수는 없어도 그들의 손을 잡고 등을 두드려 주며 희망을 주고 싶었다. 지금까지의 고생이 바로 오늘 이 환자들을 치료하기 위한 것이고, 그 환자들은 예수님이 보내신 사람이라는 생각이 들었다.

예수님을 안듯 그 환자를 안고 "사랑합니다" 하고 나직하게 말했다. 그 여인의 눈에도, 또 내 눈에도 눈물이 고인 채 우리는 서로 눈인사를 했다.

"건강하십시오."

"또 만납시다."

나는 치료 받고 돌아서는 환자들을 향해 축복해 주었다.

어떤 사람들은 순수한 마음으로 그들을 돕고 죽어 가는 그들의 생명을 살리는 우리가 오히려 그들에게 이용당하고 있다고 비난도 한다. 힘도 없고 재력도 없고 그렇다고 정치적으로 유명한 사람들도 아닌 우리는 이용당할 것이 없다. 또 사실 선교사로서 그 누구보다도 철저한 반공주의자임을 자부하는 내가 이용당한다는 것은 있을 수도 없다. 그래서 나는 계속 교회 집회를 다니며 북한 사람들의 실상을 사실 그대로 보고한다. 그런 이유로 여러 번 출입금지도 받았다. 우리는 생명 살리는 일을 할 뿐이다.

매스컴마다 굶어 죽어가는 아프리카의 아이들을 위해 모금해야 한다는 이야기로 떠들썩하다. 그런데 막상 세계에서 가장 불쌍하게 죽어가는 우리 동족을 위해 우리는 과연 무엇을 하고 있는가? 죽어가는 어린아이들을 안고 가슴 찢어지게 울어 보지 않은 사람은 진정한 의미의 생명이 무엇인지 모른다. 약으로 치지도 않는 페니실린이 없어 죽은 어린아이를 안고 통곡하는 엄마가 되어 울어 보지 못한 사람들은 부모가 무엇인지 모른다.

강변의 현장은 우리가 책상에 앉아 이론을 따지고 갑론을박하기에는 너무나 가혹하다. 영하 속에 몰아치는 차디찬 바람에도 난방이 전혀 되지 않는 시멘트 건물은 냉동실 그 자체다. 북한 사람들은 그런 곳에서 지낸다. 그러나 나를 포함하여, 우리의 할 일 많은 지도자들은 집이나 차나 사무실이나 매한가지로 따뜻한 온도를 유지하며 살고 있다. 그러면서 목숨 걸고 생명 살리는 일을 하는 사람들을 격려하지는 못할망정, 반대하고 비판하는 일은 반드시 고쳐져야 한다.

뜻밖의 교통사고

시골에서 의료봉사를 마치고 평양으로 돌아오는 길이었다. 포장도 되지 않은 시골 길을 달려오느라 시간이 많이 걸렸고, 또 중간에 길이 막혀 돌아오느라 저녁 약속 시간에 한참을 늦었다. 이 때문에 압박을 느낀 운전기사는 시내에 들어오자마자 속력을 내기 시작했다. 그런데 깜깜해서 앞이 잘 보이지도 않았을 뿐더러 자동차를 무서워하지 않는 사람들이 여기저기서 갑자기 튀어 나와 길을 건너 위험했다.

그때 갑자기 자동차 앞머리가 부서지듯이 "땅" 하는 소리와 함께 무언가 시커먼 것이 튕겨져 나가는 것을 보고 정신이 번쩍 들었다. 내가 먼저 내려 보니 사람이 차에 치여 쓰러져 있었다. 우리 팀 가운데 여러 의사가 뛰어 내려 환자를 살펴 본 후 아직 살아 있다고 해서 재빨리 병원으로 옮기기로 했다. 우리가 탄 버스에 환자를 뉘이고는 계속 달리면서 기도했다.

"하나님, 사람을 살리기 위해 목숨 걸고 여기까지 왔는데, 오히려 우리로 인해 생명을 잃게 된다면 여기에 우리가 온 이유가 무엇입니까?"

"만약에 이 환자가 생명을 잃게 되면 저는 당장 이 사역을 중단할 것입니다. 하나님께서 기뻐하시지 않는다면 당장이라도 그만두겠습니다. 기적을 일으켜 이 사람의 생명을 살려 주세요."

그러자 죽은 것같이 늘어져 있던 환자의 손과 발이 움직이기 시작했다.

"이제 살았구나!"

"주님, 감사합니다!"

우리 모두는 감사기도를 올리고 근처에 있는 평양의과대학병원으로 환자를 옮겼다. 그리고 외국인들은 못 들어온다고 막아 서는 의사에게 단단히 일렀다.

"모든 경비는 우리가 책임질 것이니 무조건 살려 주십시오."

우리는 호텔로 들어와 전 팀이 금식 기도를 시작했다. 시간마다 들려오는 보고는 환자가 깨어났고, 화장실도 걸어서 출입한다는 것이었다. 나중에 알고 보니 갑작스러운 충격으로 정신을 잃은 것이었다. 다행히 뼈 하나도 부러지지 않고, 뇌출혈이나 장출혈도 없었다. 하지만 불행하게도 그 운전기사는 그 일로 구속됐다는 소식을 듣고 안타까웠다.

관계자는 "두 가지 이유로 구속되었지만, 곧 잘될 것이니 염려하지 마시오" 하고 말했다. 나는 그 두 가지 이유가 무엇인지, 도움을 줄 수 있는 게 없는지 물었지만 그들은 없다고 딱 잘라 말했다. 그들이 운전기사를 구속한 이유는 이랬다.

첫째는 외국인들이 타고 있는 버스로 환자를 옮겼다는 것이고, 둘째는 그런 신분의 사람들이 가는 지정 병원이 아니고 평양의과대학병원으로 환자를 실어다 주었다는 것이다.

나는 어이가 없었다. 사람의 생명보다도 자기들의 체제나 자존심이 먼저인 그들의 사상을 도저히 이해할 수가 없었다. 한편으로 분하고 억울하기도 했다. 이런 사상을 가진 사람들에게 "생명을 살리자"라고 외치며 다니는 것이 계란으로 바위를 치는 일 같아 갑자기 기운이 쑥 빠졌다.

그러나 중요한 것은 하나님께서 한 사람의 생명을 살려 주시고 다시 우리 사역에 대한 확신을 주신 것이다. 팀 모두가 큰 은혜를 받고 살아서 역사하시는 하나님의 섭리에 감격했다. 세상에서 똑똑하고 힘 있는 사람들은 북한에 있는 하나님의 백성들을 모른 체 하지만, 그럴수록 우리 같은 사람들이 더 열심히 해야 한다는 말씀을 주셨다. 그래서 나는 다시 생명을 살리기 위해 열심히 달릴 것이다.

젊은 세대로 이어지는 샘 사역

이번 북한 방문에서 가장 자랑스럽고, 우리 모두가 공감한 새로운 발견은 CMMW의 역할이다. 재미, 재호주 동포들과 한국 사람들이 모인 샘의료복지재단은 이미 북한 사람들에게 기독교 선교 단체임이 잘 알려져 있어 그들은 우리를 상대하는 데 대한 부담감이 늘 있었다. 또 내가 모금을 위해 북한의 실상을 그대로 간증하고 꾸밈없이 보고하며 다니는 것을 자세하게 잘 알고 있는 그들이 나를 상대하는 것을 달가워하지 않는다. 언제 어떤 문책이 그들에게 떨어질지 모르기 때문이다.

이제 신선한 새로운 젊은이들이 나설 때가 된 것 같다. 젊은이들은 우리 기성세대들이 가지고 있는 북한에 대한 적대감이 없다. 전쟁과 어려운 고난을 겪지 않은 젊은이들과 미국인들은 선입관 없이 순수한 기독교 정신에만 입각하여 구제와 선교를 할 수 있다. 기성세대들이 '반공사상'이란 선입관으로 마음의 문이 닫혀 있다면, 젊은이들은 마음의 문이 활짝 열려 있다. 그래서 생명 살리는 일과 복음 전하는 일에 더 적극적으로 헌신할 수 있는 것이다.

이번에 샘과 CMMW팀이 함께 들어가서 봉사할 수 있었던 것은 우리 기성세대들에게 앞으로 나아갈 길을 보여 주는 중요한 계기가 되었다. 미국은 물론 한국과 호주에서 같이 갔던 팀원들이 이제 새로운 분위기를 만들어 사역을 발전시켜 나아가야 한다는 생각으로 잔뜩 흥분했다.

평양영양치료제공장도 CMMW가 주최가 되어 설립되었다. 여기서 제조된 7천 개의 영양버터도 직접 보았고 제품 검사를 위해 샘플도 받아 나왔다. 앞으로 이런 공장이 지역마다 여러 곳에 세워져 굶어 죽어가는 어린아이들을 살리는 일에 기성세대뿐 아니라 젊은이들도 적극적으로 참여하는 길이 열릴 것이다. 이들은 앞으로 미 농무부(USAID), 유엔(UN), 콘보이 오브 호프(Convoy of Hope) 등 국제기관과도 협력할 준비를 하고 있다. 하나님께서 이렇게 아름다운 길로 인도해 주시는 것에 참으로 감사드린다.

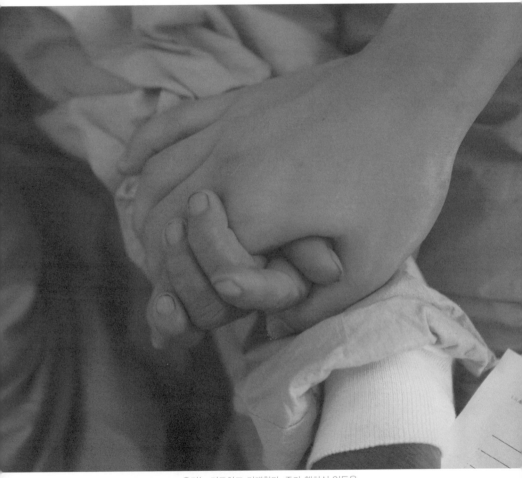

우리는 기도하고 기대한다. 주가 행하실 일들을….

오늘도 나는 꿈을 꾼다

오늘도 나는 그 아이들의 꿈을 꾼다.

나쁜 곳으로 팔려가기 직전에 만난 열세 살 먹은 성실이.

작고 왜소한 몸에 머리통만 유난히 크던

열다섯 살 먹은 아이,

독풀을 잘못 먹고 죽은 엄마의 가슴을 파고들며

힘없이 울던 아이.

척추의 하반신에 구멍이 뚫려 척추액이 줄줄 새는

선천성 기형의 아이.

똥오줌도 가리지 못하고 앉지도 서지도 못하는 새끼라고

엄마가 한탄하던 아이.

홍역을 앓다가 폐렴으로 죽어 코와 입에서

거품이 흐르던 아이.

그러나 나의 꿈속에서는 이 아이들이 건강한 모습으로

들판을 뛰어논다.

아이들을 사랑의 눈으로 바라보며 두 팔 벌리고 계시는

예수님이 계시기에….

오늘도 나는 꿈속에서 엄마들의 힘없는

울음소리를 듣는다.

죽은 아이의 코와 입에서 흘러내리는 하얀 분비물에

자기의 뺨을 비비며 "나는 어떻게 하라고, 나는 어떻게

하라고" 하며 외치던 엄마.

차라리 아이와 같이 죽게 해달라고 조르던 그 엄마.

8개월 만삭의 몸으로 팔려가며 살려달라고 외치던

주은이 엄마.

그러나 나는 예수님의 따스한 손길이 그들의 머리를

어루만지고 계신 것을 본다.

이들은 모두 예수님을 영접하고 "예수님, 남한에만 계시

지 말고 빨리 이곳에도 오세요. 그래야 우리가 살 수 있어

요" 라고 외치고 있다.

오늘도 나는 꿈속에서 하나님의 영광을 본다.

세상을 떠들썩하게 만든 북한의 열차 폭발사고.

어린아이들 수백 명의 얼굴과 온몸은

상처투성이고 피 고름이 흘렀다.

얼마나 아프냐고 물으면 "아프지 않습니다"

하며 주위의 눈치를 살피는 아이들.

그 말이 나를 더 서글프게 만들었다.

나의 눈물방울에 반사된 예수님의 모습을 보며

그분의 음성을 듣는다.

　"수고하고 무거운 짐 진 자들아 다 내게로 오라."

물이 바다 덮음 같이 여호와의 영광이

세상에 가득할 것을 믿는다.

오늘도 나는 꿈속에서 우리 민족을 택하신

세계선교의 마스터플랜을 본다.

강을 건너 세계선교로 퍼져 가는 우리 민족.

그때를 위해 오늘도 북한의 동포들은

힘겨운 훈련을 받고 있다.

억울하고 슬픈 것이 아니라,

선택받은 감격과 감사가 더 크다.

미전도 종족의 밀접 지역인 10/40 윈도우 지역,

중국, 아프가니스탄, 파키스탄, 인도네시아, 이란, 이라크 등

실크로드를 따라가는 우리 선교사들의 모습을 본다.

우리의 경의선을 중간에 두고

온 동남아시아가 연결될 것이다.

이것의 시작이 바로 단동이다.

자녀들은 예언을 하고, 젊은이들은 환상을 보고,

늙은이들은 꿈을 꿀 것을 믿는다.

오늘도 나는 꿈을 꾸며 환하게 비추이는

거울 속의 나를 본다.

부족한 죄인을 불러 주시고, 오래 참으시며 기다리셨다가

이제 조금 영의 눈을 뜨게 하시고,

감당할 수 없는 사랑과 은혜를 베풀어

기적을 이루게 하셨다.

예수님과 동행하는 것을 보고 알게 되니

날로 새 힘을 얻게 되고,

충성할 수 있는 힘이 생긴다.

세상이 아무리 나를 핍박해도,

아무리 큰 고난을 받는다 해도,

두렵지 않게 하시고 오히려 새 길을 열어 가시는

예수님의 인도하심에 가슴 떨린다.

그래서 오늘도 감격하며 눈물을 흘린다.

언젠가 예수님을 뵐 때에는 땅에 엎드려

감사의 눈물을 흘릴 것이다.

그분의 무한하신 사랑 때문에….

"예수님, 사랑합니다."

또 누구든지 제자의 이름으로
이 작은 자 중 하나에게 냉수 한 그릇이라도 주는 자는
내가 진실로 너희에게 이르노니
그 사람이 결단코 상을 잃지 아니하리라 하시니라.

마태복음 10:42